Prof. Dr. Bernd J. Hartmann/Prof. Dr. Bodo Pieroth

Spielbanken und Spielhallen zwischen Landes-, Bundes- und Unionsrecht

Zwei Rechtsgutachten

Nomos

Die Deutsche Nationalbibliothek verzeichnet diese Publikation in der Deutschen Nationalbibliografie; detaillierte bibliografische Daten sind im Internet über http://dnb.d-nb.de abrufbar.

ISBN 978-3-8487-0509-2

1. Auflage 2013

Vorwort

In unserer Zeit hat das Glücksspiel einen schweren Stand. Galt das Casino einst als der Treffpunkt der glücklichen Reichen, vermutet man dort heutzutage vor allem arme Kranke. In erster Linie die Länder der Bundesrepublik Deutschland haben der Glücksspielsucht den Kampf angesagt. Dabei wird häufig zweierlei übersehen: Das Spielen ist eine verfassungsrechtlich geschützte Freiheitsbetätigung, und nicht jede Sucht rechtfertigt Freiheitsbeschränkungen durch den Staat. Der Staat soll verhindern, dass die Menschen anderen Menschen Schaden zufügen; aber der überfürsorgliche Staat tendiert dazu, den Menschen die Selbstbestimmung auch dort zu nehmen, wo sie nur sich selbst oder gar nur ihren Geldbeutel schädigen. Dem ist umso entschiedener entgegenzutreten, als in kaum einem anderen Politikbereich so viel geheuchelt wird wie hier: Einerseits überbieten sich die Landesgesetzgeber in immer restriktiveren Regelungen für das Glücksspielangebot von Privaten; andererseits wird für das von den Ländern organisierte Lottospiel intensiv geworben und werden neue Standorte für staatlich unterhaltene Spielbanken eröffnet.

Die dynamische Entwicklung der Regulierung des Glücksspiels im letzten Jahrzehnt hat im Wesentlichen drei Auslöser: einen technischen, einen judikativen und einen exekutiv/legislativen. Der technische ist der Siegeszug der neuen Medien, vor allem des Internets mit der Vereinfachung und Verbreitung hauptsächlich der Sportwetten. Staatliche Versuche, dem Einhalt zu gebieten oder die daraus erzielten Gewinne für die öffentliche Hand zu reservieren, haben der Europäische Gerichtshof und das Bundesverfassungsgericht aus Gründen der Dienstleistungs- und Berufsfreiheit gebremst. Insbesondere das vom Europäischen Gerichtshof entwickelte Kohärenzgebot hat gravierende Auswirkungen für das mehrfach inkohärente deutsche Glücksspielrecht. Die Landesexekutiven und -legislativen haben zunächst mit dem Glücksspielstaatsvertrag und dann zusätzlich mit den Spielhallengesetzen den staatlich dominierten Glücksspielsektor soweit wie möglich (und möglicherweise darüber hinaus) aufrechterhalten. Geholfen hat den Ländern dabei eine kleine, aus einem politischen Kompromiss hervorgegangene und zunächst wenig beachtete Verfassungsänderung. Durch die Föderalismusreform I im Jahr 2006 haben nämlich die Länder die Gesetzgebungskompetenz für das Recht der Spielhallen erhalten.

Der aus dieser Entwicklung hervorgegangene gegenwärtige Zustand des Rechts der Spielhallen und Spielbanken ist Gegenstand der beiden folgenden Rechtsgutachten. Das erste ist im Auftrag der AWI Automaten-Wirtschaftsverbände-Info GmbH, Berlin, entstanden. Es zeichnet die Entwicklung mit ihren vielfältigen einfach-rechtlichen, verfassungsrechtlichen und unionsrechtlichen Problemen nach und hat zusätzlich einen verfassungspolitischen Schwerpunkt: Ist die aktuelle Rechtslage positiv für unser Gemeinwesen? Die Antwort ist, wie der Titel des Rechtsgutachtens zum Ausdruck bringt, skeptisch bis negativ. Das zweite Rechtsgutachten ist im Auftrag der Casino Merkur Spielothek GmbH, Espelkamp, entstanden. Es fragt, inwiefern Spielbanken und Spielhallen gleich zu behandeln sind. Dabei deckt der Vergleich des Spielbanken- und des Spielhallenrechts Inkohärenzen und Inkonsistenzen auf, die mit höherrangigem Recht unvereinbar sind.

Münster/Osnabrück, März 2013

Bernd J. Hartmann
Bodo Pieroth

Inhaltsverzeichnis

Kapriolen des Föderalismus. Die Entwicklung des Spielhallenrechts seit der Grundgesetzänderung von 2006

Professor Dr. Bodo Pieroth
unter Mitarbeit von Frederike Kolbe

Inhaltsverzeichnis

A. Einleitung

Mit der Föderalismusreform I im Jahr 2006 haben die Länder die Gesetzgebungskompetenz für das Recht der Spielhallen erhalten. Wie hat sich die Rechtslage für die Spielhallen seither entwickelt? Sind dabei die Ziele der Föderalismusreform I, nämlich „die Handlungs- und Entscheidungsfähigkeit von Bund und Ländern zu verbessern, die politischen Verantwortlichkeiten deutlicher zuzuordnen sowie die Zweckmäßigkeit und Effizienz der Aufgabenerfüllung zu steigern", verwirklicht worden? Oder muss man vielmehr, wie es der Vorsitzende des Rechtsausschusses des Deutschen Bundestages mit Blick auf den Glücks- und Gewinnspielbereich getan hat, von einem Rechtschaos sprechen?

Der folgende Gang durch die einschlägigen Rechtsgrundlagen im Bundesrecht, Landesrecht und Europarecht, die hauptsächlich auf Grund der qualitativ sehr divergierenden Gesetzgebungsarbeit von 16 Landesparlamenten hierbei zu beobachtenden vielfältigen Abgrenzungsprobleme, Unklarheiten, Interpretationsschwierigkeiten und Streitfragen sowie die deswegen entstandene Flut von Rechtsstreitigkeiten haben mich zu dem Urteil geführt, dass der Föderalismus im Recht der Spielhallen Kapriolen schlägt.

B. Bundesrecht

I. Die Föderalismusreform I

1. Ziele und Wege

Die konkrete Ausgestaltung des Bundesstaatsprinzips ist die Dauerbaustelle des Grundgesetzes. Kein Bereich des Staatsorganisationsrechts der Bundesrepublik Deutschland war von so vielen Verfassungsänderungen betroffen wie die Bundesstaatlichkeit[1]. Zu Beginn des 21. Jahrhunderts bestand wiederum eine weit verbreitete Überzeugung, dass die bundesstaatliche Ordnung der Bundesrepublik Deutschland der Modernisierung bedürfe. Bundestag und Bundesrat haben daher am 16./17. Oktober 2003 eine gemeinsame Kommission mit dem Ziel eingesetzt, die Handlungs- und Entscheidungsfähigkeit von Bund und Ländern zu verbessern, die politischen Verantwortlichkeiten deutlicher zuzuordnen sowie die Zweckmäßigkeit und Effizienz der Aufgabenerfüllung zu steigern. Auf der Grundlage der Vorarbeiten dieser Kommission von Bundestag und Bundesrat zur Modernisierung der bundesstaatlichen Ordnung wurde am 28.8.2006 das als Föderalismusreform I bekannt gewordene verfassungsändernde Gesetz erlassen, durch das 25 Artikel des Grundgesetzes neu gefasst, neu aufgenommen oder gestrichen wurden[2].

Die Ziele dieser Verfassungsänderung wurden in der Begründung des Gesetzentwurfs der Fraktionen der CDU/CSU und SPD wie folgt beschrieben[3]: „Die nun vereinbarte Reform soll demokratie- und effizienzhinderliche Verflechtungen zwischen Bund und Ländern abbauen und wieder klarere Verantwortlichkeiten schaffen und so die föderalen Elemente der Solidarität und der Kooperation einerseits und des Wettbewerbs andererseits neu ausbalancieren. Insgesamt geht es um eine nachhaltige Stärkung der Handlungs- und Entscheidungsfähigkeit sowohl des Bundes als auch der Länder (einschließlich der Kommunen)."

Die Realisierung dieser Ziele konkretisierte sich auf folgende drei Bereiche[4]: erstens Neuverteilung materieller Gesetzgebungskompetenzen, zweitens Senkung der Quote zustimmungspflichtiger Bundesgesetze und drittens Veränderung der Zuordnung der Finanzverantwortung. Im vorliegenden Zusammenhang steht der

1 Vgl. den Überblick bei *Pieroth*, in: FS Jaeger, 2011, S. 297 (313f).
2 BGBl. I S. 2034.
3 BT-Drucksache 16/813, S. 7.
4 Vgl. umfassend *Meyer*, Die Föderalismusreform 2006, 2008; ferner *Degenhart*, NVwZ 2006, 1209; *Häde*, JZ 2006, 930; *Hofmann*, DÖV 2008, 833 (834f.); *Ipsen*, NJW 2006, 2801; *Nierhaus/Rademacher*, LKV 2006, 385; *Rengeling*, DVBl. 2006, 1537; *Selmer*, JuS 2006, 1052.

erste Punkt im Mittelpunkt, der auch als das „Herzstück der Föderalismusreform I" bezeichnet worden ist[5]. Die bisherige Kompetenzordnung wurde vor allem durch folgende fünf Maßnahmen geändert: 1. Die Rahmengesetzgebungskompetenz gemäß Art. 75 GG a.F. wurde abgeschafft. 2. Der Bund erhielt neue ausschließliche Bundesgesetzgebungskompetenzen. 3. Die Länder erhielten neue ausschließliche Gesetzgebungskompetenzen. 4. Auf einigen Gebieten der konkurrierenden Bundesgesetzgebungskompetenz entfiel die Voraussetzung der Erforderlichkeit eines Bundesgesetzes. 5. Auf einigen Gebieten der konkurrierenden Bundesgesetzgebungskompetenz erhielten die Länder die Abweichungskompetenz, d.h. entgegen Art. 31 GG von einem bestehenden Bundesgesetz abzuweichen und eine eigene andere Regelung zu treffen.

Die im vorliegenden Zusammenhang in erster Linie interessierende Erweiterung der ausschließlichen Gesetzgebungskompetenz der Länder wurde im Wesentlichen auf zwei Wegen erreicht: Zum einen wurden Gebiete, für die bisher eine konkurrierende oder Rahmenkompetenz des Bundes bestand, gestrichen; dadurch fielen sie nach der Regel-Ausnahme-Vorschrift des Art. 70 Abs. 1 GG in die ausschließliche Gesetzgebungskompetenz der Länder. Zum anderen wurden aus Gebieten, für die bisher eine konkurrierende oder Rahmengesetzgebungskompetenz des Bundes bestand, Teilgebiete herausgehoben und den Ländern übertragen. Prominentestes Beispiel hierfür ist gerade Art. 74 Abs. 1 Nr. 11 GG, wo „das Recht der Wirtschaft" den Zusatz erfuhr: „ohne das Recht des Ladenschlusses, der Gaststätten, der Spielhallen, der Schaustellung von Personen, der Messen, der Ausstellungen und der Märkte". In der gleichen Weise wurden aus Art. 74 Abs. 1 Nr. 1 GG der Untersuchungshaftvollzug, aus Nr. 7 das Heimrecht, aus Nr. 17 die Flurbereinigung, aus Nr. 24 der verhaltensbezogene Lärm und aus Nr. 27 Laufbahnen, Besoldung und Versorgung von Landes- und Gemeindebeamten sowie Landesrichtern herausgenommen[6].

Es liegt auf der Hand, dass gerade bei der zuletzt beschriebenen Operation, der Herausnahme von Teilgebieten eines Gesamtgebiets, erhebliche Abgrenzungsschwierigkeiten auftauchen. Schon ein Jahr nach Inkrafttreten der Föderalismusreform I wurde die Große Anfrage im Bundestag, „ob die mit der Reform bezweckten positiven Folgen bereits bemerkbar sind, und wenn nein, warum nicht, und wie in solchen Bereichen gegebenenfalls nachgebessert werden muss", und speziell „in welchen durch die Föderalismusreform I auf die Länder übertragenen Kompetenzbereichen [...] es nach Ansicht der Bundesregierung zu Problemen oder zu bedenklichen Entwicklungen durch die eigenständigen Regelungen der Länder und durch den Wegfall von bundeseinheitlichen Bundesregelungen gekommen"

5 *Papier*, in: Härtel (Hrsg.), Handbuch Föderalismus, Band I, 2012, § 15 Rn. 11.
6 *Härtel*, in: dies. (Hrsg.), Handbuch Föderalismus, Band I, 2012, § 19 Rn. 41.

ist[7], von der Bundesregierung u.a. wie folgt beantwortet: „Allerdings ist die Abgrenzung der Gesetzgebungskompetenzen von Bund und Ländern im Bereich des Lärmschutzes noch nicht abschließend geklärt[8]. Zwischen dem Bund und den Ländern konnte die Frage der Gesetzgebungskompetenz für die zivilrechtlichen Regelungen im Heimgesetz ebenfalls noch nicht abschließend geklärt werden. Die Bundesregierung geht davon aus, dass der Bund hier auch weiterhin Regelungen treffen kann, da das Bürgerliche Recht gem. Art. 74 Abs. 1 Nr. 1 GG der konkurrierenden Gesetzgebung unterfällt. Die sich daraus ergebenden Abgrenzungsfragen werden derzeit mit den Ländern erörtert."[9]

Die Ergebnisse der Arbeit der Föderalismuskommission I[10] sind insgesamt als – zurückhaltend formuliert – bescheiden zu bezeichnen; es besteht jedenfalls „eine deutliche Diskrepanz zwischen Anspruch und Wirklichkeit"[11]. Andere formulieren noch drastischer: „mutlos und in wichtigen Punkten inkonsequent und konzeptionell unausgereift"[12]. Vor diesem Hintergrund habe ich einmal von „Blockadeföderalismus" gesprochen[13]. Ein „überwiegend positives Fazit" zieht demgegenüber jüngst *Hans-Peter Schneider*[14].

2. Die Kompetenz für das Recht der Spielhallen

a) Abgrenzung zum sonstigen Recht der Wirtschaft

Die Herausnahme des Rechts der Spielhallen aus dem Recht der Wirtschaft hat ebenfalls zu erheblichen Abgrenzungsproblemen geführt. Bis heute ist sehr umstritten, welchen Umfang genau die durch die Herausnahme des Rechts der Spielhallen aus dem Recht der Wirtschaft begründete ausschließliche[15] Landesgesetzgebungskompetenz hat[16]. Teilweise wird eine Auslegung des Rechts der Spielhal-

7 BT-Drucksache 16/6499, S. 1f., 4.

8 Vgl. auch *Hansmann*, NVwZ 2007, 17ff.; *Huber/Wollenschläger*, NVwZ 2009, 1513ff.; *Jarass*, Bundesimmissionsschutzgesetz, 8. Aufl. 2010, § 22 Rn. 6ff.

9 BT-Drucksache 16/8688, S. 11.

10 Aus der Binnenperspektive berichtet über sie *Risse*, in: Merten (Hrsg.), Die Zukunft des Föderalismus in Deutschland und Europa, 2007, S. 43ff.

11 *Wieland*, in: KritV 91 (2008), S. 117ff. (122).

12 *Schwanengel*, in: Merten (Hrsg.), Die Zukunft des Föderalismus in Deutschland und Europa, 2007, S. 227ff. (249).

13 *Pieroth*, in: Wittreck (Hrsg.), 60 Jahre Grundgesetz, 2010, 33; vgl. auch den Ausdruck „blockierte Republik" bei *Marcus Höreth*, in: Jahrbuch des Föderalismus 2008, S. 139ff. (158f.) unter Bezugnahme auf *Simone Burkhart*, Blockierte Republik. Ursachen und Folgen von „Divided Government" in Deutschland, 2008.

14 *Schneider,* in: Jahrbuch des Föderalismus 2012, S. 222 (232 f.).

15 Vgl. *Pieroth*, in: Jarass/Pieroth, GG, 12. Aufl. 2012, Art. 70 Rn. 17.

16 Zum Folgenden vgl. *Pieroth/Lammers*, GewArch 2012, 1 (2ff.).

len vertreten, die von der bisherigen Regelung unabhängig ist[17] und in der Konsequenz den Ländern sehr weite Regelungsspielräume eröffnet.[18] Demgegenüber orientiert die herrschende Auffassung die Abgrenzung am Regelungsgegenstand des bisherigen § 33i GewO und gelangt zu einem engeren Verständnis der Kompetenzausnahme.[19] Dies entspricht auch der von der Bundesregierung[20] und – jedenfalls unmittelbar im Anschluss an die Reform – den Ländern vertretenen Ansicht. So heißt es mit aller Deutlichkeit im Entwurf zum Glücksspielstaatsvertrag der Länder: „In den Staatsvertrag können [...] keine Anforderungen an das gewerbliche Spiel in Spielhallen aufgenommen werden. Hier sind die Länder an einer Regelung durch die abschließende Normierung des Bundes in der Gewerbeordnung (GewO) und der Spielverordnung (SpielV) gehindert; die in der Föderalismusreform übertragene Zuständigkeit für die Spielhallen umfasst nur die (räumlich radizierte) Spielhallenerlaubnis in § 33i GewO, nicht dagegen das gewerbliche Spielrecht der §§ 33c bis g GewO."[21]

Dies steht im Einklang mit dem Regelungswillen des verfassungsändernden Gesetzgebers. Darauf, dass dieser eine Orientierung an der bisherigen Rechtslage im Sinn hatte, deuten bereits die in Art. 74 Abs. 1 Nr. 11 GG aufgenommenen Begriffe (Ladenschluss, Gaststätten, Spielhallen, Schaustellung von Personen, Messen, Ausstellungen und Märkte) hin. Diese knüpfen offensichtlich an den bei der Föderalismusreform I vorgefundenen gewerberechtlichen Bestand an.[22] Hier hatte jede der genannten Materien eine bereichsspezifische Regelung erfahren – sei es durch Spezialgesetz[23], als eigener Abschnitt der Gewerbeordnung[24] oder als Einzelvorschrift[25] –, in deren Überschrift der jeweilige Begriff verwendet wurde.[26] Die Benutzung der überkommenen Terminologie des Gewerberechts indiziert, dass der verfassungsändernde Gesetzgeber die zukünftig von der Wirtschaftskompetenz des

17 *Dietlein*, ZfWG 2008, 12 (16).
18 Vgl. die Aufzählung bei *Dietlein*, ZfWG 2008, 12 (17 ff.).
19 *Oeter*, in: von Mangoldt/Klein/Starck (Hrsg.), GG, 6. Aufl. 2010, Art. 74 Rn. 91; *Pieroth*, in: Jarass/Pieroth, GG, 12. Aufl. 2012, Art. 70 Rn. 23; *Stettner*, in: Dreier (Hrsg.), GG, 2. Aufl., Bd. II, Supplementum 2007, Art. 74 Rn. 64; *Ennuschat*, in: Tettinger/Wank/Ennuschat, GewO, 8. Aufl. 2011, § 33i Rn. 4; *Kluth*, Die Gesetzgebungskompetenz für das Recht der Spielhallen nach der Neufassung des Art. 74 Abs. 1 Nr. 11 GG, 2010, S. 57; *Schmitz*, in: Holtschneider/Schön (Hrsg.), Die Reform des Bundesstaates, 2007, S. 247 (250); *Ennuschat/Brugger*, ZfWG 2006, 292.
20 Antwort der Bundesregierung v. 22.9.2006, BT-Drs. 16/2691, S. 3. So auch die Evaluierung der Novelle der Spielverordnung durch das Bundesministerium für Wirtschaft und Technologie vom 6.12.2010, S. 64.
21 Entwurf eines Staatsvertrags zum Glücksspielwesen in Deutschland (Stand: 6.12.2006), S. 8.
22 Vgl. *Oeter*, in: von Mangoldt/Klein/Starck (Hrsg.), GG, 6. Aufl. 2010, Art. 74 Rn. 91; *Stettner*, in: Dreier (Hrsg.), GG, 2. Aufl., Bd. II, Supplementum 2007, Art. 74 Rn. 64.
23 Ladenschlussrecht: LadSchlG; Gaststättenrecht: GastG.
24 Messen, Ausstellungen und Märkte: Titel IV.
25 Schaustellung von Personen: § 33a GewO; Spielhallen: § 33i GewO.
26 Speziell für das Spielhallenrecht auch *Ennuschat/Brugger*

Bundes nicht mehr umfassten Bereiche im bisherigen Sinn verstanden wissen wollte. Dies gilt umso mehr, als die verwendeten Begrifflichkeiten teilweise nicht im allgemeinen Sprachgebrauch verwurzelt sind.[27]

Des Weiteren wird die Anknüpfung an die bisherigen Regelungen in der Gewerbeordnung durch die Entstehungsgeschichte der Norm bestätigt.[28] Aus den Materialien ergeben sich zwei Ziele, die der verfassungsändernde Gesetzgeber mit der Änderung der Gesetzgebungskompetenzen verfolgt hat: Einerseits wurde eine Stärkung der Landesgesetzgebung im regionalen Bereich beabsichtigt, andererseits sollte die Einheitlichkeit des Wirtschaftsraums nicht durch eine zunehmende Rechtszersplitterung gefährdet werden. Die Kompetenzen sollten daher nach den Kriterien der Regionalität und Ortsnähe der zu treffenden Entscheidung und des gesamtstaatlichen Bedürfnisses nach Rechts- und Wirtschaftseinheit verteilt werden.[29]

Streit zwischen der Bundes- und der Länderseite bestand jedoch darüber, wie nach diesen Kriterien die Neuverteilung der Zuständigkeiten im Einzelnen erfolgen sollte; der von den Ländern als Maximalposition vertretene Vorschlag, das ganze Gewerberecht in die Landeskompetenz übergehen zu lassen, [30] wurde verworfen.[31] Stattdessen wurde versucht, eine Abschichtung der Materie nach dem Gewicht des lokalen Bezuges vorzunehmen,[32] wofür eine Analyse bestehender bundesrechtlicher Einzelregelungen(!) erfolgte.[33] Dabei wurde neben § 33i GewO, aber getrennt von diesem, zunächst auch das in §§ 33c bis h GewO geregelte Recht der Spiele mit Gewinnmöglichkeit in die Diskussion einbezogen,[34] aufgrund eines Kompromisses zwischen Bund und Ländern aber wieder fallengelassen.[35] Dies

27 Dies trifft jedenfalls auf „Schaustellungen von Personen" zu. Wäre hiermit keine spezifische Bezugnahme auf § 33a GewO beabsichtigt gewesen, hätte es nahegelegen, eine zeitgemäßere Umschreibung zu wählen.

28 Eingehend zur Entstehungsgeschichte *Schneider*, Das Recht der Spielhallen nach der Föderalismusreform, 2009, S. 11 ff.; *ders.,* GewArch 2009, 265 (266 ff.).

29 Arbeitsunterlage 0015 der Föderalismuskommission, Anlage 2.

30 So etwa der Vorschlag des Berliner Staatssekretärs *Schmitz* in der 4. Sitzung der Arbeitsgruppe „Gesetzgebungskompetenzen und Mitwirkungsrechte", AG 1 – 4. Sitzungs-Protokoll, S. 26. Ebenso der Formulierungsvorschlag der Länderseite zur Neufassung der Art. 74 Abs. 1 Nr. 11: „Recht der Wirtschaft … mit Ausnahme des Gewerbes…", AG 1 – 7. Sitzungs-Protokoll, S. 23.

31 Vgl. Stellungnahme des Bundesministeriums für Wirtschaft und Arbeit (ohne Datum), PAU 5-0006, S. 3 f.

32 Vgl. etwa Stellungnahme des Bundesministeriums für Wirtschaft und Arbeit, zugeleitet durch das Bundesministerium der Jusitz unter dem 28.7.2004, PAU 5-0020, S. 2. In der zuständigen Projektgruppe 5 bestand über dieses Kriterium Einigkeit, vgl. Ergebnisvermerk, PG 5 – 6. Sitzungs-Protokoll, S. 2.

33 Vgl. Stellungnahme des Bundesministeriums für Wirtschaft und Arbeit, zugeleitet durch das Bundesministerium der Jusitz unter dem 28.7.2004, PAU 5-0020, S. 3 ff.

34 PAU 5-0020, S. 4.

35 Bundesministerium für Wirtschaft und Technologie, Evaluierung der Spielverordnung, S. 64; *Schneider,* Das Recht der Spielhallen nach der Föderalismusreform, 2009, S. 23*; ders.,* GewArch 2009, 265 (270).

lässt darauf schließen, dass es sich bei den Gegenständen der §§ 33c bis h GewO nach Ansicht der Föderalismuskommission nicht um Materien mit ausschließlichem Regionalbezug handelt, weil „die Automatenwirtschaft von der Herstellung bis zur Aufstellung von Spielgeräten nicht einem von Land zu Land differierenden Normenregime unterworfen werden" könne.[36] In den anschließenden Entwürfen, die im Wesentlichen der heutigen Fassung des Art. 74 Abs. 1 Nr. 11 GG entsprechen, taucht folgerichtig das Recht der Spiele mit Gewinnmöglichkeit nicht mehr auf.

Dieser Ablauf verdeutlicht drei wesentliche Punkte: erstens, dass die Überlegungen zur Neuverteilung der Gesetzgebung nach dem Muster erfolgten, den Ländern die Kompetenzen für bestimmte bestehende bundesgesetzliche Bestimmungen zu überlassen; zweitens, dass der verfassungsändernde Gesetzgeber eine bewusste Entscheidung gegen die Übertragung der Kompetenzen für die §§ 33c bis h GewO getroffen hat; und drittens, dass damit ein sachlicher Zweck verfolgt wurde, nämlich die Einheitlichkeit des Wirtschaftsraumes für die gewerbliche Automatenwirtschaft zu erhalten; lediglich der Bereich des § 33i GewO wurde als regional radiziert angesehen und daher der Landesgesetzgebung anheim gestellt.[37] Dies rechtfertigt es, bei der Auslegung des Art. 74 Abs. 1 Nr. 11 GG die Reichweite des Rechts der Spielhallen nach den Regelungsbereichen der bisherigen §§ 33c bis h einerseits und § 33i GewO andererseits zu bestimmen.

Es ist daher festzuhalten, dass für die Auslegung des einschränkenden Zusatzes „ohne das Recht der Spielhallen" in Art. 74 Abs. 1 Nr. 11 GG die bisherige Abgrenzung zwischen den §§ 33c bis h einerseits und § 33i GewO andererseits maßgeblich ist. Daraus folgt: Versagungsgründe, die bisher ausschließlich in § 33i GewO vorgesehen sind, wie die Beschaffenheit und Lage der Räume, können nunmehr von den Ländern geregelt werden; bei den Versagungsgründen und Beschränkungsmöglichkeiten, die sich sowohl in §§ 33c und d GewO als auch in § 33i GewO finden oder die noch nicht in der Gewerbeordnung enthalten sind, kommt es darauf an, ob sie gerätebezogen (dann Bundeskompetenz) oder raumbezogen (dann Landeskompetenz) sind. Dass für gerätebezogene Anforderungen die Bundesgesetzgebungskompetenz bestehen geblieben ist, dient somit dem mit der Föderalismusreform I auch verfolgten Ziel, die Rechts- und Wirtschaftseinheit nicht zu gefährden. Wie sich bei der Neufassung des Glücksspielstaatsvertrags und den dazu ergangenen landesrechtlichen Spielhallenregelungen zeigen wird, halten sich die Länder in deutlich größerem Umfang für gesetzgebungsbefugt.

36 *Schneider,* Das Recht der Spielhallen nach der Föderalismusreform, 2009, S. 20; *ders.*, GewArch 2007, 265 (269); vgl. auch AG 1 – 7. Sitzungs-Protokoll, S. 22.

37 *Kluth,* Die Gesetzgebungskompetenz für das Recht der Spielhallen nach der Neufassung des Art. 74 Abs. 1 Nr. 11 GG, 2010, S. 40 f.

b) Abgrenzung zum Bodenrecht

Ein weiteres Abgrenzungsproblem besteht zum Bodenrecht gem. Art. 74 Abs. 1 Nr. 18 GG. Bodenrecht sind die öffentlich-rechtlichen Normen, die die Beziehungen des Menschen zum Grund und Boden regeln[38], konkreter: das Recht der Bodenbeschaffenheit und Bodennutzbarkeit[39]. Die Bodennutzbarkeit wird daher im (Bundes-)Baugesetzbuch und in der (Bundes-)Baunutzungsverordnung geregelt. Dort finden sich auch Regelungen über die Errichtung von Vergnügungsstätten, wozu auch die Spielhallen rechnen[40]. So wird das Bauplanungsrecht, namentlich im Wege der Negativplanung in Bebauungsplänen, zur Steuerung des Spielhallenangebots genutzt[41]. Aber auch die Neuregelungen des Ersten Glücksspieländerungsstaatsvertrags (1. GlüÄndStV) über das Mindestabstandsgebot, das Verbot von Mehrfachkonzessionen und die Begrenzung der Erlaubniszahl dienen der Steuerung des Spielhallenangebots. Wird damit nicht unzulässigerweise in die Bundeskompetenz eingegriffen?[42]

Geklärt ist bisher nur so viel: Die Gesetzgebungskompetenz des Bundes für das Bodenrecht gem. Art. 74 Abs. 1 Nr. 18 GG lässt planungsrechtliche Vorgaben für die Ansiedlung von Spielhallen auf der Grundlage des Baugesetzbuchs und der Baunutzungsverordnung nur zu, wenn diese von bodenrechtlicher Relevanz sind. Diese Voraussetzung ist gegeben, wenn es darum geht, ob und in welcher Weise ein Eigentümer sein Grundstück nutzen, insbesondere bebauen darf[43]. Bauplanungsrechtliche Vorgaben müssen sich daher auf Festsetzungen der Bodennutzbarkeit beschränken; Restriktionen für Spielhallen zum Zweck des Jugendschutzes oder der Bekämpfung pathologischen Spielverhaltens können bodenrechtlich und damit bauplanungsrechtlich nicht legitimiert werden. Die Gemeinden dürfen also nicht mit den Mitteln der Bauleitplanung ihre eigene, von der Wertung des Bundesgesetzgebers abweichende Spielhallenpolitik betreiben[44].

Die bauplanungsrechtlichen Regelungen über Spielhallen als Vergnügungsstätten müssen von den gewerberechtlichen Regelungen der Spielhallen unterschieden werden. Eine Genehmigung gem. § 33i GewO entfaltet keine Bindungswirkung für die bauplanungsrechtliche Beurteilung eines Bauvorhabens[45]. Auch ist die bau-

38 BVerfGE 3, 407 (424); 34, 139 (144).
39 Vgl. *Degenhart*, in: Sachs (Hrsg.), GG, 6. Aufl. 2011, Art. 74 Rn. 73; *Pestalozza*, in: von Mangoldt/Klein, GG, 3. Aufl., Bd. 8, Art. 74 Rn. 1229ff.; *Pieroth*, in: Jarass/Pieroth, GG, 12. Aufl. 2012, Art. 74 Rn. 45; *Stettner*, in: Dreier (Hrsg.), GG, 2. Aufl., Bd. II, Supplementum 2007, Art. 74 Rn. 90f.
40 Vgl. *Ennuschat*, in: Tettinger/Wank/Ennuschat, GewO, 8. Aufl. 2011, vor §§ 33cff. Rn. 16.
41 Vgl. ausführlich zuletzt *Guckelberger*, GewArch 2011, 177ff.; *Otto*, DVBl. 2011, 1330ff.
42 *Pagenkopf*, NJW 2012, 2918 (2922) bezeichnet das als das „eigentliche Problem".
43 BVerfGE 3, 407 (424); 65, 283 (288); 77, 288 (299).
44 BVerwG, GewArch 1985, 62; 1993, 374.
45 BVerwG, DVBl. 1993, 109.

planungsrechtliche Frage, ob ein Vorhaben vorliegt, eigenständig gegenüber der Frage, ob eine oder mehrere Spielhallenerlaubnisse erforderlich sind. Danach liegt bauplanungsrechtlich eine Spielhalle vor, wenn für den Spielbetrieb in allen Räumlichkeiten ein Aufsichtsbereich, ein Notausgang, ein Lagerraum bzw. gemeinsame Besucher- und Personaltoiletten, gemeinsame Stellplätze, eine gemeinsame Hartgeldaufbewahrung und gemeinsame Mitarbeiterbüros vorhanden sind und es nur einen Betreiber gibt[46].

Aber damit ist das Problem der Vereinbarkeit der genannten Bestimmungen mit dem Bundesrecht noch nicht gelöst. Ein möglicher Weg zur Lösung könnte daran anknüpfen, dass von der Bodennutzbarkeit die Bodennutzung zu unterscheiden ist[47]. Sie gehört nicht zum Bodenrecht, sondern zu den für die jeweilige Nutzung einschlägigen Titeln, hier also zum Recht der Spielhallen, dem nach der Föderalismusreform I wie gezeigt gerade eine raumbezogene Komponente eignet. Eine Grenze findet die Landeskompetenz dann aber, wenn sie die Nutzung in einer Weise regelt, die die Nutzbarkeit beeinträchtigt. Das dürfte namentlich bei einer unverhältnismäßigen Beschränkung der Nutzung des Bodens für die Errichtung von Spielhallen der Fall sein. Landesrechtliche Regelungen, die die Errichtung von Spielhallen unmöglich machen, verstoßen jedenfalls gegen die Bundesgesetzgebungskompetenz für das Bodenrecht.

II. Grundrechtliche Aspekte

1. Die gegenwärtige Rechtsprechung

Das Betreiben von Spielhallen ist grundrechtlich geschützt. Einschlägig sind hier die Berufsfreiheit gem. Art. 12 Abs. 1 GG, die Eigentumsfreiheit gem. Art. 14 GG und der allgemeine Gleichheitssatz gem. Art. 3 Abs. 1 GG. Außerdem können sich die Spieler auf die allgemeine Handlungsfreiheit gem. Art. 2 Abs. 1 GG berufen.

a) Berufsfreiheit

aa) Eingriff in den Schutzbereich

Da Beruf jede auf Erwerb gerichtete Tätigkeit ist, die auf Dauer angelegt ist und der Schaffung und Aufrechterhaltung einer Lebensgrundlage dient[48], ist das Be-

46 Vgl. *Stühler*, BauR 2011, 54 (57).
47 Vgl. *Pestalozza*, in: von Mangoldt/Klein, GG, 3. Aufl., Bd. 8, Art. 74 Rn. 1239.
48 Ständige Rechtsprechung; vgl. BVerfGE 105, 252 (265); 110, 304 (321); 111, 10 (28); 115, 276 (300).

treiben einer Spielhalle unstreitig vom Schutzbereich der Berufsfreiheit umfasst[49]. Da ein Eingriff jedes staatliche Verhalten ist, das dem Einzelnen ein Verhalten, das in den Schutzbereich eines Grundrechts fällt, ganz oder teilweise unmöglich macht[50], sind alle Beschränkungen im Zusammenhang mit der Veranstaltung und Vermittlung von Glücks- und Gewinnspielen ohne weiteres als Eingriffe zu qualifizieren, namentlich auch Werbeverbote bzw. -beschränkungen[51].

bb) Verfassungsrechtliche Rechtfertigung

Eingriffe in die Berufsfreiheit können gerechtfertigt werden, wenn sie auf Grund einer gesetzlichen Grundlage erfolgen, die kompetenzgemäß erlassen wurde, durch hinreichende, der Art der betroffenen Betätigung und Intensität des jeweiligen Eingriffs Rechnung tragende Gründe des Gemeinwohls legitimiert sind und dem Grundsatz der Verhältnismäßigkeit entsprechen[52]. Von besonderer Bedeutung für den gesamten Glücksspielbereich ist das Sportwettenurteil des Bundesverfassungsgerichts vom 28. März 2006[53], dem auch alle deutschen Gerichte folgen. Das Urteil betraf das damalige Sportwettenmonopol des Freistaats Bayern, das das Gericht auf die Verfassungsbeschwerde eines privaten Vermittlers von Sportwetten hin für unvereinbar mit dessen Grundrecht aus Art. 12 Abs. 1 GG erklärt hat. Es hat nämlich einen Verstoß gegen den Grundsatz der Verhältnismäßigkeit darin gesehen, dass das staatliche Wettmonopol nicht konsequent am Ziel der Begrenzung der Wettleidenschaft und Bekämpfung der Wettsucht ausgerichtet ist.

Neben der Bekämpfung der Spiel- und Wettsucht hat das Bundesverfassungsgericht noch folgende legitime Gemeinwohlziele für ein staatliches Wettmonopol anerkannt: Schutz der Spieler vor betrügerischen Machenschaften seitens der Wettanbieter, Verbraucherschutz und Abwehr von Gefahren aus mit den Wetten verbundener Folge- und Begleitkriminalität[54]. Keine legitimen Gemeinwohlziele sind aber fiskalische Interessen des Staates als solche und der Ausschluss privaten Gewinnstrebens[55]. Weitere Ziele wie das, „durch ein begrenztes, eine geeignete Alternative zum nichterlaubten Glücksspiel darstellendes Glücksspielangebot den natürlichen Spieltrieb der Bevölkerung in geordnete und überwachte Bahnen zu lenken“ (§ 1 Nr. 2 GlüStV), stellen nur Paraphrasierungen des zentralen Ziels der

49 BVerwG, NVwZ 2005, 961 (963).
50 *Pieroth/Schlink*, Grundrechte, 28. Aufl. 2012, Rn. 223.
51 BVerfG, NVwZ 2008, 1338 (1339); BVerwG, NVwZ 2011, 554; 2011, 1328; Urteile v. 11.7.11 – 8 C 11/10 und 12/10 (BeckRS 2011, 53129 und 53130).
52 Vgl. *Jarass*, in: Jarass/Pieroth, GG, 12. Aufl. 2012, Art. 12 Rn. 27ff.; *Mann*, in: Sachs (Hrsg.), GG, 6. Aufl. 2011, Art. 12 Rn. 106ff.
53 BVerfGE 115, 276.
54 BVerfGE 115, 276 (306).
55 BVerfGE 115, 276 (307f.).

Vermeidung und Bekämpfung von Spiel- und Wettsucht dar. Das hat auch das Bundesverwaltungsgericht zur alten Fassung des Glücksspielstaatsvertrages festgestellt: „Die weiteren in § 1 GlüStV genannten Ziele, insbesondere die Kanalisierung der Wettleidenschaft, können keine der Suchtbekämpfung widersprechende Ausgestaltung des Monopols rechtfertigen."[56]

Im Sinne der erforderlichen konsequenten Ausrichtung auf das Ziel der Suchtbekämpfung ist entschieden worden, „dass sich die Werbung für das staatliche Wettangebot zur Vermeidung eines Aufforderungscharakters … auf eine Information und Aufklärung über die Möglichkeiten zum Wetten zu beschränken hat und nicht zum Wetten auffordern, anreizen und ermuntern darf"[57]. Glücksspiel darf nicht „als aussichtsreiche Möglichkeit materiellen Zugewinns, als attraktive Unterhaltung oder als sozialadäquate Beschäftigung" dargestellt werden[58]. Unzulässig sind ferner anlassbezogene Werbung, die auf zusätzliche oder höhere Gewinne hinweist, eine Aufmachung, die Entscheidungsdruck simuliert, sowie Werbung mit einer gemeinnützigen Verwendung der Erlöse[59]. Bezüglich der alten Fassung des Glücksspielstaatsvertrags sind von der Rechtsprechung der Erlaubnisvorbehalt[60], die Internetverbote[61], Werbebeschränkungen und -verbote[62] und das Trennungsgebot zwischen Spielhallen und Glücksspielannahmestellen[63] als verfassungsmäßig angesehen worden. Auch die Erlaubnispflicht für Spielhallen gem. § 33i GewO ist danach unproblematisch[64].

b) Eigentumsfreiheit

Der Betrieb einer Spielhalle unterliegt als Recht am eingerichteten und ausgeübten Gewerbebetrieb auch dem verfassungsrechtlichen Eigentumsschutz. Das Recht am eingerichteten und ausgeübten Gewerbebetrieb – heute spricht man auch vielfach

56 BVerwG, NVwZ 2011, 554 (556).
57 BVerwG, NVwZ 2011, 1328 (1330); BVerwG, Urteil v. 11.7.11 – 8 C 11/10 (BeckRS 2011, 53129); diese Vorgabe wurde fast wörtlich im GlüStV a.F. umgesetzt. Krit. zu dieser Rechtsprechung *Pagenkopf*, NJW 2012, 2918 (2923).
58 BVerwG, NVwZ 2011, 554 (558).
59 BVerwG, NVwZ 2011, 554 (558); BVerwG, NVwZ 2011, 1326 (1326); 2011, 1328 (1. Leits.); Urteil v. 11.7.11- 8 C 11/10 (BeckRS 2011, 53129).
60 BVerfG, NVwZ 2008, 1338 (1339); BVerwG, NVwZ 2011, 549 (553); OVG NRW, NWVBl. 2012, 271 (Leits.).
61 BVerfG, NVwZ 2008, 1338 (Leits. u. 1339 ff.); BVerwG, NVwZ 2011, 1319 (1321); vgl. auch *Hermes*, in: Hermes/Horn/Pieroth, Der Glücksspielstaatsvertrag, 2007, S. 80 ff.
62 BVerfG, NVwZ 2008, 1338 ff. (insbes. 1343); vgl. *Hermes*, in: Hermes/Horn/Pieroth, Der Glücksspielstaatsvertrag, 2007, S. 87 ff.
63 BVerwG, NVwZ 2011, 549 (553); OVG NRW, NWVBl. 2012, 271 (272 f.).
64 BVerwG, NVwZ 2005, 961 (963).

vom Recht am Unternehmen[65] – ist als „sonstiges Recht“ im Sinne des § 823 Abs. 1 BGB von der Zivilrechtsprechung entwickelt worden und inzwischen vom Bundesgerichtshof, vom Bundesverwaltungsgericht und der überwiegenden Auffassung im rechtswissenschaftlichen Schrifttum als von Art. 14 Abs. 1 GG geschützt anerkannt[66]. Zwar ist das Bundesverfassungsgericht etwas zurückhaltender: „Eigentumsrechtlich gesehen ist das Unternehmen die tatsächliche – nicht aber die rechtliche – Zusammenfassung der zu einem Vermögen gehörenden Sachen und Rechte, die an sich schon vor verfassungswidrigen Eingriffen geschützt sind“[67]. Aber auch das Bundesverfassungsgericht erkennt dem eingerichteten und ausgeübten Gewerbebetrieb den Schutz zu, „den seine wirtschaftliche Grundlage genießt“[68]. Damit kann Folgendes über den Umfang des Eigentumsschutzes eines Gewerbebetriebs oder Unternehmens festgehalten werden:

Eigentumsrechtlich geschützt ist der Betrieb oder das Unternehmen mit allem, was den wirtschaftlichen Wert des Betriebs oder Unternehmens ausmacht[69]. Wenn in der neueren zivilrechtlichen Dogmatik betont wird, dass das in einem Unternehmen zusammengefasste Vermögen nicht generell den Schutz des § 823 Abs. 1 BGB genieße, „sondern nur insoweit, als ein betriebsbezogener Eingriff vorliegt, der bei Abwägung der konfligierenden Interessen im Einzelfall zu vermeiden war“[70], dann ändert das nichts an der eben getroffenen Feststellung, weil ja auch im Verfassungsrecht in eine in den Schutzbereich fallende Eigentumsposition eingegriffen und dieser Eingriff verfassungsrechtlich gerechtfertigt werden kann.

Gesetzliche Inhalts- und Schrankenbestimmungen, die in der Vergangenheit entstandene Eigentumspositionen beeinträchtigen, sind gem. Art. 14 Abs. 1 S. 2, Abs. 2 GG zulässig, finden aber Schranken im übrigen Verfassungsrecht; insbesondere können Übergangsregelungen bei der Umgestaltung oder Verkürzung bestehender Rechtspositionen erforderlich sein[71]. Dies ergibt sich zum einen aus dem Grundsatz der Verhältnismäßigkeit in seiner Ausprägung als Angemessenheit bzw. Zumutbarkeit und zum anderen aus dem rechtsstaatlichen Vertrauensschutz, der „für die vermögenswerten Güter im Eigentumsgrundrecht eine eigene Ausprägung und verfassungsrechtliche Ordnung erfahren“ hat[72]. Schweren verfassungsrechtli-

65 Vgl. *Papier*, in: Maunz/Dürig, GG, Stand: April 2012, Art. 14 Rn. 196; *Wagner*, in: Münchener Kommentar zum BGB, 5. Aufl. 2009, § 823 Rn. 187ff.; *Waschull*, Das Unternehmen im engeren Sinne als verfassungsrechtliches Eigentum, 1999.

66 Vgl. *Dietlein*, in: Stern, Das Staatsrecht der Bundesrepublik Deutschland, Band IV/1, 2006, S. 2191ff.; *Jarass*, in: Jarass/Pieroth, GG, 12. Aufl. 2012, Art. 14 Rn. 10; *Ossenbühl*, Staatshaftungsrecht, 5. Aufl. 1998, S. 159ff.

67 BVerfGE 51, 193 (221f).

68 BVerfGE 58, 300 (353).

69 Vgl. BGHZ 23, 157 (162ff.); 78, 41 (44); 111, 349 (356).

70 *Wagner*, in: Münchener Kommentar zum BGB, 5. Aufl. 2009, § 823 Rn. 193.

71 BVerfGE 53, 336 (351); 58, 300 (351); 71, 137 (144); BVerwGE 81, 49 (55).

72 BVerfGE 76, 220 (244); 95, 64 (82).

chen Bedenken unterliegen daher die Übergangsvorschriften der neuen Fassung des Glücksspielstaatsvertrags und der sie umsetzenden Spielhallenregelungen der Länder[73], denen hier aber nicht weiter nachgegangen werden soll.

c) Allgemeiner Gleichheitssatz

Der allgemeine Gleichheitssatz verbietet dem Staat die Ungleichbehandlung von „wesentlich Gleichem“[74]. Daraus folgt auch, dass die Ungleichbehandlung durch dieselbe Rechtssetzungsgewalt erfolgt sein muss. Soweit die Bürger eines Landes durch ein Landesgesetz anders behandelt werden als die Bürger eines anderen Landes, das kein entsprechendes oder ein abweichendes Landesgesetz erlassen hat, fehlt von vornherein die wesentliche Gleichheit[75]. Auf Grund der Gesetzgebungskompetenzverteilung des Grundgesetzes können daher gewisse Bereiche des Glücks- und Gewinnspielrechts nicht am Maßstab des Art. 3 Abs. 1 GG überprüft werden[76]. So können Unterschiede zwischen der bundesrechtlichen Spielverordnung und den landesrechtlichen Spielhallenregelungen nicht am Maßstab des Art. 3 Abs. 1 GG verfassungsrechtlich überprüft werden. Auch Unterschiede zwischen den landesrechtlichen Regelungen stellen als solche keinen Verstoß gegen den allgemeinen Gleichheitssatz dar.

Ein gravierendes Gleichheitsproblem resultiert aber aus der unterschiedlichen Regelung von Geldspielgeräten in Spielhallen einerseits und Glücksspielautomaten in Spielbanken andererseits durch denselben Landesgesetzgeber. Die Geldspielgeräte und die Glücksspielautomaten werden nach Spielstruktur und Spielumfeld sehr unterschiedlich geregelt; insbesondere unterliegen Spielart und Spielumfeld der Glücksspielautomaten in Spielbanken weniger strengen Vorgaben als die Geldspielgeräte in Spielhallen („Regelungsgefälle“[77]). Diese Ungleichbehandlung kann nicht gerechtfertigt werden, weil der unterschiedliche Aufstellungsort für das Ziel der Bekämpfung des pathologischen Spielverhaltens irrelevant ist. Dies wird in dem nachfolgend abgedruckten Rechtsgutachten „Sind Spielbanken und Spielhallen gleich zu behandeln?“ im Einzelnen überzeugend begründet, so dass an dieser Stelle darauf verwiesen werden kann.

73 Vgl. *Hufen*, Die Einschränkung des gewerblichen Geld-Gewinnspiels, 2012, S. 86ff.; *Jahndorf/Pichler*, GewArch 2012, 377; *Schneider*, GewArch 2011, 457.
74 Vgl. nur BVerfGE 49, 148 (156).
75 Vgl. BVerfGE 33, 224 (231); *Huster*, in: Friauf/Höfling, GG, Art. 3 Rn. 47; *Pieroth/Schlink*, Grundrechte, 28. Aufl. 2012, Rn. 463.
76 Vgl. BVerwG, NVwZ 2011, 1319 (1322).
77 Vgl. *Kramer*, WRP 2011, 180ff.

d) Allgemeine Handlungsfreiheit

Als allgemeine Handlungsfreiheit schützt Art. 2 Abs. 1 GG nicht einen bestimmten, begrenzten Lebensbereich, sondern jegliches menschliche Verhalten und ist so ein „Grundrecht des Bürgers, nur auf Grund solcher Vorschriften mit einem Nachteil belastet zu werden, die formell und materiell der Verfassung gemäß sind"[78]. Darunter fallen die individuelle Gestaltung von Freizeit und Erholung[79], der Genuss von Alkohol, Nikotin und Haschisch[80]. Selbst kriminelles Verhalten fällt in den Schutzbereich der allgemeinen Handlungsfreiheit[81]. Soweit Gebote und Verbote des Glücks- und Gewinnspielrechts an die Spieler direkt adressiert sind, liegt ohne weiteres ein Eingriff in diese Freiheit vor. An Spielhallenbetreiber gerichtete Gebote und Verbote stellen dann einen Eingriff dar, wenn die Spielhallenbetreiber verpflichtet sind, verhaltenslenkende Maßnahmen gegenüber den Spielern zu treffen. Für die Rechtfertigung gelten die zu den Grundrechten der Spielhallenbetreiber getroffenen Aussagen entsprechend.

2. Grundrechtskonforme Begrenzung des Ziels der Bekämpfung pathologischen Spielverhaltens

In der gegenwärtigen Rechtsprechung werden die grundrechtlichen Implikationen des staatlichen Ziels der Bekämpfung pathologischen Spielverhaltens, vom Gesetzgeber „Glücksspielsucht" genannt (§ 1 S. 1 Nr. 1 GlüStV), häufig nicht ausreichend beachtet. Das Spielen ist eine grundrechtlich geschützte Freiheitsbetätigung der Individuen. Und eine Sucht ist nicht per se ein Anlass für staatliche Freiheitsbeschränkungen. Bekanntlich kennt das Leben viele Formen von Sucht. Von den klassischen sieben Totsünden fallen immerhin sechs unter diesen Begriff: Ruhmsucht, Habsucht, Genusssucht, Rachsucht, Selbstsucht und Eifersucht. Bei den meisten würden wir uns ein staatliches Eingreifen zu Recht verbitten, und einige dieser schlechten Charaktereigenschaften sind dem Erfolg im aktuellen Politik- und Wirtschaftsbetrieb keineswegs abträglich. Differenzierter liegen die Dinge bei der Genusssucht, von der die Spielsucht ein Unterfall ist. Das grundrechtliche Problem besteht darin, dass der Spielende vor sich selbst geschützt werden soll.

78 BVerfGE 29, 402 (408); 103, 29 (45).
79 BVerfGE 54, 143 (146); 55, 159 (165).
80 Vgl. BVerfGE 90, 145 (171).
81 *Pieroth/Schlink*, Grundrechte, 28. Aufl. 2012, Rn. 388; a.A. *Kloepfer*, Verfassungsrecht, Band 2, 2010, § 56 Rn. 10.

a) Grundsätzliche Unzulässigkeit eines aufgedrängten Selbstschutzes

Pathologisches Spielverhalten kann Personen in die psychische und wirtschaftliche Abhängigkeit treiben. Soweit die Bekämpfung dieses Verhaltens auf den Schutz des Vermögens und der Gesundheit des Spielers abzielt, soll der Einzelne vor den Auswirkungen seines selbstgefährdenden Verhaltens geschützt werden. Der staatlich aufgedrängte Selbstschutz gegen oder ohne den Willen des Betroffenen wird – unter dem Vorwurf des Paternalismus – grundsätzlich als unzulässig abgelehnt.[82] Auch das Bundesverfassungsgericht hat darauf hingewiesen, dass „die Raucher nicht in unzulässiger Weise bevormundet [werden], ihnen [...] insbesondere kein Schutz vor Selbstgefährdung aufgedrängt [wird].“[83]

Auch wenn die Grundrechte als objektive Werteordnung[84] über die Gewährleistung individueller Rechtspositionen hinausgehend die staatliche Gewalt binden und diese auf die Förderung und den Schutz der Grundrechte verpflichtet[85], gehen staatlicher Vermögens- und Gesundheitsschutz nicht so weit, einen aufgedrängten staatlichen Selbstschutz des Spielers zu rechtfertigen. Die Ausübung der Spieltätigkeit ist trotz ihres möglicherweise selbstschädigenden Charakters Ausdruck einer grundrechtlich garantierten Freiheit. Die objektiv-rechtliche Funktion der Grundrechte begründet zwar eine Schutzverpflichtung des Staates, aber anders als bei einer Gefährdung durch Dritte wie etwa bei Betrugsgefahren verursacht der Spieler selbst die Vermögens- sowie Gesundheitsgefahr. Die Schutzpflichtendimension der Grundrechte würde hier verkehrt und zu einer Verkürzung des grundrechtlichen Schutzes führen.[86] Ein staatlich aufgedrängter Selbstschutz ist mit der freiheitssichernden, abwehrrechtlichen Funktion der Grundrechte unvereinbar.[87] Die Verantwortung für sein Vermögen und seine Gesundheit obliegt dem Einzelnen, das Grundgesetz gewährt und bürdet ihm die Ausübung dieser Freiheit auf – auch wenn dies möglicherweise unerfreuliche Folgen hat.

b) Pathologisches Spielverhalten als psychische Störung

Soweit einem aufgedrängten Selbstschutz gegen oder ohne den Willen des Betroffenen die Freiheit und Autonomie des Einzelnen entgegensteht, kann diese auto-

82 Vgl. etwa *Hillgruber*, Der Schutz des Menschen vor sich selbst, 1992, S. 111 ff.; *Schwabe*, JZ 1998, 66 (69 f.).
83 BVerfG, NJW 2008, 2409 (2414); anders noch BVerfG, NJW 1999, 3399 (3401).
84 Vgl. das Lüth-Urteil des BVerfGE 6, 32.
85 Vgl. *Pieroth/Schlink*, Grundrechte, 28. Aufl., 2012, Rn. 94, 110. Vgl. dazu auch *Isensee*, in: Isensee/Kirchhof (Hrsg.), Handbuch des Staatsrechts, Band IX, 3. Aufl., 2011, § 191.
86 Vgl. *Kirste*, JZ 2011, 805 (813). Vgl. auch *Enderlein*, Rechtspaternalismus und Vertragsrecht, 1996, S. 144 f.
87 *Hillgruber*, Der Schutz des Menschen vor sich selbst, 1992, S. 134, 147f.

nome Wahrnehmung seiner Freiheiten beim pathologischen Spieler eingeschränkt sein. Beim pathologischen Spielverhalten handelt es sich um eine psychische Störung[88], die einem kontrollierten und abgewogenen Spielverhalten krankhaft zuwiderläuft. Fehlt die Fähigkeit, autonom und eigenverantwortlich zu handeln, ist ein fürsorgliches, (weich) paternalistisches Einschreiten des Staates zulässig.[89] So anerkennt auch das Bundesverfassungsgericht einen staatlichen Schutz vor sich selbst bei psychisch Kranken, denen die Einsichtsfähigkeit fehlt[90]: „Ein Übergewicht der staatlichen Schutzverpflichtung wäre auch in Betracht zu ziehen, wenn der Kl. [...] bei der Ausübung seines Selbstbestimmungsrechts in der Fähigkeit krankhaft eingeschränkt wäre, seinen Willen frei zu bestimmen. [...] [Die] Selbstgefährdung [...] hat aber die psychische Erkrankung zur Voraussetzung und hat vor allem seine entscheidende verfassungsrechtliche Rechtfertigung in der Tatsache, dass wegen der psychiatrischen Erkrankung die freie Willensentscheidung nicht mehr gewährleistet ist. Wegen dieser Beeinträchtigung der Selbstbestimmungsfähigkeit ist in diesen Fällen das Übergewicht der staatlichen Schutzverpflichtung vertretbar."[91]

Wenn die Bildung eines freien Willens krankhaft eingeschränkt ist, ist das Verhalten des Einzelnen nicht Ausdruck der freien Selbstbestimmung und steht somit der staatlichen Intervention nicht entgegen.[92] Vielmehr geht es dann darum, die Freiheit und Selbstbestimmung des Betroffenen zu seinem Wohlergehen zu schützen. Entscheidende Voraussetzung des staatlichen Eingreifens ist dabei stets die fehlende Autonomie und Einsichtsfähigkeit. Wenn also die psychische Störung des Spielers einen Willensfreiheit ausschließenden Zustand erreicht, ist ein fürsorgliches, präventives Eingreifen des Staates legitimiert. Das Bundesverfassungsgericht lässt diese Frage in seinem Urteil zum Sportwetten-Monopol offen und zieht stattdessen – nicht näher konkretisierte – Auswirkungen des pathologischen Spielverhaltens auf die Familie und die Gesellschaft heran: „Ohne dass abschließend zu klären ist, inwieweit angesichts [der Klassifikation des pathologischen Spielverhaltens als psychische Störung] nach Art. 2 Abs. 2 S. 1 GG eine Pflicht des Staates zum Schutz der Gesundheit der Bürger besteht, ist die Vermeidung und Abwehr

88 Vgl. die Empfehlung der Spitzenverbände der Krankenkassen und Rentenversicherungsträger für die medizinische Rehabilitation bei Pathologischen Glücksspielen, März 2001.

89 So etwa *Hillgruber*, Der Schutz des Menschen vor sich selbst, 1992, S. 121 ff.; *Schwabe*, JZ 1998, 66 (79).

90 Vgl. etwa BVerfG, NJW 1967, 1795 (1800); 1982, 691 (692 f.); 1989, 2960 (2960 f.); 2011, 2113 (2115).

91 BVerfG, NJW 1989, 2960 (2960 f.).

92 *Hillgruber*, Der Schutz des Menschen vor sich selbst, 1992, S. 121. Vgl. dazu auch *Möller*, Paternalismus und Persönlichkeitsrecht, 2005, S. 124 ff. sowie die Argumentation in Bezug auf Drogen bei *Klimpel*, Bevormundung oder Freiheitsschutz?, 2003, S. 198 ff.

der Suchtgefahren jedenfalls ein überragend wichtiges Gemeinwohlziel, da Spielsucht zu schwerwiegenden Folgen nicht nur für die Betroffenen selbst, sondern auch für ihre Familien und für die Gemeinschaft führen kann."[93]

c) Gemeinwohlbelange

Darüber hinaus werden staatliche Maßnahmen, die dem Schutz des Betroffenen selbst zu dienen scheinen, oftmals mit Gemeinwohlbelangen begründet. So wird das Cannabis-Verbot mit der „Gestaltung des sozialen Zusammenlebens in einer Weise, die es von sozialschädlichen Wirkungen des Umgangs mit Drogen freihält" gerechtfertigt.[94] Mangels Stoffgebundenheit des pathologischen Spielverhaltens, was eine Weitergabe z. B. an Jugendliche ausschließt, ist dieses Argument auf den Bereich des Glücksspiels nicht übertragbar.

Teilweise werden auch die sozialen Folgekosten mit Blick auf die Funktionsfähigkeit der sozialen Sicherungssysteme als Gemeinwohlbelang herangezogen, um Beschränkungen nicht nur innerhalb des Sozialversicherungssystems[95], sondern auch in Bezug auf sonstiges sozialversicherungsrelevantes Verhalten zu rechtfertigen.[96] So führt das Bundesverfassungsgericht beispielsweise in seinem Urteil zur Schutzhelmpflicht für Kraftradfahrer aus: „Daß Unfälle mit schweren Kopfverletzungen weitreichende Folgen für die Allgemeinheit haben (z. B. durch Einsatz der Rettungsdienste, ärztliche Versorgung, Rehabilitationsmaßnahmen, Versorgung von Invaliden), steht außer Frage."[97]

Mit der „Empfehlung der Spitzenverbände der Krankenkassen und Rentenversicherungsträger für die medizinische Rehabilitation bei Pathologischen Glücksspielen" wurde 2001 das pathologische Glücksspielen als Krankheit anerkannt und werden seitdem die Kosten für ambulante oder stationäre Therapien für diese Krankheit von den Krankenkassen übernommen. Die Höhe der Kosten hängt zunächst davon ab, in wieviel Fällen eine krankhafte psychische Störung vorliegt. Ein pathologisches Spielverhalten wird bejaht, wenn fünf oder mehr der sogenannten DSM-IV-Kriterien (diagnostic and statistical manual of mental disorders) zutreffen[98]. Auf der Grundlage von sieben zwischen 2006 und 2011 in Deutschland durchgeführten Bevölkerungsstudien (darunter drei der Bundeszentrale für ge-

93 BVerfGE 115, 276 (304f.).
94 BVerfG, NJW 1994, 1577 (1579).
95 Vgl. BVerfG, NJW 2001, 1779 (1780).
96 Kritisch *Hillgruber*, Der Schutz des Menschen vor sich selbst, 1992, S. 158 ff.; *Fischer*, Die Zulässigkeit des aufgedrängten staatlichen Schutzes vor Selbstschädigung, 1997, S. 259 ff. Vgl. dazu auch *Schwabe*, JZ 1998, 66 (72 ff.).
97 BVerfG, NJW 1982, 1276.
98 Vgl. *Hayer/Meyer*, in: Public Health Forum 18, Heft 67 (2010), S. 27; *Meyer*, Jahrbuch Sucht 2011, S. 123.

sundheitliche Aufklärung aus den Jahren 2008, 2010 und 2012) zeigen danach 0,19 bis 0,56% der deutschen Bevölkerung ein pathologisches Spielverhalten. Die Zahl der pathologischen Spieler beträgt dementsprechend zwischen 100.000 und 290.000. Diese Angaben beziehen sich auf alle Glücksspiele; der Anteil der Geldspielgeräte beträgt nach im Auftrag des Bundesministeriums für Gesundheit durchgeführten Untersuchungen des Instituts für Therapieforschung ca. 30%[99]. Hinzu kommen die jeweiligen Therapiekosten. Die Behandlung von pathologischen Spielern verursachte im Jahr 2008 Kosten in Höhe von 41 Millionen Euro.[100]

Anders als bei den stoffgebundenen Suchterkrankungen wie etwa Alkohol treten neben die krankhafte Abhängigkeit an sich keine weiteren Gesundheitsschädigungen, für die die Krankenkassen die Kosten tragen. Vielmehr liegt bei dem pathologischen Spielverhalten der Schwerpunkt der Schädigung auf den finanziellen Folgen, beispielsweise durch Kosten der Beschaffungskriminalität, der Gerichte und Strafverfolgung, der Verwaltungskosten für die Arbeitslosigkeit sowie indirekte Kosten durch den spielbedingten Verlust des Arbeitsplatzes oder durch krankheitsbedingte Fehlzeiten. Diese werden weder von den Krankenkassen noch von einem anderen Sozialversicherungsträger ersetzt. Aber während die sozialen Kosten des Alkohol- und Tabakkonsums auf 20-30 bzw. 20-50 Milliarden Euro geschätzt werden[101], sollen sie sich beim pathologischen Glücksspiel im Jahr 2008 insgesamt auf 326 Millionen Euro belaufen[102], d.h. sie sind hundertmal niedriger.

Im Übrigen versteht sich, dass das Ziel der Suchtbekämpfung nicht nur für private, sondern auch für staatliche Glücksspielbetreiber verbindlich ist. Ebenso wenig wie ein Privater darf der Staat mit Drogen Geschäfte machen. Genau aus diesem Grund hatte ja auch das Bundesverfassungsgericht das frühere Sportwettenmonopol des Freistaats Bayern für verfassungswidrig erklärt. Leider wird diese fundamentale Einsicht immer wieder außer Acht gelassen und ausschließlich dem „kommerziellen Glücksspiel“ eine „fehlende Sozialverträglichkeit“ attestiert[103]. Es sind derartige Äußerungen, die den Verdacht nähren, dass die von den Ländern seit 2006 mit Verve betriebene legislative und administrative Bekämpfung pathologischen Spielverhaltens als Vorwand dient für das in Wahrheit fiskalische Interesse an den großen Gewinnen auf dem Glücksspielmarkt.

99 Vgl. die Anhörung im Gesundheitsausschuss des Deutschen Bundestags vom 1.7.2009.
100 Vgl. *Becker*, Soziale Kosten des Glücksspiels in Deutschland, 2011, S. 25.
101 Vgl. *Becker*, Soziale Kosten des Glücksspiels in Deutschland, 2011, S. 49.
102 Vgl. *Becker*, Soziale Kosten des Glücksspiels in Deutschland, 2011, S. 44.
103 So jüngst wieder *Pagenkopf*, NJW 2012, 2918 (2919).

d) Zusammenfassung

Die grundrechtliche Freiheit und Selbstbestimmung steht einem aufgedrängten staatlichen Selbstschutz mit Blick auf die Gesundheit und das Vermögen des kranken Spielers grundsätzlich entgegen. Allein Einschränkungen der Autonomie und Selbstbestimmungsfähigkeit vermögen ein staatliches fürsorgliches Eingreifen zu legitimieren. Insoweit kann nur das pathologische Spielverhalten als psychische Störung ausreichende Grundlage sein. Die sozialen Folgekosten, die das pathologische Spielverhalten der Gesellschaft abverlangt, können als Gemeinwohlbelang dessen Bekämpfung als Ziel der staatlichen Glücksspielreglementierung rechtfertigen, das nicht nur für private, sondern auch für staatliche Glücksspielbetreiber verbindlich ist. Dabei sind die völlig anderen Dimensionen im Vergleich zu den sozialen Kosten des Alkohol- und Tabakkonsums im Rahmen der Verhältnismäßigkeitsprüfung zu berücksichtigen.

III. Gewerbeordnung und Spielverordnung

Bis zum Erlass der Spielhallengesetze der Länder in jüngster Zeit waren die Spielhallen in § 33i GewO geregelt, dessen Abs. 1 S. 1 wie folgt lautet: „Wer gewerbsmäßig eine Spielhalle oder ein ähnliches Unternehmen betreiben will, das ausschließlich oder überwiegend der Aufstellung von Spielgeräten oder der Veranstaltung anderer Spiele im Sinne des § 33c Abs. 1 S. 1 oder des § 33d Abs. 1 S. 1 dient, bedarf der Erlaubnis der zuständigen Behörde.“ Damit war das Spielhallenrecht uneingeschränkt Teil des sogenannten gewerberechtlichen Spielrechts, das in den §§ 33c-33i GewO geregelt ist und Spielgeräte mit Gewinnmöglichkeit (§ 33c) sowie andere Spiele mit Gewinnmöglichkeit (§ 33d) betrifft. Das in der Gewerbeordnung geregelte Gewerberecht wiederum ist ein Unterfall des Wirtschaftsrechts, wie sich aus der Klammerdefinition des Art. 74 Abs. 1 Nr. 11 GG ergibt.

Das gewerberechtliche Spielrecht enthält im Wesentlichen folgende Regelungen: Wer gewerbsmäßig Spielgeräte mit Gewinnmöglichkeit aufstellt (§ 33c) oder andere Spiele mit Gewinnmöglichkeit veranstaltet (§ 33d), bedarf der Erlaubnis. Von diesen Erlaubnissen sind zwei weitere Rechtsakte zu unterscheiden: Die Aufstellung eines Geldspielgeräts nach § 33c setzt die Bauartzulassung durch die Physikalisch-Technische Bundesanstalt voraus. Die Erlaubnis der Veranstaltung eines anderen Spiels nach § 33d verlangt eine Unbedenklichkeitsbescheinigung des Bundeskriminalamtes. Für alle diese Rechtsakte sind in § 33e gegenüber den allgemeinen Vorschriften der §§ 48f. VwVfG teilweise spezielle Rücknahme- und Widerrufsmöglichkeiten geregelt. § 33f ermächtigt zum Erlass von Rechtsverordnungen insbesondere „zur Eindämmung der Betätigung des Spieltriebs, zum Schutze der Allgemeinheit und der Spieler sowie im Interesse des Jugendschutzes“. Nach § 33h finden die genannten Regelungen keine Anwendung auf Spielbanken, Lotterien und andere Glücksspiele, die demgemäß von den Ländern geregelt werden können. Eine gesonderte Erlaubnis ist nach § 33i für den gewerbsmäßigen Betrieb einer Spielhalle oder eines ähnlichen Unternehmens erforderlich. Auf Grund der Ermächtigung des § 33f Abs. 1 hat der Bundesminister für Wirtschaft und Technologie die „Verordnung über Spielgeräte und andere Spiele mit Gewinnmöglichkeit (Spielverordnung – SpielV)“[104] erlassen, die auch Regelungen über die Aufstellung von Geldspielgeräten in Spielhallen und Gaststätten enthält.

Für das Betreiben einer Spielhalle sind also nach der GewO zwei Erlaubnisse erforderlich: nach § 33c und § 33i. Gem. § 33c Abs. 1 GewO bedarf der Erlaubnis, wer gewerbsmäßig Spielgeräte aufstellen will, die mit einer den Spielausgang beeinflussenden technischen Vorrichtung ausgestattet sind und die die Möglichkeit eines Gewinnes bieten. Mit dieser Erlaubnis dürfen beliebig viele Spielgeräte aufgestellt werden, wobei folgende zwei Einschränkungen zu beachten sind: Erstens berechtigt die Erlaubnis nur zur Aufstellung von solchen Spielgeräten, deren Bauart von der Physikalisch-Technischen Bundesanstalt zugelassen ist. Zweitens ist vor der Aufstellung von Geldspielgeräten an einem bestimmten Platz noch eine schriftliche Bestätigung der zuständigen Behörde gem. § 33c Abs. 3 GewO, dass der Aufstellungsort den auf der Grundlage des § 33f Abs. 1 Nr. 1 GewO erlassenen Durchführungsvorschriften entspricht, erforderlich. Die Erlaubnis kann mit Auflagen gem. § 33c Abs. 1 S. 3 GewO verbunden werden, „soweit dies zum Schutz der Allgemeinheit, der Gäste oder der Bewohner des jeweiligen Betriebsgrundstücks oder der Nachbargrundstücke oder im Interesse des Jugendschutzes erforderlich ist“. Die Aufzählung dieser möglichen Zwecke ist abschließend; allerdings lässt sich unter sie viel subsumieren[105].

Auf die Erteilung der Erlaubnis besteht ein Rechtsanspruch, soweit nicht ein Versagungsgrund gem. § 33c Abs. 2 GewO vorliegt. Versagungsgrund ist ausschließlich die Unzuverlässigkeit des Antragstellers. Als Regelbeispiele für die Unzuverlässigkeit nennt § 33c Abs. 2 S. 2 Nr. 1 GewO: „wer in den letzten drei Jahren vor Stellung des Antrages wegen eines Verbrechens, wegen Diebstahls, Unterschlagung, Erpressung, Hehlerei, Geldwäsche, Verschleierung unrechtmäßig erlangter Vermögenswerte, Betruges, Untreue, unerlaubter Veranstaltung eines Glücksspiels, Beteiligung am unerlaubten Glücksspiel oder wegen Vergehens nach § 27 des Jugendschutzgesetzes rechtskräftig verurteilt worden ist“. Gem. dem ab 1.9.2013 geltenden § 33c Abs. 2 S. 2 Nr. 3 GewO gehört hierzu auch der fehlende Nachweis eines Sozialkonzepts. „Regelfall“ bedeutet, dass in diesen Fällen die

104 Vom 6.2.1962 in der Fassung der Bekanntmachung vom 27.1.2006 (BGBl. I S. 280).
105 *Ennuschat*, in: Tettinger/Wank/Ennuschat, GewO, 8. Aufl. 2011, § 33c Rn. 28.

Unzuverlässigkeit indiziert ist, d.h. dass auch ohne Verwirklichung eines Regelbeispiels Unzuverlässigkeit vorliegen kann und umgekehrt trotz Vorliegen eines Regelbeispiels die Zuverlässigkeit bejaht werden kann. Insofern kommt es also auf eine Würdigung der besonderen Umstände des Einzelfalles an[106]. Verstöße gegen die Erlaubnispflicht werden gem. §§ 144, 148 GewO als Ordnungswidrigkeit bzw. Straftat geahndet.

Eine gesonderte Erlaubnispflicht besteht gem. § 33i GewO für das gewerbsmäßige Betreiben einer Spielhalle oder eines ähnlichen Unternehmens. Den Begriff der Spielhalle bestimmt die h.M. raumbezogen, d.h. dass es einen Raum gibt, in dem das Spielhallengewerbe ausgeübt wird, ohne dass zusätzliche organisatorische Voraussetzungen aufgestellt werden[107]. Ob eine oder mehrere Spielhallen vorliegen, entscheidet sich nach der räumlichen Unabhängigkeit, d.h. mehrere Spielhallen liegen dann vor, wenn die einzelnen Betriebsstätten räumlich so getrennt sind, dass bei natürlicher Betrachtungsweise die Sonderung der einzelnen Betriebsstätte optisch in Erscheinung tritt und die Betriebsfähigkeit jeder Betriebsstätte durch die Schließung der anderen nicht beeinträchtigt wird[108]. Wie die Erlaubnis für das Aufstellen von Spielgeräten kann die Erlaubnis für das Betreiben einer Spielhalle mit Auflagen versehen werden; dass in § 33i Abs. 1 S. 2 GewO anders als in § 33c Abs. 1 S. 3 GewO der Jugendschutz nicht genannt wird, macht keinen Unterschied, weil der Jugendschutz hier sogar ein Versagungsgrund gem. § 33i Abs. 2 Nr. 3 GewO ist. Zusätzlich kann die Erlaubnis zum Betreiben einer Spielhalle auch befristet werden.

Ebenso wie bei der Erlaubnis zum Aufstellen von Spielgeräten besteht auf die Erteilung der Erlaubnis zum Betreiben einer Spielhalle ein Rechtsanspruch, soweit nicht ein Versagungsgrund gem. § 33i Abs. 2 GewO vorliegt. Versagungsgründe sind: 1. dieselben wie gem. § 33c Abs. 2 Nr. 1 oder § 33d Abs. 3 GewO; 2. Zurückbleiben der zum Betrieb des Gewerbes bestimmten Räume hinter den polizeilichen Anforderungen „wegen ihrer Beschaffenheit oder Lage“ (hier sind bauplanungs- und bauordnungsrechtliche Fragen von Bedeutung[109]); 3. Gründe der Gefährdung der Jugend, der übermäßigen Ausnutzung des Spieltriebs, schädlicher Umwelteinwirkungen oder nicht zumutbarer Belästigungen. Unter die Bekämpfung des Spieltriebs fällt auch die Bekämpfung des pathologischen Spielverhaltens. Daher sind die raumbezogenen Begrenzungen namentlich des § 3 SpielV von der Gewerbeordnung gedeckt[110]. Auch insoweit bestehen Ordnungswidrigkeits- und Straftatbestände gem. §§ 144, 148 GewO.

106 BVerwG, GewArch 1993, 414.
107 Vgl. *Hahn*, in: Friauf, GewO, 2010, § 33i Rn. 7.
108 BVerwG, GewArch 1985, 62 (63).
109 BVerwG, GewArch 1993, 374 (375).
110 Vgl. *Ennuschat*, in: Tettinger/Wank/Ennuschat, GewO, 8. Aufl. 2011, § 33i Rn. 48ff.

Nicht nur stehen die beiden Erlaubnisse nach § 33c Abs. 1 S. 1 und § 33i Abs. 1 S. 1 GewO selbständig nebeneinander, sie umschließen auch keine sonst etwa noch erforderlichen Erlaubnisse oder Genehmigungen. Das gilt insbesondere auch im Verhältnis zur Baugenehmigung. In diesem Bereich besteht also keinerlei Konzentrationswirkung[111].

Eine das gewerbliche Spielrecht der GewO ergänzende bundesrechtliche Regelung zum Jugendschutz findet sich in § 6 des Jugendschutzgesetzes, der wie folgt lautet: „(1) Die Anwesenheit in öffentlichen Spielhallen oder ähnlichen vorwiegend dem Spielbetrieb dienenden Räumen darf Kindern und Jugendlichen nicht gestattet werden. (2) Die Teilnahme an Spielen mit Gewinnmöglichkeit in der Öffentlichkeit darf Kindern und Jugendlichen nur auf Volksfesten, Schützenfesten, Jahrmärkten, Spezialmärkten oder ähnlichen Veranstaltungen und nur unter der Voraussetzung gestattet werden, dass der Gewinn in Waren von geringem Wert besteht.“

111 OVG NRW, GewArch 1995, 124 (125).

C. Landesrecht

I. Rechtsentwicklung bis zum 1. GlüÄndStV

Seit langem haben die Länder andere Bereiche des Glücksspiels in Spielbank- und Lotteriegesetzen geregelt. Dass sie das kompetenzrechtlich durften, beruhte nicht auf einer ihnen durch das Grundgesetz besonders zugewiesenen Gesetzgebungskompetenz, sondern darauf, dass der Bund von seiner, ihm auch in diesen Bereichen zustehenden Gesetzgebungskompetenz keinen Gebrauch gemacht hat. Nach ständiger Rechtsprechung des Bundesverfassungsgerichts ist nämlich der Kompetenztitel „Recht der Wirtschaft" weit auszulegen. Insbesondere für die Sportwetten hat das Gericht entschieden: „Eine Neuregelung kommt dabei grundsätzlich sowohl durch den Bundes- wie den Landesgesetzgeber in Betracht. Insoweit kann auch der Bund, gestützt auf den Gesetzgebungstitel für das Recht der Wirtschaft nach Art. 74 Abs. 1 Nr. 11 GG, unter den Voraussetzungen des Art. 72 Abs. 2 GG tätig werden. Eine Kompetenz des Bundes scheitert nicht an dem ordnungsrechtlichen Aspekt der Regelungsmaterie."[112] Die rechtliche Hürde des Gebrauchmachens in Art. 72 Abs. 2 GG – die bundesrechtliche Regelung muss zur Herstellung gleichwertiger Lebensverhältnisse im Bundesgebiet oder zur Wahrung der Rechts- oder Wirtschaftseinheit im gesamtstaatlichen Interesse erforderlich sein – lässt sich im Bereich des Glücksspielrechts erkennbar leicht nehmen.

Entscheidend für die Fortentwicklung des Glücks- und Gewinnspielrechts und damit auch des Spielhallenrechts war, dass das Bundesverfassungsgericht in seiner zitierten Entscheidung aus dem Jahr 2006 entschieden hat, dass ein landesrechtlich begründetes staatliches Monopol für Sportwetten mit dem Grundrecht der Berufsfreiheit des Art. 12 Abs. 1 GG nur vereinbar ist, wenn es konsequent am Ziel der Bekämpfung von Suchtgefahren ausgerichtet ist[113]. Dem entsprach die Praxis der staatlichen Glücksspielveranstalter nicht.

Als Reaktion hierauf haben die Länder am 30. Januar 2007 den Staatsvertrag zum Glücksspielwesen in Deutschland (Glücksspielstaatsvertrag – GlüStV) geschlossen, der am 1. Januar 2008 in Kraft getreten ist[114]. Sein wesentliches Ziel bestand darin, das Glücksspielmonopol der Länder aufrecht zu erhalten, und zwar

112 BVerfGE 115, 276 (318f). Verfehlt ist daher die Auffassung von *Pagenkopf*, NJW 2012, 2918 (2920), dass ein Glücksspielbetrieb kein Gewerbe sei; die im gleichen Atemzug aufgestellte Behauptung, es gebe keine allgemeine Glücksspielfreiheit, verkennt zudem völlig die grundrechtlichen Vorgaben.

113 BVerfGE 115, 276 (317).

114 *Dietlein*, in: Dietlein/Hecker/Ruttig (Hrsg.), Glücksspielrecht, 2008, § 29 GlüStV Rn. 6.

auch in Bereichen, auf die sich die Entscheidung des Bundesverfassungsgerichts gar nicht bezog. Mit dem Glücksspielstaatsvertrag sollten die staatlichen Glücksspielveranstalter die Vorgaben des Bundesverfassungsgerichts, insbesondere zur effektiven Suchtprävention, verwirklichen; zugleich wurde der Zutritt zum Markt der Glücksspiele für private Anbieter und Veranstalter massiv erschwert[115]. Der Glücksspielstaatsvertrag enthielt noch keine Regelungen über das gewerbliche Geldspiel und die Spielhallen. Man wollte die schwierigen Fragen der Kompetenzabgrenzung im Spielhallenrecht nicht zeitgleich mit der fristgebundenen Nachbesserung des Sportwettenrechts verbinden und zunächst nur eine bundesgesetzliche Neuregelung des gewerblichen Geldspiels anmahnen[116].

Weil die alte Fassung des Glücksspielstaatsvertrags gemäß seinem § 28 Abs. 1 Ende Dezember 2011 außer Kraft zu treten drohte und weil das darin „verankerte staatliche Wettmonopol wegen der Entwicklung in anderen, vom Glücksspielstaatsvertrag nicht erfassten Bereichen, wie dem gewerblichen Geldspiel, unionsrechtlich auf den Prüfstand gestellt worden" ist[117] – auf die damit angesprochene Rechtsprechung des Europäischen Gerichtshofs wird noch näher einzugehen sein –, haben die Länder am 15. Dezember 2011 einen 1. GlüÄndStV vereinbart, der zum 1. Juli 2012 in Kraft getreten ist. Mit diesem Staatsvertrag machen die Länder ausdrücklich[118] von ihrer Gesetzgebungskompetenz für das Recht der Spielhallen gem. Art. 74 Abs. 1 Nr. 11 GG Gebrauch, um „eine deutliche Verbesserung bei den notwendigen Regulierungen der Spielhallen" zu erreichen und „deren Zahl zu begrenzen und den Spieler- und Jugendschutz zu gewährleisten". Im Einzelnen handelt es sich um folgende Regelungen:

II. Der 1. GlüÄndStV und weiteres Landesrecht

1. Rechtsgrundlagen, -umsetzung und -wirkungen

a) Rechtsgrundlagen

Der 1. GlüÄndStV vom 15.12.2011 besteht aus zwei Artikeln und einem Anhang. Art. 1 enthält die Neufassung des GlüStV mit neun Abschnitten und numerisch 35, tatsächlich 42 Paragrafen. Art. 2 enthält in fünf Absätzen Vorschriften über Inkrafttreten, Außerkrafttreten und Neubekanntmachung. Der Anhang „Richtlinien

115 Zu den verfassungs- und europarechtlichen Bedenken hiergegen vgl. *Hermes/Horn/Pieroth*, Der Glücksspielstaatsvertrag, 2007.

116 *Dietlein*, in: Dietlein/Hecker/Ruttig (Hrsg.), Glücksspielrecht, 2008, Vorb. 3 vor § 1 GlüStV.

117 So die Erläuterung A.I.2. zum 1. GlüÄndStV.

118 Vgl. A.II.7. der Erläuterungen.

zur Vermeidung und Bekämpfung von Glücksspielsucht“ enthält acht weitere Festlegungen, die wie folgt eingeleitet werden: „Zur Vermeidung und Bekämpfung von Glücksspielsucht gelten die folgenden Richtlinien.“

Während der Rechtscharakter der 42 Paragrafen nicht zweifelhaft ist, fragt sich, wie der Anhang mit den Richtlinien insoweit einzuordnen ist. Die Erläuterungen zum 1. GlüÄndStV schweigen hierzu. Da die Festlegungen des Anhangs ohne weiteres auch an den entsprechenden Stellen der Paragrafen hätten geregelt werden können, muss ihre Separierung eine rechtliche Bedeutung haben. Dies gilt umso mehr, als auf einige der Festlegungen des Anhangs in den Paragrafen Bezug genommen wird, auf andere jedoch nicht. So heißt es in § 6 S. 2 GlüStV: Zu dem Zweck der Vorbeugung vor der Entstehung von Glücksspielsucht haben die Veranstalter und Vermittler von öffentlichen Glücksspielen „Sozialkonzepte zu entwickeln, ihr Personal zu schulen und die Vorgaben des Anhangs ‚Richtlinien zur Vermeidung und Bekämpfung von Glücksspielsucht‘ zu erfüllen.“ Damit wird aber nur auf Nr. 1a) bis f) des Anhangs verwiesen, wo ebenso wie im § 6 GlüStV Pflichten der Veranstalter normiert sind; außerdem geht es nur in Nr. 1a) bis f) inhaltlich um Sozialkonzepte, die den Regelungsgegenstand des § 6 GlüStV bilden. Für die Nrn. 2 und 3 des Anhangs fehlt eine entsprechende Inbezugnahme in den Paragrafen des GlüStV.

Der einzig mögliche Sinn der unterschiedlichen Regelung einerseits in den Paragrafen und andererseits im Anhang kann danach nur im Folgenden erblickt werden: Gem. § 28 S. 2 GlüStV können die Länder in ihren Ausführungsgesetzen auch vorsehen, „dass Verstöße gegen die Bestimmungen dieses Staatsvertrages mit Geldbuße oder Strafe geahndet werden“. „Dieser Staatsvertrag“ ist aber der GlüStV, während der Anhang zum 1. GlüÄndStV gehört. Verstöße gegen die Verpflichtungen aus Nrn. 2 und 3 des Anhangs können also nicht kraft Staatsvertrags mit Geldbuße oder Strafe geahndet werden. Den Ländern steht es im Rahmen ihrer Gesetzgebungskompetenz aber frei, von sich aus Geldbuße- oder Strafvorschriften in ihre Gesetze aufzunehmen.

b) Rechtsumsetzung

Der 1. GlüÄndStV ist am 15. Dezember 2011 von den Ministerpräsidenten von 15 Ländern (Ausnahme: Schleswig-Holstein) unterzeichnet worden. Da ihm bis zum 30. Juni 2012 die erforderliche Anzahl von Länderparlamenten zugestimmt hat, ist er gem. Art. 2 Abs. 1 1. GlüÄndStV am 1. Juli 2012 in Kraft getreten. Durch die Zustimmung der Landesparlamente sind die Regelungen des 1. GlüÄndStV in Landesrecht transformiert worden. Denn „die Umsetzung von Staatsverträgen in innerstaatliches Recht unterscheidet sich von dem gewöhnlichen Gesetzgebungsverfahren dadurch, daß der Norminhalt in dem Staatsvertrag enthalten ist. Der Parlamentsbeschluß erteilt demgegenüber lediglich den Gesetzesbefehl für den außerhalb seiner selbst gelegenen Gesetzesinhalt. Freilich ist er es, der dem Norminhalt erst innerstaatliche Verbindlichkeit verleiht."[119] Diese Besonderheit rechtfertigt den Ausdruck „interföderaler Normgeber"[120].

Bisher haben 15 Länder Zustimmungsgesetze erlassen; in Schleswig-Holstein liegt bisher erst ein Gesetzesentwurf vor, doch hat Schleswig-Holstein schon vor Inkrafttreten des 1. GlüÄndStV ein Spielhallengesetz erlassen. In den Ausführungsgesetzen, die teilweise mit den Zustimmungsgesetzen zusammenfallen, haben folgende Länder Regelungen zu Spielhallen getroffen bzw. ein eigenes Spielhallengesetz oder Glücksspielgesetz erlassen: Baden-Württemberg, Bayern, Berlin, Bremen, Hamburg, Hessen, Mecklenburg-Vorpommern, Niedersachsen, Nordrhein-Westfalen, Rheinland-Pfalz, Saarland, Sachsen, Sachsen-Anhalt und Thüringen. In Brandenburg liegt bisher erst ein Entwurf für Regelungen zu Spielhallen vor. Soweit Spielhallengesetze schon vor Inkrafttreten des 1. GlüÄndStV erlassen worden sind – das betrifft außer Schleswig-Holstein Berlin und Bremen –, sind die Spielhallengesetze von Berlin und Bremen im Zusammenhang mit den Zustimmungsgesetzen geändert worden[121].

c) Rechtswirkungen

Die auf diese Weise für die Länder und in den Ländern geltenden Vorschriften über Spielhallen können obligatorisch oder fakultativ sein. Der obligatorische Charakter zeigt sich an der Verwendung folgender Begriffe: „verboten", „unzulässig", „muss" oder „müssen", „darf" oder „dürfen nicht" bzw. „nur", „ist zu…", „haben zu…" und „sind verpflichtet". Durch die Zustimmungsgesetze der Länder sind diese Normen unmittelbar geltendes Landesrecht geworden. Je nach Inhalt können es Verpflichtungen oder Berechtigungen der Länder oder der Bürger sein.

Fakultativen Charakter haben die Vorschriften, die den Ländern etwas erlauben, statt es ihnen vorzuschreiben. Ein Beispiel ist die Begrenzung der Erlaubniszahl in § 25 Abs. 3 GlüStV. In den allgemeinen Vorschriften, die für Spielhallen gelten, findet sich eine entsprechende Ermächtigung an die Länder nur in § 5 Abs. 3 S. 2 GlüStV, der aber nur Lotterien und Sport- und Pferdewetten, nicht Spielhallen betrifft. In diesen Fällen bedarf es einer ausdrücklichen Regelung, um geltendes Landesrecht und damit Verpflichtungen oder Berechtigungen der Bürger zu schaffen.

119 BVerfGE 90, 60 (85f.).
120 *Pagenkopf*, NJW 2012, 2918 (2919).
121 Vgl. das Landesgesetzesregister unten S. 55.

Die Länder sind aber nicht darauf beschränkt, die Regelungen des GlüStV in Landesrecht zu transformieren, auf sie zu verweisen oder sie zu wiederholen. Soweit ihre Kompetenz für das Recht der Spielhallen reicht und sie nicht seinerseits kompetenzgemäß erlassenes Bundesrecht verletzen, dürfen die Länder auch eigenständige und weitergehende Regelungen zum Spielhallenrecht treffen.

Was die Länder selbstverständlich nicht dürfen, ist dem Bundesrecht widersprechendes Landesrecht erlassen. Ein Beispiel ist § 4 Abs. 2 S. 1 Hs. 2 des Berliner Spielhallengesetzes, wonach die Gesamtzahl der Spielgeräte in Spielhallen acht Geräte nicht übersteigen darf (ebenso die Regelung in Hamburg), während § 3 Abs. 2 S. 1 Hs. 2 SpielV insoweit zwölf Geräte zulässt. Diese landesrechtlichen Regelungen sind aus kompetenziellen Gründen verfassungswidrig, wie ich an anderer Stelle näher ausgeführt habe[122].

Dass den Ländern allerdings diese Rechtswirkungen nicht klar sind, ergibt sich auch aus den Erläuterungen zum 1. GlüÄndStV, wo es unter A.II.7. zum „gewerblichen Automatenspiel“ heißt: „Von der Landesgesetzgebungskompetenz werden sowohl formelle Anforderungen an Spielhallen – wie z.B. Erlaubnispflichten – als auch materielle Ge- und Verbote – wie das Verbot von Mehrfachspielhallen – erfasst.“ Die notwendige Konsequenz hieraus wäre, dass das Bundesrecht insoweit durch das Landesrecht gem. Art. 125a Abs. 1 S. 2 GG ersetzt würde. Genau diese Konsequenz wird jedoch nicht gezogen; denn in den Erläuterungen heißt es weiter, die staatsvertraglichen Bestimmungen würden „die automatenbezogenen Regelungen des Bundes (SpielV) ergänzen und flankieren“.

Eine nochmals andere Frage ist die nach der rechtlichen Qualifikation von landesrechtlichen Regelungen, die eine bundesrechtliche Regelung lediglich wiederholen. Ein Beispiel hierfür ist § 4 Abs. 2 S. 1 Hs. 1 des Berliner Spielhallengesetzes, der völlig übereinstimmend mit § 3 Abs. 2 S. 1 Hs. 1 SpielV je 12 Quadratmeter Grundfläche höchstens ein Spielgerät zulässt. Wenn man dem Land nicht überhaupt die Gesetzgebungskompetenz für eine solche Regelung abspricht, weil nach dem Grundgesetz entweder der Bund oder die Länder zuständig sind und es grundsätzlich keine Doppelzuständigkeit gibt[123], kann es sich höchstens um eine rein deklaratorische Regelung handeln, die insbesondere an ihrem Rechtscharakter als Bundesrecht nichts ändern kann. Eine andere Beurteilung kommt allenfalls für den Bereich der Abweichungsgesetzgebungskompetenz in Betracht – und auch dort nur unter zusätzlichen Voraussetzungen[124] –, um die es sich aber im vorliegenden Zusammenhang nicht handelt.

122 *Pieroth/Lammers*, GewArch 2012, 1ff.; a.A. *Ennuschat*, in: Tettinger/Wank/Ennuschat, GewO, 8. Aufl. 2011, § 33i Rn. 5; *Höfling/Rixen*, GewArch 2008, 1 (7).
123 Vgl. BVerfGE 67, 299 (321); 104, 249 (267); 106, 62 (114).
124 Vgl. *Pieroth*, in: Jarass/Pieroth, GG, 12. Aufl. 2012, Art. 72 Rn. 30.

2. Rechtsinhalte

a) Anwendungsbereich

§ 2 (Anwendungsbereich) Abs. 3 S. 1 GlüStV lautet: „Für Spielhallen, soweit sie Geld- oder Warenspielgeräte mit Gewinnmöglichkeit bereithalten, gelten nur die §§ 1 bis 3, 4 Abs. 1, 3 und 4, §§ 5 bis 7 sowie die Vorschriften des Siebten und Neunten Abschnitts", d.h. die Ziele des Staatsvertrages (§ 1), die Begriffsbestimmungen (§ 3), das Verbot unerlaubten Glücksspiels (§ 4 Abs. 1 S. 2; gegenüber § 4 Abs. 1 S. 1 ist § 24 lex specialis), das Verbot der Teilnahme von Minderjährigen (§ 4 Abs. 3), das Internetverbot (§ 4 Abs. 4), die Vorschriften über die Werbung (§ 5), das Sozialkonzept (§ 6) und die Aufklärung (§ 7). Der Siebte Abschnitt („Spielhallen") umfasst die §§ 24-26, der Neunte Abschnitt („Übergangs- und Schlussbestimmungen") die §§ 28-35.

§ 2 Abs. 3 GlüStV wirft eine Reihe von Fragen auf, so dass die Vorschrift schon als „missglückt" bezeichnet worden ist[125]. Während § 3 Abs. 7 GlüStV Spielhallen übereinstimmend mit der Gewerbeordnung definiert, schränkt § 2 Abs. 3 GlüStV den Anwendungsbereich auf „Spielhallen, soweit sie Geld- oder Warenspielgeräte mit Gewinnmöglichkeiten bereithalten", ein. Was ist, wenn zum Zeitpunkt der Erlaubniserteilung noch nicht feststeht, welche Spielgeräte in einer Spielhalle aufgestellt werden sollen? § 2 Abs. 3 GlüStV erklärt auch § 4 Abs. 1 GlüStV für anwendbar, nach dessen S. 1 öffentliche Glücksspiele nur mit Erlaubnis der zuständigen Behörde des jeweiligen Landes veranstaltet oder vermittelt werden dürfen. Die Erlaubnis für die gewerbsmäßige Aufstellung von Spielgeräten mit Gewinnmöglichkeit ist aber, wie dargestellt, kompetenzgemäß und mit Sperrwirkung für die Länder[126] in § 33c GewO geregelt. Wenn also die Verweisung auf § 4 Abs. 1 GlüStV nur so verstanden werden kann, „dass der Betrieb einer Spielhalle, in der Geldspielgeräte aufgestellt werden, mit der Veranstaltung eines Glücksspiels gleichgesetzt wird"[127], was soll dann diese Erlaubnispflicht für Spielhallen neben der gem. § 24 Abs. 1 GlüStV? Sollen sich etwa die Gebote und Verbote des § 4 Abs. 3 und der §§ 5, 6 und 7 GlüStV auch auf den Aufsteller der Geldspielgeräte und nicht nur an den Betreiber der Spielhalle richten? Diese Frage ist aus kompetenziellen Gründen zu verneinen, und das Verhältnis der beiden Erlaubnispflichten ist als Spezialität des § 24 Abs. 1 GlüStV zu klären. Aber von gelungener Gesetzgebungsarbeit zeugt das nicht gerade.

Im Folgenden werden die wichtigsten der für die Spielhallen geltenden Vorschriften dargestellt.

125 *Odenthal*, GewArch 2012, 345 (346).
126 Vgl. *Pieroth*, in: Jarass/Pieroth, GG, 12. Aufl. 2012, Art. 72 Rn. 11ff.
127 *Odenthal*, GewArch 2012, 345 (346).

b) Eigenständige Erlaubnispflicht

§ 24 (Erlaubnisse) GlüStV hat folgenden Wortlaut:

(1) Unbeschadet sonstiger Genehmigungserfordernisse bedürfen die Errichtung und der Betrieb einer Spielhalle einer Erlaubnis nach diesem Staatsvertrag.

(2) Die Erlaubnis ist zu versagen, wenn die Errichtung und der Betrieb einer Spielhalle den Zielen des § 1 zuwider laufen. Sie ist schriftlich zu erteilen und zu befristen. Die Erlaubnis kann, auch nachträglich, mit Nebenbestimmungen versehen werden.

(3) Das Nähere regeln die Ausführungsbestimmungen der Länder.

Diese Ausführungsbestimmungen weisen viele Variationen auf, wie an folgenden Regelungskomplexen gezeigt werden kann:

aa) Verhältnis verschiedener Erlaubnisse zueinander

Grundsätzlich gibt es drei Erlaubnistatbestände: gem. § 33i GewO, gemäß einem Landesspielhallengesetz und gem. § 24 GlüStV. Nimmt man die baurechtliche Nutzungsgenehmigung, die Aufstellerlaubnis nach § 33c Abs. 1 GewO und die Geeignetheitsbestätigung nach § 33c Abs. 3 GewO hinzu, sind es sogar sechs öffentlich-rechtliche Erlaubniserfordernisse. Unter Gewerbefreiheit stellt man sich eigentlich etwas anderes vor.

Wie diese Erlaubnistatbestände sich zueinander verhalten, wird unterschiedlich (oder auch gar nicht) geregelt. Teilweise müssen alle Erlaubnisse eingeholt werden; immerhin heißt es in Berlin insoweit: „Die Erlaubnis nach § 24 Abs. 1 GlüStV soll unter Vermeidung von Widersprüchen zusammen mit der Erlaubnis nach dem Spielhallengesetz Berlin erteilt werden.“ Teilweise heißt es, die Erlaubnis nach dem Spielhallengesetz „schließt eine Erlaubnis nach dem Glücksspielstaatsvertrag ein“ bzw. die Erlaubnis nach dem Spielhallengesetz „gilt zugleich“ als Erlaubnis nach dem GlüStV (so in Bremen, Hamburg und Hessen). In Sachsen schließt die Erlaubnis nach der Gewerbeordnung die Erlaubnis nach dem GlüStV, in Schleswig-Holstein die nach der GewO, ein; allerdings ist die Zustimmung der Glücksspielaufsichtsbehörde einzuholen, die eigenständig Versagungsgründe geltend machen kann. In Baden-Württemberg ist es umgekehrt so, dass die Erlaubnis nach dem Landesglücksspielgesetz „die Erlaubnis nach § 33i GewO ersetzt“. Auf nur eine Erlaubnis deutet auch die Formulierung in Mecklenburg-Vorpommern hin, wonach die Erlaubnis nach dem Spielhallengesetz „in Verbindung mit“ § 24 Abs. 1 GlüStV erteilt wird.

bb) Inhaltliche Anforderungen

Jedes Landesgesetz regelt die Voraussetzungen für die Erteilung der Erlaubnis(se) unterschiedlich. Allerdings unterscheiden sich diese Regelungen nicht in ihrer Tendenz, viele Voraussetzungen für die Erteilung bzw. für die Versagung der Erlaubnis aufzustellen; vielmehr betreffen die Unterschiede den Detaillierungsgrad. In Niedersachsen wird über § 24 GlüStV hinaus nichts zur Erlaubnis geregelt. Die meisten Gesetze wiederholen diese Regelung des GlüStV und nehmen die aus § 2 Abs. 3 GlüStV folgenden Anforderungen an die Spielhallen auf. Außerdem wird teilweise die Einhaltung der aus § 33i GewO sowie aus §§ 25f. GlüStV folgenden Anforderungen verlangt. Die verfassungsrechtlichen Bedenken, die wegen mangelnder Bestimmtheit hiergegen vorgebracht werden[128], sind gut nachvollziehbar.

cc) Befristung

§ 24 Abs. 2 S. 2 GlüStV nennt keine bestimmte Frist[129]. Die landesgesetzlichen Befristungsregelungen schwanken zwischen fünf (Bremen und Thüringen), neun (Nordrhein-Westfalen) und fünfzehn Jahren (Baden-Württemberg, Brandenburg, Hamburg, Hessen, Mecklenburg-Vorpommern, Sachsen, Sachsen-Anhalt und Schleswig-Holstein). In Thüringen kann sogar eine kürzere Frist als fünf Jahre vorgesehen werden, „soweit dies zum Schutz der Jugend vor Gefährdungen, zur Verhinderung einer übermäßigen Ausnutzung des Spieltriebs, schädlicher Umwelteinwirkungen […] oder einer sonst nicht zumutbaren Belästigung der Allgemeinheit, der Nachbarn oder einer sonst im öffentlichen Interesse bestehenden Einrichtung erforderlich ist“. Andererseits gibt es auch Regelungen über eine Fristverlängerung.

c) Verbot von Mehrfachkonzessionen

§ 25 (Beschränkungen von Spielhallen) GlüStV enthält in Abs. 1 und 2 folgende Regelungen:

(1) Zwischen Spielhallen ist ein Mindestabstand einzuhalten (Verbot von Mehrfachkonzessionen). Das Nähere regeln die Ausführungsbestimmungen der Länder.

128 Vgl. *Hufen*, Die Einschränkung des gewerblichen Geld-Gewinnspiels, 2012, S. 78f.; *Odenthal*, GewArch 2012, 345 (346).

129 *Odenthal*, GewArch 2012, 345 (346) beklagt diese „Konturlosigkeit“.

(2) Die Erteilung einer Erlaubnis für eine Spielhalle, die in einem baulichen Verbund mit weiteren Spielhallen steht, insbesondere in einem gemeinsamen Gebäude oder Gebäudekomplex untergebracht ist, ist ausgeschlossen.

Der Begriff „Mehrfachkonzession" erweckt zunächst den Eindruck, als ob durch ein entsprechendes Verbot einem Betreiber nicht mehrere Konzessionen gegeben werden dürften. Abgesehen davon, dass das unter dem Gesichtspunkt der Berufs- und Gewerbefreiheit höchst problematisch wäre, ist das aber nach dem im Glücksspielrecht gängigen Sprachgebrauch offensichtlich nicht gemeint. Die Legaldefinition steht nämlich bei folgender Regelung: „Zwischen Spielhallen ist ein Mindestabstand einzuhalten". Es sollen also nicht mehrere Konzessionen für einen Betreiber, sondern mehrere Spielhallen an einem Standort verboten werden. Richtigerweise geht es also um das Verbot von Mehrfachspielhallen[130]. Das Verbot von Mehrfachspielhallen wird in § 25 Abs. 2 GlüStV dahingehend konkretisiert, dass es sich auch auf mehrere Spielhallen „in einem baulichen Verbund" bzw. „in einem gemeinsamen Gebäude oder Gebäudekomplex" bezieht. Richtigerweise sind also das Mindestabstandsgebot und das Verbot von Mehrfachspielhallen zu unterscheiden.

aa) Mindestabstandsgebot

Die Mindestabstandsgebotsregelungen schwanken zwischen 100 Meter (Niedersachsen sowie Hamburg in „Amüsiervierteln"), 200 Meter (Sachsen-Anhalt), 250 Meter (Bayern, Bremen und Sachsen), 300 Meter (Brandenburg bei kleineren Gemeinden, Hessen und Schleswig-Holstein), 350 Meter (Nordrhein-Westfalen) und 500 Meter Luftlinie (Baden-Württemberg, Berlin, Brandenburg bei größeren Gemeinden, Hamburg, Mecklenburg-Vorpommern, Rheinland-Pfalz, Saarland und Thüringen). Das Mindestabstandsgebot gilt regelmäßig für den Abstand zu anderen Spielhallen, gelegentlich darüber hinaus zu Schulen oder auch zu Einrichtungen, die ihrer Art nach oder tatsächlich ausschließlich oder überwiegend von Kindern und Jugendlichen aufgesucht werden. Die meisten Gesetze lassen Ausnahmen zu, die überwiegend von den zuständigen Behörden, teilweise auch von Gemeinden (so in Niedersachsen) erteilt werden können. Auf das gleiche läuft es hinaus, wenn die Norm wie in Nordrhein-Westfalen als Soll-Vorschrift ausgestaltet ist. Teilweise wird auch für die Zulassung einer Ausnahme ein Mindestabstand verlangt (so in Thüringen).

130 So auch *Reeckmann*, ZfWG 2010, 229 (234); *Odenthal*, GewArch 2012, 345 (347).

bb) Verbot von Mehrfachspielhallen

In Niedersachsen trifft das Ausführungsgesetz hierzu keine eigene Regelung. Die meisten Landesgesetze wiederholen lediglich den § 25 Abs. 2 GlüStV. In Berlin und Hamburg ist zusätzlich normiert, dass für jeden Spielhallenstandort nur ein Unternehmen zugelassen wird. In Schleswig-Holstein sind in einem Gebäude nicht mehr als zwei Unternehmen zulässig.

d) Begrenzung der Erlaubniszahl

§ 25 (Beschränkungen von Spielhallen) Abs. 3 GlüStV lautet: „Die Länder können die Anzahl der in einer Gemeinde zu erteilenden Erlaubnisse begrenzen."

Von dieser Ermächtigung haben die allermeisten Länder keinen Gebrauch gemacht. Lediglich das Ausführungsgesetz von Mecklenburg-Vorpommern enthält folgende Rechtsverordnungsermächtigung: „Die zuständige Behörde kann die Anzahl der in einer Gemeinde für Spielhallen zu erteilenden Erlaubnisse durch Rechtsverordnung unter Zugrundelegung der Ziele des § 1 GlüStV, der Einwohnerzahl der Gemeinde und den zumutbaren Rahmenbedingungen für die Spielteilnehmer regeln." Eine derartige Rechtsverordnung ist bisher aber nicht erlassen worden.

e) Beschränkung der äußeren Gestaltung

§ 26 (Anforderungen an die Ausgestaltung und den Betrieb von Spielhallen) Abs. 1 GlüStV lautet: „Von der äußeren Gestaltung der Spielhalle darf keine Werbung für den Spielbetrieb oder die in der Spielhalle angebotenen Spiele ausgehen oder durch eine besonders auffällige Gestaltung ein zusätzlicher Anreiz für den Spielbetrieb geschaffen werden."

Da es gerade Sinn jeder Werbung ist aufzufallen, besteht das entscheidende Merkmal dieser Vorschrift im zusätzlichen Anreiz. Die entsprechenden Landesregelungen lassen sich grob in zwei Gruppen einteilen: Eine Reihe von Ländern belässt es bei der Regelung des GlüStV; die Mehrzahl der Länder ergänzt diese um weitere Anforderungen an die äußere Gestaltung von Spielhallen. Innerhalb der ersten Gruppe sind drei Regelungstechniken zu unterscheiden: Niedersachsen und Sachsen treffen überhaupt keine diesbezügliche Aussage, so dass durch die Zustimmung des Landes nur § 26 Abs. 1 GlüStV gilt. Bayern und Berlin verweisen auf die nach dem GlüStV bestehenden oder auf Grund des GlüStV begründeten öffentlich-rechtlichen Verpflichtungen bzw. auf die Anforderungen des GlüStV. Die übrigen Länder wiederholen den § 26 Abs. 1 GlüStV mit identischem oder nur unerheblich abgewandeltem Wortlaut.

An zusätzlichen Anforderungen finden sich die folgenden:

- kein Einblick (bzw. keine Einsehbarkeit) ins Innere von außen (Brandenburg, Bremen, Hamburg, Hessen, Mecklenburg-Vorpommern, Sachsen-Anhalt und Thüringen; in Berlin wird dies als Berücksichtigung bei der Anwendung des § 26 Abs. 1 GlüStV deklariert)[131];
- Gewährleistung des Einfalls von Tageslicht in die Spielhalle (Baden-Württemberg, Hamburg, Hessen und Thüringen);
- ausschließliche Bezeichnung als „Spielhalle" (Brandenburg, Hamburg, Hessen, Nordrhein-Westfalen, Sachsen-Anhalt und Thüringen);
- Verbot der Bezeichnung als „Casino" und „Spielbank" einzeln oder in Kombination mit anderen Wortbestandteilen (Schleswig-Holstein).

f) Mindestsperrzeit

§ 26 Abs. 2 GlüStV lautet: „Die Länder setzen für Spielhallen zur Sicherstellung der Ziele des § 1 Sperrzeiten fest, die drei Stunden nicht unterschreiten dürfen."

Bremen und Niedersachsen haben entgegen der Verpflichtung aus § 26 Abs. 2 GlüStV keine Sperrzeitenfestsetzung getroffen. Sachsen hat lediglich die Regelung des § 26 Abs. 2 GlüStV wiederholt. Sachsen-Anhalt hat eine Rechtsverordnungsermächtigung geschaffen mit den gesetzlichen Maßgaben, dass die Sperrzeit drei Stunden nicht unterschreiten darf und im Übrigen Ausnahmeregelungen zulässig sind.

In den übrigen Ländern ist eine auf die Spitze getriebene Rechtszersplitterung zu beobachten: Fast alle Länder haben unterschiedliche Sperrzeiten festgelegt. Die jeweilige Dauer der Sperrzeit reicht von drei über fünf, sechs und sieben bis zu acht Stunden. Die jeweiligen Anfangszeiten reichen im Stundentakt von null bis fünf Uhr morgens.

Im Einzelnen sieht das so aus: Baden-Württemberg null bis sechs, Bayern drei bis sechs, Berlin drei bis elf, Brandenburg drei bis neun, Hamburg fünf bis zwölf (in Amüsiervierteln sechs bis neun), Hessen vier bis zehn, Mecklenburg-Vorpommern zwei bis acht, Nordrhein-Westfalen eins bis sechs, Rheinland-Pfalz null bis sechs, Saarland vier bis zehn, Schleswig-Holstein fünf bis zehn und Thüringen eins

131 *Odenthal*, GewArch 2012, 345 (348) bezeichnet diese Regelungen als "kleinkarierte Gängelei".

bis neun Uhr. Teilweise werden Ausnahmemöglichkeiten eingeräumt, die überwiegend durch die zuständigen Behörden, teilweise aber auch durch die Gemeinden gewährt werden können.

g) Feiertagsregelungen

Einen Flickenteppich besonderer Art stellen die neuen Spezialregelungen zum Feiertagsschutz in neun Ländern dar. Die Gesetzgebungskompetenz der Länder für das Feiertagsrecht ergibt sich aus Art. 70 Abs. 1 GG[132]. Soweit die Länder in ihren neuen Spielhallengesetzen und den Zustimmungsgesetzen zum 1. GlüÄndStV keine Feiertagsregelungen getroffen haben, gelten selbstverständlich die einschlägigen Regelungen in den Feiertagsgesetzen. Beispielsweise ist in Nordrhein-Westfalen an den sogenannten stillen Feiertagen, das sind der Volkstrauertag, Allerheiligentag, Totensonntag und Karfreitag, der Betrieb von Spielhallen und ähnlichen Unternehmen zu an den verschiedenen stillen Feiertagen unterschiedlichen Tages- und Nachtzeiten verboten (§ 6 des nordrhein-westfälischen Feiertagsgesetzes). Dass Nordrhein-Westfalen in seinem Zustimmungsgesetz zum 1. GlüÄndStV normiert, dass „im Übrigen ... die Regelungen des Feiertagsgesetzes (gelten)" (ähnlich Thüringen), ist daher eine überflüssige (deklaratorische) Regelung.

Die speziellen Regelungen sind entweder in den Glücksspiel- oder Spielhallengesetzen oder in den Zustimmungsgesetzen zum 1. GlüÄndStV enthalten; in Bremen ist sie ausdrücklich in das Feiertagsgesetz eingefügt worden. Inhaltlich enthalten alle Spezialregelungen ein Verbot der Öffnung von Spielhallen und des Spielens bzw. die Anordnung des Ruhens des Spiels in Spielhallen und teilweise in anderen Glücksspielstätten an folgenden Tagen: Karfreitag, Volkstrauertag, Totensonntag und 24./25. Dezember. In Berlin, Bremen und Hamburg ist die Regelung auf diese Tage beschränkt. In den anderen Ländern werden unterschiedliche Anfangs- und Endzeitpunkte festgelegt, die auch in den vorangehenden und nachfolgenden Tag hineinreichen können, sowie weitere Tage einbezogen, wie der Buß- und Bettag, Allerheiligen oder gar alle Sonn- und Feiertage. Dieser Flickenteppich verdient, ausgebreitet zu werden:

§ 4 Abs. 4 S. 2 des Brandenburgischen Spielhallengesetzes lautet: „Außerdem ist am Karfreitag von 0 Uhr bis Karsamstag 9 Uhr, am Volkstrauertag und am Totensonntag von 3 Uhr bis zum nächsten Tag 9 Uhr und am Vortag des 1. Weihnachtsfeiertages (Heiliger Abend) von 13 Uhr bis zum 1. Weihnachtsfeiertag 9 Uhr das Spielen verboten."

§ 4 Abs. 2 des Hessischen Spielhallengesetzes lautet: „Das Spiel ruht

132 Vgl. *Ehlers*, in: Sachs (Hrsg.), GG, 6. Aufl. 2011, Art. 140 GG/139 WRV Rn. 10; *Pieroth*, in: Jarass/Pieroth, GG, 12. Aufl. 2012, Art. 70 Rn. 17f.

1. am Karfreitag ganztags und am Karsamstag in der Zeit von 0 bis 11 Uhr,
2. am Volkstrauertag und am Totensonntag jeweils in der Zeit von 4 Uhr bis 24 Uhr,
3. am 24. Dezember ab 4 Uhr und am 1. Weihnachtstag ganztags,
4. an den übrigen Sonn- und Feiertagen in der Zeit von 4 bis 12 Uhr."

§ 11 Abs. 8 S. 2 des Landesglücksspielgesetzes von Rheinland-Pfalz lautet: „An den folgenden Tagen ist das Spiel in Spielhallen nicht zugelassen:
1. am Karfreitag, am Volkstrauertag und am Totensonntag jeweils ab 4.00 Uhr,
2. am Allerheiligentag von 11.00 bis 20.00 Uhr,
3. am 24. Dezember ab 11.00 Uhr und
4. am 25. Dezember von 0.00 bis 24.00 Uhr."

§ 6 Abs. 1 des Spielhallengesetzes Sachsen-Anhalt lautet: „An folgenden Tagen dürfen Spielhallen nicht geöffnet werden, das Spielen ist verboten:
1. am Karfreitag ganztägig,
2. am Volkstrauertag (dem vorletzten Sonntag vor dem ersten Advent) ab 5 Uhr,
3. am Buß- und Bettag ab 5 Uhr,
4. am Totensonntag (dem letzten Sonntag vor dem ersten Advent) ab 5 Uhr und
5. am Heiligabend ab 5 Uhr bis zum 2. Weihnachtsfeiertag 5 Uhr."

h) Innengestaltung der Spielhallen

Besonders betriebsam haben sich die Länder bei der Innengestaltung der Spielhallen gezeigt. Im Folgenden werden insoweit die wichtigsten Regelungskomplexe benannt, ohne dass auf die mannigfachen Unterschiede im Detail, häufig auch nur in der Formulierung, eingegangen werden kann:

- keine Aufstellung von Geldautomaten in oder in der Nähe von Spielhallen (Baden-Württemberg, Berlin, Bremen, Hamburg, Hessen, Mecklenburg-Vorpommern, Nordrhein-Westfalen, Rheinland-Pfalz, Saarland, Sachsen-Anhalt, Schleswig-Holstein und Thüringen)[133];
- Verbot der Kreditgewährung durch den Spielhallenbetreiber (Baden-Württemberg, Bremen, Hessen, Mecklenburg-Vorpommern, Nordrhein-Westfalen, Saarland, Sachsen-Anhalt und Schleswig-Holstein);
- keine sonstigen Glücksspiele insbesondere Wettannahmestellen in oder in der Nähe von Spielhallen (Baden-Württemberg, Berlin, Bremen, Hamburg, Hessen, Mecklenburg-Vorpommern, Nordrhein-Westfalen, Rheinland-Pfalz, Sachsen, Schleswig-Holstein und Thüringen);

133 Früher war das erlaubt; vgl. VGH BW, NVwZ-RR 2011, 814.

- Verbot des Betriebs einer Schank- oder Speisewirtschaft in den Räumen einer Spielhalle während der Sperrzeit (Baden-Württemberg) und
- Pflicht zur Anbringung von Uhren in Spielhallen (Baden-Württemberg und Saarland).

i) Anforderungen für das Verhalten der Spieler

Nur eine Minderheit der Länder hat diesbezüglich folgende Regelungen getroffen:

- Verbot der entgeltlichen oder unentgeltlichen Ausgabe von Speisen und/oder Getränken (Berlin, Brandenburg, Bremen, Hamburg, Saarland, Schleswig-Holstein und Thüringen);
- Verbot des Ausschanks alkoholischer Getränke (Bremen und Saarland) und
- Rauchverbot (Nordrhein-Westfalen, Saarland).

j) Aufklärung der Spieler

§ 7 Abs. 1 GlüStV lautet: „Die Veranstalter und Vermittler von öffentlichen Glücksspielen haben den Spielern vor der Spielteilnahme die spielrelevanten Informationen zur Verfügung zu stellen sowie über die Suchtrisiken der von ihnen angebotenen Glücksspiele, das Verbot der Teilnahme Minderjähriger und Möglichkeiten der Beratung und Therapie aufzuklären. Als spielrelevante Informationen kommen insbesondere in Betracht:

1. alle Kosten, die mit der Teilnahme veranlasst sind,
2. die Höhe aller Gewinne,
3. wann und wo alle Gewinne veröffentlicht werden,
4. der Prozentsatz der Auszahlungen für Gewinne vom Einsatz (Auszahlungsquote),
5. Informationen zu den Gewinn- und Verlustwahrscheinlichkeiten,
6. der Annahmeschluss der Teilnahme,
7. das Verfahren, nach dem der Gewinner ermittelt wird, insbesondere die Information über den Zufallsmechanismus, der der Generierung der zufallsabhängigen Spielergebnisse zu Grunde liegt,
8. wie die Gewinne zwischen den Gewinnern aufgeteilt werden,
9. die Ausschlussfrist, bis wann Gewinner Anspruch auf ihren Gewinn erheben müssen,
10. der Name des Erlaubnisinhabers sowie seine Kontaktdaten (Anschrift, E-Mail, Telefon),
11. die Handelsregisternummer (soweit vorhanden),

12. wie der Spieler Beschwerden vorbringen kann und
13. das Datum der ausgestellten Erlaubnis.

Spieler und Behörden müssen leichten Zugang zu diesen Informationen haben."

Zusätzlich bestimmt die Nr. 2 des Anhangs zum 1. GlüÄndStV: „Eine Information über Höchstgewinne ist mit der Aufklärung über die Wahrscheinlichkeit von Gewinn und Verlust zu verbinden." Diese umfangreichen Vorgaben werden von den landesrechtlichen Regelungen in unterschiedlichem Umfang wiederholt oder nur leicht variiert.

Der Begriff der „spielrelevanten Informationen" ist reichlich vage. Zwar folgen in S. 2 und dem Anhang 14 Konkretisierungen, die aber die Vagheit des S. 1 nicht beseitigen, weil es sich („insbesondere") nur um Regelbeispiele handelt, die den Rückgriff auf den Begriff der „spielrelevanten Informationen" nicht ausschließen. Hinzu kommt, dass auch die einzelnen Konkretisierungen immer wieder unklar sind. Was heißt z.B. „alle Kosten, die mit der Teilnahme veranlasst sind" (Nr. 1)? Teilnahme von wem? Teilnahme an was? Kosten ab wann? Oder „die Höhe aller Gewinne" (Nr. 2): Gewinne in welchem Zeitraum? Bezogen auf einzelne oder alle Spielgeräte? Für alle oder einzelne Spieler? Und so geht es weiter.

k) Sozialkonzept

Im Unterschied zu § 7 GlüStV ist § 6 GlüStV (Sozialkonzept) recht vage gehalten. Er lautet: „Die Veranstalter und Vermittler von öffentlichen Glücksspielen sind verpflichtet, die Spieler zu verantwortungsbewusstem Spiel anzuhalten und der Entstehung von Glücksspielsucht vorzubeugen. Zu diesem Zweck haben sie Sozialkonzepte zu entwickeln, ihr Personal zu schulen und die Vorgaben des Anhangs „Richtlinien zur Vermeidung und Bekämpfung von Glücksspielsucht" zu erfüllen. In den Sozialkonzepten ist darzulegen, mit welchen Maßnahmen den sozial schädlichen Auswirkungen des Glücksspiels vorgebeugt werden soll und wie diese behoben werden sollen."

Die hier in Bezug genommene Nr. 1 des Anhangs „Richtlinien zur Vermeidung und Bekämpfung von Glücksspielsucht" wird konkreter: „Die Veranstalter

a) benennen Beauftragte für die Entwicklung von Sozialkonzepten,
b) erheben Daten über die Auswirkungen der von ihnen angebotenen Glücksspiele auf die Entstehung von Glücksspielsucht und berichten hierüber sowie über den Erfolg der von ihnen zum Spielerschutz getroffenen Maßnahmen alle zwei Jahre den Glücksspielaufsichtsbehörden,

c) schulen das für die Veranstaltung, Durchführung und gewerbliche Vermittlung öffentlichen Glücksspiels eingesetzte Personal in der Früherkennung problematischen Spielverhaltens, zum Beispiel dem plötzlichen Anstieg des Entgelts oder der Spielfrequenz,
d) schließen das in den Annahmestellen beschäftigte Personal vom dort angebotenen Glücksspiel aus,
e) ermöglichen es den Spielern, ihre Gefährdung einzuschätzen, und
f) richten eine Telefonberatung mit einer bundesweit einheitlichen Telefonnummer ein."

In den meisten Ländern ist die Erfüllung der Anforderungen an das Sozialkonzept als Voraussetzung für die Erteilung der Erlaubnis bzw. als Grund für die Versagung der Erlaubnis geregelt. Wo das nicht geschehen ist, wie in Hamburg und im Saarland, kann dasselbe Ergebnis aber über eine andere Erlaubnisvoraussetzung bzw. einen anderen Versagungsgrund erreicht werden, insbesondere dadurch, dass das Fehlen eines Sozialkonzepts die Befürchtung begründet, dass der Betrieb zu übermäßiger Ausnutzung des Spieltriebs führt.

Inhaltlich belassen es einige Länder bei einem Verweis auf die aus § 6 GlüStV folgenden Verpflichtungen (Bayern, Berlin, Nordrhein-Westfalen und Rheinland-Pfalz). Die Mehrzahl der Länder konkretisiert aber darüber hinaus die Anforderungen an das Sozialkonzept (Baden-Württemberg, Brandenburg, Bremen, Hamburg, Hessen, Mecklenburg-Vorpommern, Saarland, Sachsen-Anhalt, Schleswig-Holstein und Thüringen). Dies geschieht teilweise durch eine Inbezugnahme des § 6 GlüStV und des gesamten Anhangs (Hessen, Mecklenburg-Vorpommern, Saarland und Thüringen); im Saarland sind die Richtlinien des Anhangs sogar zum „Bestandteil dieses Gesetzes" gemacht worden. Teilweise werden einzelne, aber nicht alle Anforderungen an das Sozialkonzept gem. § 6 GlüStV und dem Anhang eigens normiert (Brandenburg, Bremen, Hamburg und Sachsen-Anhalt). Die staatsvertraglichen Anforderungen können dabei schlicht wiederholt, paraphrasiert oder auch ergänzt werden.

Als Beispiel für die letzte Regelungstechnik möge § 2 Abs. 4 des Brandenburgischen Spielhallengesetzes dienen: „Die Betreiberin oder der Betreiber einer Spielhalle ist verpflichtet, die Spielerinnen und Spieler zu verantwortungsbewusstem Spiel anzuhalten und der Entstehung von Spielsucht vorzubeugen. Zu diesem Zweck hat sie oder er

1. sicherzustellen, dass Minderjährige zu Spielhallen keinen Zutritt haben,
2. über die Gewinnwahrscheinlichkeit und Verlustmöglichkeit zu informieren,
3. Spielerinnen und Spieler sowohl vor Spielbeginn als auch während des Aufenthalts in der Spielhalle über die Suchtrisiken der angebotenen Spiele, Prävention und Behandlungsmöglichkeiten zu informieren,

4. ein Sozialkonzept zu entwickeln, in dem dargelegt wird, mit welchen Maßnahmen den sozial schädlichen Auswirkungen des Spiels vorgebeugt werden soll,
5. die für die Umsetzung des Sozialkonzepts verantwortlichen Personen zu benennen,
6. das Aufsichtspersonal der Spielhalle zum Zweck der Aufnahme der Tätigkeit und nachfolgend einmal pro Jahr in der Früherkennung problematischen und pathologischen Spielverhaltens auf eigene Kosten schulen zu lassen,
7. sicherzustellen, dass in der Spielhalle stets eine Aufsichtsperson anwesend ist, die die Einhaltung der Vorgaben dieses Gesetzes überwacht,
8. vor Ablauf der ersten drei Monate jedes zweiten Jahres gegenüber der zuständigen Erlaubnisbehörde über die getroffenen Maßnahmen zur Umsetzung des Sozialkonzepts und die Auswirkungen zu berichten und Nachweise über die Schulung des Aufsichtspersonals zu erbringen,
9. sicherzustellen, dass das Personal der Spielhalle vom Spiel ausgeschlossen ist und
10. sicherzustellen, dass die Vergütung des Personals nicht in Abhängigkeit vom Umsatz berechnet wird."

In dieser Regelung werden § 6 S. 1 und 3 GlüStV sowie die Nrn. 1a), d), 2 und 3 des Anhangs wiederholt oder paraphrasiert, ohne dass dadurch eine inhaltlich andere Regelung getroffen würde. Durch § 2 Abs. 4 S. 2 Nr. 3 des Brandenburgischen Spielhallengesetzes wird die Nr. 1e) des Anhangs konkretisiert. Gegenüber dem Anhang zusätzliche Anforderungen enthält das Brandenburgische Spielhallengesetz in Nr. 6 mit den Anforderungen der Schulung „einmal pro Jahr" sowie „auf eigene Kosten" und in Nr. 8 mit der Nachweiserbringung über die Schulung des Aufsichtspersonals. Dagegen fehlt hier die in Nr. 1f) des Anhangs enthaltene Verpflichtung zur Einrichtung einer Telefonberatung.

l) Jugendschutz

In den allgemeinen Bestimmungen des § 4 GlüStV behandelt Abs. 3 den Jugendschutz: „Das Veranstalten und das Vermitteln von öffentlichen Glücksspielen darf den Erfordernissen des Jugendschutzes nicht zuwiderlaufen. Die Teilnahme von Minderjährigen ist unzulässig. Die Veranstalter und die Vermittler haben sicherzustellen, dass Minderjährige von der Teilnahme ausgeschlossen sind. Testkäufe oder Testspiele mit minderjährigen Personen dürfen durch die Glücksspielaufsichtsbehörden in Erfüllung ihrer Aufsichtsaufgaben durchgeführt werden."

Sämtliche die Spielhallen betreffenden landesrechtlichen Regelungen behandeln den Jugendschutz im Zusammenhang mit der Erlaubniserteilung, sei es, dass die Erfüllung der Anforderungen des Jugendschutzes aus § 4 Abs. 3 GlüStV bzw. seiner Konkretisierungen in den jeweiligen Landesgesetzen Voraussetzung für die Erteilung der Erlaubnis ist, sei es, dass die Nichterfüllung dieser Anforderungen oder allgemeiner die Jugendgefährdung ein Grund für die Versagung der Erlaubnis ist.

Darüber hinaus wird § 4 Abs. 3 GlüStV verschiedentlich wie folgt konkretisiert: Viele Gesetze normieren ein Zutritts- oder Aufenthaltsverbot (Berlin, Hamburg, Hessen, Rheinland-Pfalz, Saarland, Sachsen-Anhalt und Schleswig-Holstein). Noch mehr Länder verlangen eine Eingangskontrolle (Baden-Württemberg, Berlin, Bremen, Hamburg, Rheinland-Pfalz, Saarland, Sachsen-Anhalt und Schleswig-Holstein) oder verpflichten die Betreiber von Spielhallen jedenfalls dazu sicherzustellen, dass Minderjährige keinen Zutritt haben (Brandenburg und Hessen). Überflüssigerweise wird in einigen Ländern zusätzlich ein Spielverbot, das sich ja schon aus dem Zutritts- bzw. Aufenthaltsverbot ergibt, normiert (Hessen und Saarland). Im Thüringer Spielhallengesetz kommt das Verbot der Spielteilnahme Minderjähriger nur indirekt im Rahmen der Aufklärungspflicht der Betreiber zur Sprache.

m) Aufsicht und Überwachung

Da es insoweit keine Vorgaben durch den GlüStV gibt, finden sich hier ganz unterschiedliche Regelungen in den Landesgesetzen:

- Anwesenheitspflicht von Aufsichtspersonal (Bremen, Hamburg, Schleswig-Holstein und Thüringen);
- Sachkundenachweis für das Personal (Berlin und Hamburg);
- Pflicht zur Überwachung mit technischen Mitteln (Bremen, Hessen, Rheinland-Pfalz, Schleswig-Holstein und Thüringen);
- Einführung von Sperrlisten oder Sperrdateien (Baden-Württemberg, Berlin, Bremen, Hamburg, Hessen, Rheinland-Pfalz und Sachsen-Anhalt);
- Ausschluss auffälliger Personen (Berlin, Bremen, Hessen, Rheinland-Pfalz und Sachsen-Anhalt) und
- Auskunfts- und Betretungsbefugnisse (Brandenburg, Bremen, Saarland, Sachsen-Anhalt, Schleswig-Holstein und Thüringen).

n) Übergangsfristen

aa) Die Übergangsregelung des 1. GlüÄndStV

Angesichts der Tatsache, dass nach bisherigem Recht viele Spielhallenerlaubnisse erteilt worden sind und die Neuregelungen erhebliche Einschränkungen der gewerblichen Tätigkeit von Spielhallenbetreibern enthalten, ist in den geänderten Glücksspielstaatsvertrag von 2011/2012 die die Spielhallen betreffende Übergangsvorschrift des § 29 Abs. 4 aufgenommen worden, die wie folgt lautet:

> „Die Regelungen des Siebten Abschnitts (das sind die §§ 24-26) finden ab Inkrafttreten dieses Staatsvertrags Anwendung. Spielhallen, die zum Zeitpunkt des Inkrafttretens dieses Staatsvertrags bestehen und für die bis zum 28. Oktober 2011 eine Erlaubnis nach § 33i GewO erteilt worden ist, deren Geltungsdauer nicht innerhalb von fünf Jahren nach Inkrafttreten dieses Vertrages endet, gelten bis zum Ablauf von fünf Jahren nach Inkrafttreten dieses Vertrags als mit §§ 24 und 25 vereinbar. Spielhallen, für die nach dem 28. Oktober 2011 eine Erlaubnis nach § 33i GewO erteilt worden ist, gelten bis zum Ablauf von einem Jahr nach Inkrafttreten dieses Staatsvertrags als mit §§ 24 und 25 vereinbar. Die für die Erteilung einer Erlaubnis nach § 24 zuständigen Behörden können nach Ablauf des in Satz 2 bestimmen Zeitraums eine Befreiung von der Erfüllung einzelner Anforderungen des § 24 Abs. 2 sowie § 25 für einen angemessenen Zeitraum zulassen, wenn dies zur Vermeidung unbilliger Härten erforderlich ist; hierbei sind der Zeitpunkt der Erteilung der Erlaubnis gem. § 33i GewO sowie die Ziele des § 1 zu berücksichtigen. Das Nähere regeln die Ausführungsbestimmungen der Länder.“

Die amtlichen Erläuterungen zum 1. GlüÄndStV führen hierzu Folgendes aus: „Die Formulierung von § 29 Abs. 4 Satz 1 GlüÄndStV bestätigt den Grundsatz, dass die Anforderungen der §§ 24, 25 und 26 des Vertrages ab Inkrafttreten anzuwenden sind. Das gilt unmittelbar und ohne Einschränkung für die Anforderungen nach § 26, die nach ihrem Tatbestand unabhängig von einem Erlaubnisverfahren zu beachten sind. Die Anforderungen nach § 24 Abs. 2 i.V.m. § 1 und nach § 25 (insbesondere das Verbot von Mehrfachkonzessionen) geben jeweils Maßstäbe für das Erlaubnisverfahren vor. Das Verbot von Mehrfachkonzessionen ist zum Schutz der Spieler und zur Bekämpfung der Glücksspielsucht nach den Ergebnissen der Evaluierung der Spielverordnung und den sachverständigen Empfehlungen des Fachbeirates Glücksspielsucht erforderlich. Die über Mehrfachkonzessionen entstandenen Spielhallenkomplexe haben die starke Zunahme der Zahl der Geldspielgeräte im gewerblichen Automatenspiel angetrieben und den Charakter des Spiels in Spielhallen, dem vom Verordnungsgeber ein kleiner, überschaubarer Rahmen zugedacht war (s. § 3 Abs. 2 SpielV), grundlegend verändert.

Bereits bestehende Spielhallen, für die bis 28. Oktober 2011 eine Erlaubnis erteilt wurde, werden für fünf Jahre von der Erlaubnispflicht freigestellt und ihnen eine Fortsetzung ihrer bisherigen legalen Tätigkeit ohne Erlaubnis ermöglicht; die materiellen Anforderungen der §§ 24ff., insbesondere des § 26 sind ab Inkrafttreten zu beachten. Die Übergangsfrist von fünf Jahren in Satz 2 sowie die Möglichkeit gemäß Satz 4 nach Ablauf der Frist im Einzelfall eine Befreiung von einzelnen materiellen Anforderungen zuzulassen, tragen dem Vertrauens- und Bestandsschutzinteresse der Betreiber in Abwägung mit den in §§ 24 und 25 verfolgten Allgemeinwohlzielen angemessen Rechnung. Mittels der Befreiung kann im individuellen Fall der notwendige Verhältnismäßigkeitsausgleich herbeigeführt werden. Dabei ist die Befreiung auf den Zeitraum zu beschränken, der erforderlich ist, um unzumutbaren Belastungen Rechnung zu tragen, ohne aber die mit §§ 24 und 25 verfolgten Allgemeinwohlinteressen auf Dauer hintanzustellen. Durch die Befreiungsregelung und die Anknüpfung an den Zeitpunkt der Erlaubniserteilung kann bspw. bei Spielhallenkomplexen ein stufenweiser Rückbau erreicht werden. Im Rahmen ihrer Ausführungsbestimmungen haben die Länder die Möglichkeit, Einzelheiten zum Befreiungstatbestand zu regeln. Sie können auch weitergehende Regelungen erlassen oder beibehalten (vgl. § 28); dies gilt insbesondere für kürzere Übergangsfristen nach den Spielhallengesetzen der Länder.

Die Stichtagsregelung in Satz 3 soll Vorratserlaubnisse in Kenntnis der beabsichtigten Änderung der Rechtslage verhindern."

Diese Erläuterungen beseitigen noch nicht alle Unklarheiten, die diese Vorschrift enthält. Gilt der Bestandsschutz auch bei Betreiberwechsel? Das Abstellen des Wortlauts auf das Bestehen und nicht den Betrieb der Spielhalle sowie die Übergangsregelung bei einer früheren Verschärfung der Spielverordnung sprechen dafür, bei der Erlaubniserteilung an einen Nachfolger, der die Spielhalle unverändert weiterbetreibt, nicht auch die verschärften Zulassungsvoraussetzungen des neuen Rechts zu verlangen[134]. Sollen Erlaubnisse, deren Geltungsdauer innerhalb von fünf Jahren nach Inkrafttreten des 1. GlüÄndStV endet, sofort dem neuen Recht unterfallen? Das wäre mit der verfassungsrechtlichen Fundierung der §§ 48f. VwVfG über die Bestandskraft von Verwaltungsakten[135] evident unvereinbar: Hat ein Begünstigter von der ihm durch Verwaltungsakt eingeräumten Begünstigung Gebrauch gemacht, fällt der Verwaltungsakt mit der Änderung der Rechtslage nicht automatisch weg. Auch insoweit ist der Wortlaut des § 29 Abs. 4 S. 2 GlüStV also „misslungen"[136].

bb) Übergangsregelungen in den landesrechtlichen Spielhallenregelungen

Mit zwei Ausnahmen ist in allen Landesgesetzen eine Übergangsfrist von fünf Jahren, also bis zum 30. Juni 2017, eingeräumt; das bedeutet grundsätzlich, dass eine nach § 33i GewO unbefristet erteilte Erlaubnis die Weiterführung des Betriebs

134 *Odenthal*, GewArch 2012, 345 (348f.); *Schneider*, GewArch 2012, 457 (462).
135 Vgl. *Jarass*, in: Jarass/Pieroth, GG, 12. Aufl. 2012, Art. 20 Rn. 78.
136 *Odenthal*, GewArch 2012, 345 (349).

der Spielhalle nur bis zu diesem Zeitpunkt ermöglicht. Rechtstechnisch wird dieses Ergebnis allerdings auf unterschiedlichem Wege erzielt: In einigen Ländern besteht keine eigenständige Fristregelung, so dass die Fünfjahresfrist auf Grund des Zustimmungsgesetzes gilt (Niedersachsen, Rheinland-Pfalz und Sachsen). In anderen Ländern heißt es insoweit einfach, dass die Übergangsfristen in § 29 Abs. 4 GlüStV zu beachten sind (Bayern und Nordrhein-Westfalen). Die meisten Länder regeln eigenständig diese Frist (Baden-Württemberg, Bremen, Berlin, Brandenburg, Hamburg, Hessen, Saarland, Sachsen-Anhalt und Thüringen). Die eine der eingangs genannten Ausnahmen ist das Land Berlin: Im Hinblick darauf, dass das Berliner Spielhallengesetz vom 20. Mai 2011 am 2. Juni 2011 in Kraft getreten ist, ist § 29 Abs. 4 S. 2 GlüStV wie folgt modifiziert worden: „an die Stelle des Ablaufs der Fünfjahresfrist tritt der 31. Juli 2016". Die andere Ausnahme ist Schleswig-Holstein, wo zwar grundsätzlich eine Übergangsfrist von 15 Jahren nach Erteilung der Konzession eingeräumt ist, die aber nicht für alle der neu eingeführten Beschränkungen gilt.

In § 29 Abs. 4 GlüStV können drei Tatbestandsmerkmale unterschieden werden, die in den Ländern in unterschiedlicher Weise umgesetzt worden sind: „Befreiung von der Erfüllung einzelner Anforderungen", „angemessener Zeitraum" und „Vermeidung unbilliger Härten". Bezüglich des Tatbestandsmerkmals der Befreiung von der Erfüllung einzelner Anforderungen nehmen einige Länder keine weitere Konkretisierung vor (Brandenburg, Hessen, Hamburg, Sachsen, Sachsen-Anhalt und Thüringen). Die Mehrzahl der Länder trifft aber zu einzelnen Anforderungen nähere Regelungen; das betrifft vor allem die Abstandsregelung (§ 25 Abs. 1 GlüStV) und das Verbot von Mehrfachspielhallen (§ 25 Abs. 2 GlüStV). Am weitesten geht hier die Übergangsregelung in Nordrhein-Westfalen, wonach die Abstandsregelung gem. § 16 Abs. 3 S. 2 (350m zu öffentlichen Schulen und Kinder- und Jugendhilfeeinrichtungen) nicht gilt „für zum Zeitpunkt des Inkrafttretens dieses Gesetzes bestehende Spielhallen, für die eine Erlaubnis nach § 33i GewO erteilt worden ist". Die meisten Länder lassen eine entsprechende Befreiung nur unter weiteren einengenden Voraussetzungen zu (Bayern, Berlin, Bremen, Mecklenburg-Vorpommern, Rheinland-Pfalz und Saarland).

Bezüglich des Tatbestandsmerkmals des angemessenen Zeitraums enthalten die meisten Landesgesetze keine Regelung. Mehrere Länder bestimmen, dass die Befreiung nicht über die Geltungsdauer des Glücksspielstaatsvertrags von 2011/2012 hinaus erteilt werden kann (Bayern, Mecklenburg-Vorpommern und Rheinland-Pfalz). Am restriktivsten ist insoweit § 18a Abs. 5 des Sächsischen Ausführungsgesetzes zum Glücksspielstaatsvertrag: „Der angemessene Zeitraum im Sinne des § 29 Abs. 4 S. 4 GlüStV soll sechs Jahre nicht überschreiten."

Soweit einzelne Landesgesetze das Merkmal der Vermeidung unbilliger Härten konkretisieren, wird regelmäßig auf den Vertrauensschutz bzw. den Vertrauens-

und Bestandsschutz (so Rheinland-Pfalz) abgestellt. Das schutzwürdige Vertrauen wird gelegentlich dahingehend umschrieben, dass eine Vermögensdisposition getroffen worden sein muss, die nicht mehr oder nur unter unzumutbaren Nachteilen rückgängig gemacht werden kann (Bremen, Mecklenburg-Vorpommern und Saarland). Am Ausführlichsten ist die Umschreibung in § 8 Abs. 1 S. 5 des Hamburgischen Spielhallengesetzes (ähnlich § 51 Abs. 5 S. 4 des Landesglücksspielgesetzes von Baden-Württemberg): „Eine unbillige Härte kann insbesondere dann vorliegen, wenn eine Anpassung des Betriebes an die Anforderungen dieses Gesetzes aus tatsächlichen und rechtlichen Gründen nicht möglich oder mit einer wirtschaftlichen Betriebsführung nicht vereinbar ist und im Vertrauen auf das bisher geltende Recht getätigte Investitionen nicht abgeschrieben werden konnten."

III. Zwischenbilanz zum nationalen Spielhallenrecht

Das Spielhallenrecht hat sich seit der Föderalismusreform I von 2006 in einer von der Kommission von Bundestag und Bundesrat zur Modernisierung der bundesstaatlichen Ordnung sicher nicht beabsichtigten, verfassungsrechtlich zweifelhaften und rechtspolitisch sehr unbefriedigenden Art und Weise entwickelt. Weil in der Kommission die Überzeugung vorherrschte, dass die ihre Grundrechte der Berufs- und Eigentumsfreiheit ausübende gewerbliche Automatenwirtschaft von der Herstellung bis zur Aufstellung von Spielgeräten nicht von Land zu Land unterschiedlichen Regelungen unterworfen werden sollte, wurde die Gesetzgebungskompetenzzuweisung an die Länder auf die bisher in § 33i GewO geregelten Fragen des Erlaubnisverfahrens und auf Materien mit ausschließlichem Regionalbezug beschränkt. Allerdings halten einige Länder diese Beschränkung in ihren Spielhallengesetzen nicht ein.

Die verfassungsrechtlichen Zweifel entzünden sich daran, dass viele Bestimmungen des Glücksspielstaatsvertrags und in der Folge der Spielhallenregelungen in Landesgesetzen gravierende Eingriffe jedenfalls in die Berufsfreiheit gem. Art. 12 Abs. 1 GG darstellen, deren Bestimmtheit und Normenklarheit, Geeignetheit, Erforderlichkeit und Angemessenheit erheblichen Bedenken unterliegt. Da dies in einer Reihe von Rechtsgutachten näher ausgeführt worden ist[137], soll das

137 Vgl. die Rechtsgutachten von *Herrmann, Hufen, Schneider* und *Uwer/Koch*, in: Schmittmann (Hrsg.), Neuordnung des Glücks- und Gewinnspielmarktes in Deutschland, 2012; *Hufen*, Die Einschränkung des gewerblichen Geld-Gewinnspiels, 2012; *Papier/Krönke*, Sportwetten und Verfassungsrecht, 2012; vgl. auch die Dissertation von *Fischer*, Das Recht der Glücksspiele im Spannungsfeld zwischen staatlicher Gefahrenabwehr und privatwirtschaftlicher Betätigungsfreiheit, 2009, S. 245ff.; speziell zu den Übergangsregelungen vgl. auch *Jahndorf/Pichler*, in: GewArch 2012, 377. Demgegenüber hat das VG Bremen, B.

hier nicht wiederholt werden. Gestützt werden sie durch neuere empirische psychosoziale Untersuchungen speziell was die Geeignetheit des Verbots von Mehrfachkonzessionen und des Mindestabstandsgebots betrifft[138].

Rechtspolitisch sehr unbefriedigend ist, dass ein schier unüberschaubarer Wust von unterschiedlichen und vielfach unklaren Regelungen entstanden ist. Neben § 33i GewO und die klaren Spielhallen betreffenden Vorschriften in der Spielverordnung sind 16 teilweise viele Paragrafen umfassende Landesgesetze getreten. Das ist als solches zwar die selbstverständliche Folge einer Landesgesetzgebungskompetenz; sie wirkt sich hier aber besonders negativ auf eine grundrechtlich gewährleistete Freiheit aus. Die Gesetze sind unter dem alles legitimierenden Ziel der Bekämpfung des pathologischen Spielverhaltens nämlich darauf gerichtet, eine gewerbliche Betätigung, die auf die Rechts- und Wirtschaftseinheit im ganzen Bundesgebiet angewiesen ist, zu erschweren oder gar zu ersticken.

Dabei ist die Rechtszersplitterung so weit getrieben, dass manche Fragen bis zu 16mal verschieden geregelt sind. Unter der Überschrift „Blüten des Föderalismus in der Praxis" ist darüber im jüngst erschienenen Handbuch Föderalismus am Beispiel der Vermittlung von Glücksspielen wie folgt beredt Klage geführt worden: Wer deutschlandweit Spielvermittlung betreiben will, muss „nicht weniger als 16 Erlaubnisse beantragen und auch erhalten. Der dadurch ausgelöste Verwaltungsaufwand für die betroffenen Unternehmen ist immens... Dies gilt nicht so sehr im Hinblick auf den Erlaubnisantrag selbst und die diesem beizufügenden zahlreichen Anlagen, die in den 16 Ländern in weiten Teilen identisch sind, wohl aber für die sich anschließende Korrespondenz mit den zuständigen Behörden: Eine einzige von 16 zuständigen Landesbehörden beanstandet das nach § 6 Abs. 1 GlüStV vorzulegende sog. Sozialkonzept und verlangt Nachbesserungen, während die 15 anderen Behörden zufrieden sind. Eine andere Behörde – und wiederum nur diese – moniert eine bestimmte Formulierung in den Teilnahmebedingungen, ein drittes Land hält die von allen übrigen Ländern gebilligte Ausgestaltung der nach § 7 GlüStV notwendigen Aufklärungshinweise („Lotto macht süchtig") für unzureichend, weil die Schriftgröße zu klein sei – die Liste der Beispiele ließe sich beliebig verlängern. Was für den Unbeteiligten möglicherweise fast noch komisch anmuten mag, ist für die betroffenen Spielvermittler kostspielig, weil die Erfüllung der differenzierten Wünsche von 16 Behörden Zeit und Geld kostet und das Erlaubnisverfahren verzögert. Akzeptanzfördernd für das Bundesstaatsprinzip ist all dies nicht."[139]

v. 31.8.11 – 5 V 514/11 (BeckRS 2011, 53759) das Mindestabstandsgebot von 250 Metern, das Verbot von Mehrfachspielhallen und das Erfordernis eines Sozialkonzepts des Bremischen Spielhallengesetzes „bei summarischer Prüfung" für verfassungs- und europarechtskonform gehalten.

138 Vgl. *Trümper*, Feldstudie 2011, S. 18, 33, 43.

139 *Winterhoff*, in: Handbuch Föderalismus, Band I, 2012, § 36 Rn. 21.

Die vielfache Unklarheit der Regelungen resultiert aus einer verwirrenden Regelungstechnik (Staatsvertrag, Gesetze, Verordnungen, Richtlinien), fehlender Verhältnisbestimmung zwischen möglicherweise drei verschiedenen Erlaubnisverfahren zum selben Gegenstand und etlichen begrifflichen und tatbestandlichen Ungenauigkeiten. Schon dem 1. GlüÄndStV ist „der völlige Verzicht auf eine inhaltlich und systematisch folgerichtige Regelung des Spielhallenrechts"[140] attestiert worden. Die landesrechtlichen Regelungen haben diesen Befund potenziert.

140 *Odenthal*, GewArch 2012, 345 (349).

D. Europarecht

I. Maßstäbe

Eine einheitliche europaweite Regelung des Glücksspielrechts und damit auch des Spielhallenrechts fehlt bisher. Sekundärrechtliche Vorgaben an die inhaltliche[141] Ausgestaltung des Glücksspielsektors bestehen grundsätzlich nicht, da die Richtlinien der EU diesen Bereich in der Regel ausdrücklich aus ihrem Anwendungsbereich ausschließen: So ist die Richtlinie 2006/123/EG über Dienstleistungen im Binnenmarkt nach Art. 2 Abs. 2 lit. h) nicht auf Glücksspiele, die einen geldwerten Einsatz verlangen, einschließlich Lotterien, Glücksspiele in Spielkasinos und Wetten anwendbar. Entsprechendes gilt für die Richtlinie 2000/31/EG über den elektronischen Geschäftsverkehr nach Art. 1 Abs. 5 lit. d).

Wenn aufgrund fehlender sekundärrechtlicher Vorgaben keine unionsrechtliche Harmonisierung des Glücksspielsektors an sich besteht, haben die Mitgliedstaaten die Möglichkeit, ihre einzelnen ordnungspolitischen Vorstellungen durchzusetzen.[142] Dabei sind die Mitgliedstaaten allerdings nicht völlig frei. Vielmehr sind Maßstab für die Regulierung des Glücksspielbereichs die primärrechtlichen Grundfreiheiten, die einen Rechtfertigungs- und Begründungszwang auslösen. Im Rahmen der Rechtfertigung können die Besonderheiten des Glücksspielmarktes und die ordnungspolitischen Interessen der Mitgliedstaaten auf der einen und das Interesse der Europäischen Union an einem freien Binnenmarkt auf der anderen Seite in einen angemessenen Ausgleich gebracht werden.[143]

Der Ausgleich zwischen mitgliedstaatlichem Ordnungsrecht und europarechtlichen Grundfreiheiten im Glücksspielrecht ist Gegenstand einer Reihe von Urteilen des Europäischen Gerichtshofs (EuGH).[144] Ausgehend von der Schindler-Ent-

141 Vgl. zur Notifizierungspflicht die Richtlinie 98/34/EG über Informationsverfahren auf dem Gebiet der Normen und technischen Vorschriften und der Vorschriften für die Dienste der Informationsgesellschaft. Vgl. dazu *Dietlein*, in: Dietlein/Hecker/Ruttig (Hrsg.), Glücksspielrecht, 2008, InformationsRL.

142 Vgl. *Haltern*, Gemeinschaftsrechtliche Aspekte des Glücksspiels, 2007, S. 13; *Haltern,* in: Dietlein/Hecker/Ruttig (Hrsg.), Glücksspielrecht, 2008, EGV, Rn. 3; zum „Spannungsfeld zwischen europäischer Marktfreiheit und nationaler Ordnungspolitik" vgl. auch *Krieger*, JZ 2005, 1021 (1022).

143 *Haltern*, Gemeinschaftsrechtliche Aspekte des Glücksspiels, 2007, S. 13; *Haltern,* in: Dietlein/Hecker/Ruttig (Hrsg.), Glücksspielrecht, 2008, EGV, Rn. 3 f.

144 EuGH, Urteil v. 24.3.1994, Rs. C-275/92 (Schindler), Slg. 1994, I-1039 = NJW 1994, 2013; Urteil v. 21.9.1999, Rs. C-124/97 (Läärä), Slg. 1999, I-6067 = EuZW 2000, 148; Urteil v. 21.10.1999, Rs. C-67/98 (Zenatti), Slg. 1999, I-7289 = EuZW 2000, 151; Urteil v. 11.9.2003, Rs. C-6/01 (Anomar), Slg. 2003, I-8621; Urteil v. 6.11.2003, Rs. C-243/01

scheidung von 1994, in der den Mitgliedstaaten ein weiter Spielraum zugestanden wird, konkretisierte der EuGH die Anforderungen für den Glücksspielbereich im Laufe der Zeit in seinen weiteren Entscheidungen. Daraus resultieren beträchtliche Auswirkungen auch für das deutsche Spielhallenrecht[145].

II. Die Beeinträchtigung der Grundfreiheiten

1. Anwendungsbereich

Nach ständiger Rechtsprechung des EuGH fallen das Veranstalten, Anbieten und Vermitteln von Lotterien und Glücksspielen in den Anwendungsbereich der Dienstleistungsfreiheit nach Art. 56 ff. AEUV.[146] Dienstleistungen sind nach Art. 57 AEUV Leistungen, die in der Regel gegen Entgelt erbracht werden, soweit sie nicht den Vorschriften über den freien Waren- und Kapitalverkehr und über die Freizügigkeit der Person unterliegen. Die Tätigkeit, die es ermöglicht, gegen Bezahlung an einer Gewinnchance einer Lotterie[147] oder einem Glücksspiel[148] teilzunehmen, stellt eine entgeltliche Leistung in diesem Sinne dar. Auch Sportwet-

(Gambelli), Slg. 2003, I-13031 = NJW 2004, 139; Urteil v. 13.11.2003, Rs. C-42/02 (Lindman), Slg. 2003, I-13519; Urteil v. 6.3.2007, Rs. C-338/04, C-359/04 u. C-360/04 (Placanica), Slg. 2007, I-1891 = NJW 2007, 1515; Urteil v. 13.9.2007, Rs. C-260/04 (Kommission/Italien), Slg. 2007, I-7083; Urteil v. 8.9.2009, Rs. C-42/07 (Liga Portuguesa), Slg. 2009, I-7633 = NJW 2009, 3221; Urteil v. 6.10.2009, Rs. C-153/08 (Kommission/Spanien), Slg. 2009, I-9735; Urteil v. 3.6.2010, Rs. C-203/08 (Sporting Exchange), Slg. 2010, I-4695 = EuZW 2010, 503; Urteil v. 3.6.2010, Rs. C-258/08 (Ladbrokes), Slg. 2010, I-4757 = NVwZ 2010, 1081; Urteil v. 8.7.2010, Rs. C-447, 448/08 (Sjöberg), Slg. 2010, I-6921 = NVwZ 2010, 1088; Urteil v. 8.9.2010, Rs. C-409/06 (Winner Wetten), Slg. 2010, I-8015 = NVwZ 2010, 1419; Urteil v. 8.9.2010, Rs. C-316, 358, 359, 360, 409, 410/07 (Stoß), Slg. 2010, I-8069 = NVwZ 2010, 1409; Urteil v. 8.9.2010, Rs. C-46/08 (Carmen Media), Slg. 2010, I-8149 = NVwZ 2010, 1422; Urteil v. 9.9.2010, Rs. C-64/08 (Engelmann), Slg. 2010, I-8219 = EuZW 2010, 821; Urteil v. 30.6.2011, Rs. C-212/08 (Zeturf), EuZW 2011, 674; Urteil v. 15.9.2011, Rs. C-347/09 (Dickinger), EuZW 2011, 841; Urteil v. 16.2.2012, Rs. C-72/10 u. C-77/10 (Costa), EuZW 2012, 275.

145 Vgl. auch die Erläuterung A.I.2. zum 1. GlüÄndStV.

146 Vgl. etwa EuGH, Rs. C-275/92 (Schindler), Slg. 1994, I-1039, Rn. 25 ff.; Rs. C-124/97 (Läärä), Slg. 1999, I-6067, Rn. 27; Rs. C-67/98 (Zenatti), Slg. 1999, I-7289, Rn. 24 f.; Rs. C-46/08 (Carmen Media), Slg. 2010, I-8149, Rn. 40 f.

147 EuGH, Rs. C-275/92 (Schindler), Slg. 1994, I-1039, Rn. 25 ff.

148 In der Entscheidung *Läärä*, Rs. C-124/97, Slg. 1999, I-6067, Rn. 15 verweist der EuGH darauf, dass die Erwägungen im Urteil *Schindler* zur Veranstaltung von Lotterien auch für Glücksspiele mit vergleichbaren Merkmalen gelten. Vgl. hingegen zu Preisausschreiben und Verlosungen in Zeitschriften, die aufgrund ihres kleinen Rahmens und als Teil des redaktionellen Inhalts der Zeitschrift nicht mit den Lotterien vergleichbar sind: EuGH, Urteil v. 26.6.1997, Rs. C-368/95 (Familiapress), Slg. 1997, I-3709, Rn. 21 ff.

ten[149] und Spiele an Spielautomaten[150] werden als Glücksspiele angesehen, da sie eine Chance auf einen Geldgewinn bieten. Dieser Einordnung der Spielautomaten steht die relativ geringe Höhe der Einsätze und Gewinne (bei den Geldspielgeräten in Spielhallen) nicht entgegen[151].

Fallen die Tätigkeiten im Zusammenhang mit Glücksspielen in den Anwendungsbereich der Dienstleistungsfreiheit, so stellt sich weiter die Frage der Abgrenzung zu anderen Grundfreiheiten, insbesondere der Warenverkehrsfreiheit nach Art. 34 ff. AEUV und der Niederlassungsfreiheit nach Art. 49 ff. AEUV:

So ordnet der EuGH Geldspielgeräte als Waren ein, auf die der Art. 34 AEUV grundsätzlich Anwendung finden kann. Auch wenn diese Ware mit dem Ziel der Erbringung einer Dienstleistung, der Teilnahmemöglichkeit an einem Spiel, eingeführt worden ist, kann sie „nicht allein aus diesem Grund den Vorschriften über den freien Warenverkehr entzogen sein.“[152] Grundsätzlich fällt der Betrieb von Geldspielgeräten und Glücksspielautomaten also in den Anwendungsbereich der Niederlassungsfreiheit, nicht dagegen auch noch der Warenverkehrsfreiheit, da der Betrieb als Dienstleistung gegenüber einer eventuellen Einfuhr (etwa der Geräte) im Vordergrund steht[153].

Nach Art. 49 AEUV sind Beschränkungen der freien Niederlassung von Staatsangehörigen eines Mitgliedstaats im Hoheitsgebiet eines anderen Mitgliedstaats einschließlich der Beschränkungen der Gründung von Agenturen, Zweigniederlassungen und Tochtergesellschaften verboten. Für die Abgrenzung von Dienstleistungs- und Niederlassungsfreiheit ist die Dauer und Kontinuität im gebietsfremden Mitgliedstaat entscheidend.[154] Soweit ein Wirtschaftsteilnehmer Glücksspiele nicht von einem anderen Mitgliedstaat aus anbieten möchte, sondern eine dauerhafte Niederlassung und Integration in den anderen mitgliedstaatlichen Markt anstrebt, ist der Art. 49 AEUV berührt.

Welche Grundfreiheit im Einzelfall einschlägig ist, obliegt im Rahmen der Würdigung des Sachverhalts den nationalen Gerichten.[155] Da je nach Konstellation

149 EuGH, Rs. C-67/98 (Zenatti), Slg. 1999, I-7289, Rn. 18 f.
Ein großer Teil der Entscheidungen des EuGH zum Glücksspielrecht befasst sich mit dem Bereich der Sportwetten: EuGH, Rs. C-67/98 (Zenatti), Slg. 1999, I-7289; Rs. C-243/01 (Gambelli), Slg. 2003, I-13031; Rs. C-42/07 (Liga Portuguesa), Slg. 2009, I-7633; Rs. C-203/08 (Sporting Exchange), Slg. 2010, I-4695; Rs. C-316, 358, 359, 360, 409, 410/07 (Stoß), Slg. 2010, I-8069; Rs. C-46/08 (Carmen Media), Slg. 2010, I-8149; Rs. C-212/08 (Zeturf), EuZW 2011, 674.

150 EuGH, Rs. C-124/97 (Läärä), Slg. 1999, I-6067, Rn. 18; Rs. C-6/01 (Anomar), Slg. 2003, I-8621, Rn. 56; speziell zu Spielbanken: EuGH, Rs. C-64/08 (Engelmann), Slg. 2010, I-8219.

151 EuGH, Rs. C-124/97 (Läärä), Slg. 1999, I-6067, Rn. 17.

152 EuGH, Rs. C-124/97 (Läräa), Slg. 1999, I-6067, Rn. 20, 24.

153 EuGH, Rs. C-6/01 (Anomar), Slg. 2003, I-8621, Rn. 56.

154 Vgl. *Tietje*, in: Ehlers (Hrsg.), Europäische Grundrechte und Grundfreiheiten, 3. Aufl., 2009, § 10 II 3, Rn. 27.

155 EuGH, Rs. C-316, 358, 359, 360, 409, 410/07 (Stoß), Slg. 2010, I-8069, Rn. 62.

sowohl eine Anwendung der Dienstleistungsfreiheit als auch der Niederlassungsfreiheit in Betracht kommt, differenziert der EuGH nicht weiter, sondern nimmt eine einheitliche Prüfung vor.[156] Die Anforderungen an die Rechtfertigung des nationalen Glücksspielrechts unterscheiden sich ungeachtet der konkret einschlägigen Grundfreiheit daher nicht.[157] Insofern werden im Folgenden die unionsrechtlichen Vorgaben, die die Rechtsprechung für den Bereich des Glücksspielrechts aufstellt, einheitlich und unabhängig davon, ob im konkreten Einzelfall Art. 49 ff. oder Art. 56 ff. AEUV herangezogen wird, erläutert.

2. Beeinträchtigung

Sowohl Niederlassungs- als auch Dienstleistungsfreiheit verbieten jegliche Diskriminierung aufgrund der Staatsangehörigkeit. Daneben enthalten die Grundfreiheiten ein Verbot jeder Beschränkung – selbst wenn sie unterschiedslos für In- und Ausländer gilt –, die geeignet ist, die Ausübung der Freiheit zu unterbinden, zu behindern oder weniger attraktiv zu machen.[158]

Gibt es unterschiedlichste nationale Reglementierungen des Glücksspielbereichs, so lassen sich doch zusammenfassend auf der Grundlage der bisherigen Rechtsprechung folgende Maßnahmen als Eingriffe in die Grundfreiheiten klassifizieren[159]:

- Totalverbote hinsichtlich der Veranstaltung bestimmter Glücksspiele[160],
- die Errichtung staatlicher oder privater Monopole für die Veranstaltung und Vermittlung bestimmter Glücksspiele[161],

156 Vgl. EuGH, Rs. C-243/01 (Gambelli), Slg. 2003, I-13031; Rs. C-338/04, C-359/04 u. C-360/04 (Placanica), Slg. 2007, I-1891; Rs. C-316, 358, 359, 360, 409, 410/07 (Stoß), Slg. 2010, I-8069.

157 Vgl. *Herrmann,* in: Schmittmann (Hrsg.), Neuordnung des Glücks- und Gewinnspielmarktes in Deutschland, 2012, S. 47 (58).

158 Ständige Rspr.: vgl. EuGH, Rs. C-275/92 (Schindler), Slg. 1994, I-1039, Rn. 43; Rs. C-6/01 (Anomar), Slg. 2003, I-8621, Rn. 65; Rs. C-72/10, C-77/10 (Costa), EuZW 2012, 275, Rn. 69.

159 Vgl. auch die Auflistung bei *Herrmann,* in: Schmittmann (Hrsg.), Neuordnung des Glücks- und Gewinnspielmarktes in Deutschland, 2012, S. 47 (60).

160 EuGH, Rs. C-275/92 (Schindler), Slg. 1994, I-1039.

161 EuGH, Rs. C-124/97 (Läärä), Slg. 1999, I-6067; Rs. C-6/01 (Anomar), Slg. 2003, I-8621; Rs. C-42/07 (Liga Portuguesa), Slg. 2009, I-7633; Rs. C-203/08 (Sporting Exchange), Slg. 2010, I-4695; Rs. C-258/08 (Ladbrokes), Slg. 2010, I-4757; Rs. C-316, 358, 359, 360, 409, 410/07 (Stoß), Slg. 2010, I-8069; Rs. C-46/08 (Carmen Media), Slg. 2010, I-8149; Rs. C-212/08 (Zeturf), EuZW 2011, 674; Rs. C-347/09 (Dickinger), EuZW 2011, 841. Speziell für die Beschränkung der Veranstaltung von Glücks- und Geldspielen auf die in errichteten Spielzonen vorhandenen Kasinos: EuGH, Rs. C-6/01 (Anomar), Slg. 2003, I-8621.

- Konzessionsvergaben oder sonstige Genehmigungs- oder Anzeigepflichten[162],
- Verbote des Anbietens oder Vermittelns über das Internet[163]
- sowie Werbeverbote[164].
- Flankiert werden diese Verbote oftmals von strafrechtlichen Normen.[165]

Die Totalverbote und die Errichtung staatlicher Monopole betreffen grundsätzlich sowohl inländische als auch Glücksspielanbieter aus anderen Mitgliedstaaten gleichermaßen, so dass diese Maßnahmen dem allgemeinen Beschränkungsverbot unterfallen.[166] Entsprechendes gilt für die Konzessionsvergabe, soweit die Konzessionsbedingungen unterschiedslos von In- und Ausländern erfüllt werden können. Wird der Inhaber einer Spielbankkonzession hingegen verpflichtet, seinen Sitz im Inland zu haben, liegt eine offene Diskriminierung vor.[167]

III. Die Rechtfertigung der Beeinträchtigung der Grundfreiheiten

Beeinträchtigungen der Niederlassungs- und Dienstleistungsfreiheit können nach Art. 52 Abs. 1 AEUV, ggf. über den Verweis des Art. 62 AEUV, durch Gründe der öffentlichen Ordnung, Sicherheit oder Gesundheit gerechtfertigt werden. Zudem zieht der EuGH im Rahmen der Glücksspielrechtsprechung stetig die Gebhard-Formel für die Rechtfertigung nichtdiskriminierender Beeinträchtigungen heran. Demnach können Beeinträchtigungen der Dienstleistungs- oder Niederlassungsfreiheit, soweit sie unterschiedslos für In- und Ausländer gelten, „durch zwingende

162 EuGH, Rs. C-243/01 (Gambelli), Slg. 2003, I-13031; Rs. C-338/04, C-359/04 u. C-360/04 (Placanica), Slg. 2007, I-1891; Rs. C-447, 448/08 (Sjöberg), Slg. 2010, I-6921; Rs. C-46/08 (Carmen Media), Slg. 2010, I-8149; Rs. C-64/08 (Engelmann), Slg. 2010, I-8219; Rs. C-72/10, C-77/10 (Costa), EuZW 2012, 275.

163 Soweit nationale Regelungen Einzelnen das Recht des Anbietens oder Vermittelns zugestehen (sei es als Monopol oder über eine Konzessionsvergabe), umfassen sie idR auch das Anbieten oder Vermitteln über das Internet. Möglich ist aber auch, dass allein das (an sich zulässige) Anbieten von Glücksspielen über den Vertriebskanal Internet verboten wird. Vgl. zum Internetverbot EuGH, Rs. C-243/01 (Gambelli), Slg. 2003, I-13031; Rs. C-42/07 (Liga Portuguesa), Slg. 2009, I-7633; Rs. C-203/08 (Sporting Exchange), Slg. 2010, I-4695; Rs. C-258/08 (Ladbrokes), Slg. 2010, I-4757; Rs. C-46/08 (Carmen Media), Slg. 2010, I-8149; Rs. C-212/08 (Zeturf), EuZW 2011, 674; Rs. C-347/09 (Dickinger), EuZW 2011, 841.

164 EuGH, Rs. C-447, 448/08 (Sjöberg), Slg. 2010, I-6921.

165 Vgl. EuGH, Rs. C-243/01 (Gambelli), Slg. 2003, I-13031, Tenor und Rn. 57; Rs. C-338/04, C-359/04 u. C-360/04 (Placanica), Slg. 2007, I-1891, Rn. 68 ff.; Rs. C-447, 448/08 (Sjöberg), Slg. 2010, I-6921, Rn. 47 ff.; Rs. C-347/09 (Dickinger), EuZW 2011, 841, Rn. 30 ff.

166 Vgl. EuGH, Rs. C-124/97 (Läärä), Slg. 1999, I-6067, Rn. 28.

167 EuGH, Rs. C-64/08 (Engelmann), Slg. 2010, I-8219, Rn. 32 f.

Gründe des Allgemeininteresses gerechtfertigt [werden], wenn sie geeignet sind, die Verwirklichung des mit ihnen angestrebten Zieles zu gewährleisten, und wenn sie nicht über das hierfür Erforderliche hinausgehen."[168]

Die Überprüfung dieser Voraussetzungen obliegt den nationalen Gerichten.[169] Dabei haben sie wegen des Anwendungsvorrangs des EU-Rechts folgende, in der Rechtsprechung des EuGH zum Glücksspielrecht entwickelte Vorgaben zu beachten.

1. Rechtfertigungsgründe

Der EuGH erkennt im Bereich des Glücksspielrechts in ständiger Rechtsprechung „die Ziele des Verbraucherschutzes, der Betrugsvorbeugung, der Vermeidung von Anreizen für die Bürger zu überhöhten Ausgaben für das Spielen und der Verhütung von Störungen der sozialen Ordnung im Allgemeinen" als zwingende Gründe des Allgemeininteresses an, die die Eingriffe in Art. 56 und Art. 49 AEUV rechtfertigen können.[170] Hierbei ziehen sich insbesondere zwei Aspekte durch die Rechtsprechung: zum einen die Suchtbekämpfung und das „Ziel, die Gelegenheit zum Spiel zu vermindern," und zum anderen das Ziel der Kriminalitätsbekämpfung, d.h. „dadurch Straftaten vorzubeugen, dass die auf diesem Gebiet tätigen Wirtschaftsteilnehmer einer Kontrolle unterworfen und Glücksspieltätigkeiten so in Bahnen gelenkt werden, die diesen Kontrollen unterliegen".[171] Das Ziel des Jugendschutzes wird jüngst ebenfalls als legitimes Ziel aufgegriffen.[172]

Demgegenüber reicht die Finanzierung gemeinnütziger oder im Allgemeininteresse liegender Aktivitäten mit Hilfe einer Abgabe auf die Einnahmen aus genehmigten Spielen oder einem staatlichen Monopol zur Rechtfertigung nicht aus. Auch wenn die Finanzierung sozialer Aktivitäten nicht gleichgültig ist[173], darf sie

168 Ständige Rspr.: EuGH, Rs. C-55/94 (Gebhard), Slg. 1995, I-4165, 4195, Rn. 37; vgl. etwa EuGH, Rs. C-124/97 (Läärä), Slg. 1999, I-6067, Rn. 31; Rs. C-67/98 (Zenatti), Slg. 1999, I-7289, Rn. 29; Rs. C-72/10, C-77/10 (Costa), EuZW 2012, 275, Rn. 71.

169 Vgl. etwa EuGH, Rs. C-67/98 (Zenatti), Slg. 1999, I-7289, Rn. 37; Rs. C-243/01 (Gambelli), Slg. 2003, I-13031, Rn. 66.

170 Vgl. EuGH, Rs. C-338/04, C-359/04 u. C-360/04 (Placanica), Slg. 2007, I-1891, Rn. 46; Rs. C-42/07 (Liga Portuguesa), Slg. 2009, I-7633, Rn. 56; Rs. C-258/08 (Ladbrokes), Slg. 2010, I-4757, Rn. 18; Rs. C-72/10, C-77/10 (Costa), EuZW 2012, 275, Rn. 71.

171 EuGH, Rs. C-338/04, C-359/04 u. C-360/04 (Placanica), Slg. 2007, I-1891, Rn. 52.

172 EuGH, Rs. C-46/08 (Carmen Media), Slg. 2010, I-8149, Rn. 95, 98, 105.

173 EuGH, Rs. C-275/92 (Schindler), Slg. 1994, I-1039, Rn. 60.

„nur eine erfreuliche Nebenfolge, nicht aber der eigentliche Grund der betriebenen restriktiven Politik sein".[174] Die von einem Mitgliedstaat aufgeführten Ziele sind dabei stets „in ihrer Gesamtheit zu würdigen".[175]

Diese zwingenden Gründe des Allgemeininteresses können eine nicht-diskriminierende Beeinträchtigung legitimieren, da diese sowohl über die geschriebenen Gründe des Art. 52 Abs. 1 AEUV als auch über die zwingenden Gründe des Allgemeininteresses gerechtfertigt werden kann. Bei offenen Diskriminierungen müssen dagegen die geschriebenen Rechtfertigungsgründe der öffentlichen Ordnung, Sicherheit oder Gesundheit im Sinne des Art. 52 Abs. 1 AEUV vorliegen.[176] Als Ausnahmeregelung ist Art. 52 Abs. 1 AEUV eng auszulegen und erfordert eine tatsächliche und hinreichende Gefährdung der Schutzgüter, die ein Grundinteresse der Gesellschaft berührt.[177] Bisher ließ der EuGH offen, ob die Kriminalitätsbekämpfung im Bereich des Glücksspiels dem Begriff der „öffentlichen Ordnung" zugeordnet werden kann, da er die diskriminierenden Maßnahmen im Glücksspielrecht als offensichtlich unverhältnismäßig befand.[178] Ebenso verwies er darauf, dass es Sache des nationalen Gerichts sei, zu entscheiden, ob das Ziel einer effizienten Kontrolle und Überwachung der Glücksspielanbieter dem Begriff der „öffentlichen Ordnung" unterfällt.[179] Der EuGH schließt grundsätzlich nicht aus, dass die Bekämpfung des pathologischen Spielverhaltens dem Schutz der „öffentlichen Gesundheit" im Sinne des Art. 52 Abs. 1 AEUV unterfallen kann, doch fordert er eine weite Verbreitung der Krankheit in der Bevölkerung, so dass tatsächlich eine Gefahr für die öffentliche Gesundheit besteht.[180]

Bei der Festlegung der Ziele, die als Rechtfertigungsgründe in Betracht kommen, wird wegen der „sittlichen, religiösen oder kulturellen Besonderheiten und [den] sittlich und finanziell schädlichen Folgen für den Einzelnen wie für die Gesellschaft, die mit Spielen und Wetten einhergehen", den Mitgliedstaaten in ständiger Rechtsprechung für die Regelung des Glücksspielsektors ein Ermessens-

174 Ständige Rspr.: vgl. EuGH, Rs. C-67/98 (Zenatti), Slg. 1999, I-7289, Rn. 36; Rs. C-243/01 (Gambelli), Slg. 2003, I-13031, Rn. 62; Rs. C-316, 358, 359, 360, 409, 410/07 (Stoß), Slg. 2010, I-8069, Rn. 104.

175 EuGH, Rs. C-275/92 (Schindler), Slg. 1994, I-1039, Rn. 58; Rs. C-6/01 (Anomar), Slg. 2003, I-8621, Rn. 73; Rs. C-212/08 (Zeturf), EuZW 2011, 674, Rn. 38.

176 Vgl. EuGH, Rs. C-153/08 (Kommission/Spanien), Slg. 2009, I-9735, Rn. 37 f.

177 EuGH, Rs. C-347/09 (Dickinger), EuZW 2011, 841, Rn. 82; vgl. auch *Forsthoff,* in Grabitz/Hilf/Nettesheim (Hrsg.), Das Recht der Europäischen Union, 2011, AEUV, Art. 52 Rn. 21, 26.

178 EuGH, Rs. C-153/08 (Kommission/Spanien), Slg. 2009, I-9735, Rn. 39; Rs. C-64/08 (Engelmann), Slg. 2010, I-8219, Rn. 37.

179 EuGH, Rs. C-347/09 (Dickinger), EuZW 2011, 841, Rn. 82 f. Vgl. zum Beurteilungsspielraum im Bereich der „öffentlichen Ordnung" EuGH, Urteil v. 14.10.2204, Rs. C-36/02 (Omega), Slg. 2004, I-9641, Rn. 31, 37.

180 EuGH, Rs. C-153/08 (Kommission/Spanien), Slg. 2009, I-9735, Rn. 40.

spielraum zugestanden.[181] Ihnen steht es daher frei, nicht nur die Ziele ihrer Glücksspielpolitik, sondern auch das ihrer Ansicht nach erforderliche Schutzniveau und die dafür notwendigen Maßnahmen festzulegen.[182] Daher betont der EuGH auch stets, dass es unerheblich ist, ob sich die nationalen Bestimmungen von denen anderer Mitgliedstaaten unterscheiden. Diese sind allein mit Blick auf die vom Mitgliedstaat gewählten Ziele und das Schutzniveau zu beurteilen.[183]

2. Verhältnismäßigkeit

Die autonome Festlegung der Ziele der Glücksspielpolitik und des angestrebten Schutzniveaus entbindet die Mitgliedstaaten nicht davon, dem Grundsatz der Verhältnismäßigkeit genügen zu müssen.[184] Die nationalen Bestimmungen sind nur dann gerechtfertigt, „wenn sie geeignet sind, die Verwirklichung des mit ihnen angestrebten Zieles zu gewährleisten, und wenn sie nicht über das hierfür Erforderliche hinausgehen."[185]

Dabei werden die Anforderungen der Verhältnismäßigkeit maßgeblich von dem eingeräumten Ermessen der Mitgliedstaaten geprägt, da sich die Geeignetheit und Erforderlichkeit der Maßnahmen nach den gewählten Zielen und dem Schutzniveau bemessen. Die Mitgliedstaaten haben es in der Hand, durch die Wahl eines besonders hohen Schutzniveaus besonders hohe Schutzregelungen (bis hin zur Errichtung eines Monopols) zu treffen. Daher entfällt eine Angemessenheitsprüfung im Sinne einer Abwägung zwischen Beeinträchtigung und verfolgtem Ziel und Schutzniveau.[186] Die für das Glücksspielrecht relevantere Grenze der Rechtfertigung ergibt sich daher aus dem Folgenden.

181 Ständige Rspr.: vgl. EuGH, Rs. C-275/92 (Schindler), Slg. 1994, I-1039, Rn. 61; Rs. C-124/97 (Läärä), Slg. 1999, I-6067, Rn. 35; Rs. C-338/04, C-359/04 u. C-360/04 (Placanica), Slg. 2007, I-1891, Rn. 47; Rs. C-42/07 (Liga Portuguesa), Slg. 2009, I-7633, Rn. 57; Rs. C-316, 358, 359, 360, 409, 410/07 (Stoß), Slg. 2010, I-8069, Rn. 76; Rs. C-347/09 (Dickinger), EuZW 2011, 841, Rn. 45. Hingegen wird ein Ermessen für den Bereich kleiner Preisausschreiben und Verlosungen in Zeitschriften mangels dieser vergleichbaren besonderen Natur abgelehnt: EuGH, Rs. C-368/95 (Familiapress), Slg. 2010, I-8015, Rn. 21 ff.

182 EuGH, Rs. C-203/08 (Sporting Exchange), Slg. 2010, I-4695, Rn. 28; Rs. C-316, 358, 359, 360, 409, 410/07 (Stoß), Slg. 2010, I-8069, Rn. 77; Rs. C-347/09 (Dickinger), EuZW 2011, 841, Rn. 47; vgl. auch *Keber,* ZfWG 2011, 83 (86), der von einem „doppelten Ermessen" spricht.

183 EuGH, Rs. C-67/98 (Zenatti), Slg. 1999, I-7289, Rn. 34; Rs. C-6/01 (Anomar), Slg. 2003, I-8621, Rn. 80; Rs. C-42/07 (Liga Portuguesa), Slg. 2009, I-7633, Rn. 58; Rs. C-347/09 (Dickinger), EuZW 2011, 841, Rn. 46.

184 EuGH, Rs. C-316, 358, 359, 360, 409, 410/07 (Stoß), Slg. 2010, I-8069, Rn. 77.

185 Ständige Rspr.: EuGH, Rs. C-55/94 (Gebhard), Slg. 1995, I-4165, 4195, Rn. 37; vgl. EuGH, Rs. C-124/97 (Läärä), Slg. 1999, I-6067, Rn. 31; Rs. C-67/98 (Zenatti), Slg. 1999, I-7289, Rn. 29.

186 *Frenz/Ehlenz,* EuR 2010, 490 (514); *Ohler,* EuR 2010, 253 (257).

3. Kohärenzgebot

Seit der Gambelli-Entscheidung zieht der EuGH in ständiger Rechtsprechung das Erfordernis der Kohärenz für den Glücksspielbereich heran.[187] Demnach „müssen die Beschränkungen […] auch geeignet sein, die Verwirklichung dieser Ziele in dem Sinne zu gewährleisten, dass sie kohärent und systematisch zur Begrenzung der Wetttätigkeit beitragen."[188] In den folgenden Entscheidungen wurde das Kriterium weiter konkretisiert und war oftmals Schwerpunkt der vorgelegten Fälle, wie zum Beispiel in den Entscheidungen Carmen Media und Stoß zum deutschen Glücksspielrecht.[189] Auch in anderen Bereichen wird das Kohärenzgebot zwischenzeitlich angewandt[190], so dass es als ein allgemeines Erfordernis angesehen wird.[191]

a) Begriff und Inhalt der Kohärenz

Der Begriff der Kohärenz ist eine Schöpfung des Europarechts.[192] Anknüpfend an Kohärenzgebote im vorherigen Unions- und Gemeinschaftsrecht[193] ist er auch im Primärrecht nach dem Vertrag von Lissabon enthalten.[194] Nach Art. 7 AEUV achtet die Union „auf die Kohärenz zwischen ihrer Politik und ihren Maßnahmen in den

187 Ständige Rspr.: EuGH, Rs. C-243/01 (Gambelli), Slg. 2003, I-13031, Rn. 67; Rs. C-338/04, C-359/04 u. C-360/04 (Placanica), Slg. 2007, I-1891, Rn. 53; Rs. C-42/07 (Liga Portuguesa), Slg. 2009, I-7633, Rn. 61 und Tenor; Rs. C-258/08 (Ladbrokes), Slg. 2010, I-4757, Rn. 21; Rs. C-347/09 (Dickinger), EuZW 2011, 841, Rn. 56; Rs. C-72/10, C-77/10 (Costa), EuZW 2012, 275, Rn. 63.

188 Vgl. nur EuGH, Rs. C-243/01 (Gambelli), Slg. 2003, I-13031, Rn. 67.

189 EuGH, Rs. C-46/08 (Carmen Media), Slg. 2010, I-8149, Rn. 53 ff.; Rs. C-316, 358, 359, 360, 409, 410/07 (Stoß), Slg. 2010, I-8069, Rn. 88 ff. Die Rechtssache *Stoß* betraf noch den alten Staatsvertrag zum Lotteriewesen (LottStV), die Entscheidung *Carmen Media* hingegen den novellierten Glücksspielstaatsvertrag von 2006.

190 EuGH, Urteil v. 10.3.2009, Rs. C-169/07 (Hartlauer), Slg. 2009, I-1721 = EuZW 2009, 298, Rn. 55; Urteil. v. 19.5.2009, Rs. C-171/07 u. C. 172/07 (DocMorris), Slg. 2009, I-4171 = NJW 2009, 2112, Rn. 42; Urteil v. 12.1.2010, Rs. C-341/08 (Petersen), Slg. 2010, I-47 = NJW 2010, 587, Rn. 53; Urteil v. 21.7.2011, Rs. C-159, 160/10 (Fuchs), NVwZ 2011, 1249, Rn. 85.

191 Vgl. *Barbist/Pingerra,* EuZW 2010, 285 (286); *Koenig,* ZfWG 2009, 229 (229, 230); *Streinz/Kruis,* NJW 2010, 3745 (3747). Der EuGH spricht in der Entscheidung *Fuchs*, Rs. C-159, 160/10, NVwZ 2011, 1249 (1253), Rn. 85 von einer „ständigen Rechtsprechung".

192 *Schorkopf,* in: Grabitz/Hilf/Nettesheim (Hrsg.), Das Recht der Europäischen Union, 2011, Art. 7 AEUV Rn. 11.

193 Vgl. Art. 3, 27a Abs. 1, 27c EUV-Nizza; Art. 165 Abs. 1, 225 Abs. 2 u. 3, 299 Abs. 2 EGV-Nizza.

194 Art. 11 Abs. 3, 13 Abs. 1, 16 Abs. 6, 17 Abs. 6, 18 Abs. 4, 21 Abs. 3, 24 Abs. 3, 26 Abs. 2 EUV; Art. 7, 181 Abs. 1, 196 Abs. 1, 256 Abs. 2 u. 3, 329 Abs. 2, 349 AEUV.

verschiedenen Bereichen und trägt [...] ihren Zielen in ihrer Gesamtheit Rechnung". Der institutionelle Rahmen der EU stellt nach Art. 13 Abs. 1 EUV die „Kohärenz, Effizienz und Kontinuität ihrer Politik und ihrer Maßnahmen" sicher.

Kohärenz bedeutet „Zusammenhang"[195] und verlangt im Rechtssinne, dass die politischen Handlungen aufeinander abgestimmt sind und in einem „sinnbildenden Zusammenhang" stehen.[196] Dabei beurteilt sich diese Stimmigkeit der staatlichen Maßnahmen stets nach den angestrebten Zielen. Hinsichtlich dieser Ziele darf sich der Staat nicht widersprüchlich verhalten.[197] Das Kohärenzprinzip fordert eine „konsistente Zielverwirklichung".[198] Dieses Gebot der Widerspruchsfreiheit kennt auch das deutsche Recht, indem das Bundesverfassungsgericht die Folgerichtigkeit und Widerspruchsfreiheit der Rechtsordnung postuliert.[199]

Auch wenn der EuGH den Mitgliedstaaten für den Bereich des Glücksspiels ein Ermessen einräumt, muss die nationale Glücksspielpolitik mit Blick auf das gewählte Ziel und Schutzniveau insgesamt stimmig und widerspruchsfrei, daher kohärent und systematisch, sein. Nach der Rechtsprechung des EuGH ist „zu überprüfen, ob die mitgliedstaatlichen Rechtsvorschriften tatsächlich den Zielen, die sie rechtfertigen könnten, entsprechen."[200] Rechtfertigt der Mitgliedstaat die Beschränkungen im Glücksspielsektor mit dem Ziel des Verbraucherschutzes und der Suchtbekämpfung, muss er „in jedem Fall dem Anliegen gerecht werden [...], die Gelegenheit zum Spiel wirklich zu vermindern"[201].

Auch wenn Gegenstand der meisten EuGH-Entscheidungen die Kohärenz hinsichtlich des Ziels der Bekämpfung pathologischen Spielverhaltens ist, gilt dieses Gebot ebenso in Bezug auf das Ziel der Kriminalitätsbekämpfung.[202] Jegliches

195 Vgl. Duden, Das Fremdwörterbuch, 10. Aufl. 2010, Kohärenz.

196 Vgl. *Schorkopf,* in: Grabitz/Hilf/Nettesheim (Hrsg.), Das Recht der Europäischen Union, 2011, Art. 7 AEUV Rn. 8 ff.; *Ruffert,* in: Calliess/Ruffert (Hrsg.), EUV/AEUV, 4. Aufl. 2011, Art. 7 Rn. 2 f.

197 Vgl. *Ennuschat,* ZfWG 2011, 153 (156); *Uwer/Koch*, in: Schmittmann (Hrsg.), Neuordnung des Glücks- und Gewinnspielmarktes in Deutschland, 2012, S. 136 (140).

198 *Ruffert,* in: Calliess/Ruffert (Hrsg.), EUV/AEUV, 4. Aufl. 2011, Art. 7 Rn. 3; vgl. auch *Schorkopf,* DÖV 2011, 260 (262) und *Ennuschat,* ZfWG 2011, 153 (156).

199 Vgl. etwa BVerfGE 98, 83 (98); 98, 106 (119); 108, 169 (181). BVerfGE 98, 106 (119): „Das Rechtsstaatsprinzip verpflichtet alle rechtsetzenden Organe des Bundes und der Länder, die Regelungen jeweils so aufeinander abzustimmen, daß den Normadressaten nicht gegenläufige Regelungen erreichen, die die Rechtsordnung widersprüchlich machen". Das Gebot der Folgerichtigkeit wurde insbesondere im Bereich des Steuerrechts entwickelt. Daneben fordert das BVerfG in der Rechtsprechung zum Glücksspielrecht explizit eine konsistente Zielverwirklichung, vgl. BVerfGE 115, 276 (310 ff.): „konsequent am Ziel [...] ausgerichtet" (Rn. 120); BVerfG, NVwZ 2009, 295 „Erfordernis der Herstellung eines Mindestmaßes an Konsistenz" (S. 297). Insofern laufen das Verfassungs- und Unionsrecht weitgehend parallel. Vgl. dazu auch *Ennuschat*, ZfWG 2011, 153 (154); *Hermes*, in: Hermes/Horn/Pieroth, Der Glücksspielstaatvertrag, 2007, S. 39 (56 ff.).

200 EuGH, Rs. C-258/08 (Ladbrokes), Slg. 2010, I-4757, Rn. 22.

201 EuGH, Rs. C-338/04, C-359/04 u. C-360/04 (Placanica), Slg. 2007, I-1891, Rn. 53.

202 Vgl. EuGH, Rs. C-212/08 (Zeturf), EuZW 2011, 674, Rn. 49 f.

vorgebrachte legitime Ziel muss kohärent und systematisch angestrebt werden. Für die Beurteilung sind sowohl die gesetzliche Regelung als auch die konkreten Anwendungsmodalitäten heranzuziehen.[203] Aus dem Kohärenzgebot lassen sich die nachstehenden Rechtsfolgen ableiten.

b) Inkohärenz aufgrund einer expansiven Angebotspolitik

Rechtfertigt ein Mitgliedstaat sein konzessioniertes oder monopolisiertes Glücksspielangebot mit dem Ziel der Angebotsbegrenzung und Suchtbekämpfung, ist die Kohärenz dieser Zielrichtung zu bezweifeln, wenn er zugleich eine expansive Angebotspolitik betreibt. Die Ausweitung des Spielangebots sowie intensive Werbung laufen dem Ziel zuwider, die Spiellust und das Spielangebot zu begrenzen, indem sie die Bürger zur Teilnahme an Glücksspielen anregen und ermuntern.[204]

c) Erfordernis einer horizontalen Kohärenz

Nach der Einführung des Kohärenzprinzips war zunächst unklar, ob sich das Erfordernis allein auf den jeweiligen Glücksspielbereich im Sinne einer vertikalen Kohärenz bezieht[205] oder auch die Regelungen anderer Glücksspielarten in einer Gesamtschau mit einzubeziehen sind (horizontale Kohärenz)[206].

In der Rechtssache Stoß und Carmen Media hat der EuGH sich nun – entgegen der Schlussanträge des Generalanwalts Mengozzi[207] – für eine sektorübergreifende Gesamtbetrachtung ausgesprochen. Die nationale Glücksspielpolitik muss im Ganzen und nicht nur hinsichtlich der einzelnen Glücksspielarten kohärent und systematisch sein.[208] Gleichwohl folgt daraus nicht das Erfordernis einer Gesamtkohä-

203 EuGH, Rs. C-46/08 (Carmen Media), Slg. 2010, I-8149, Rn. 65.

204 Vgl. EuGH, Rs. C-243/01 (Gambelli), Slg. 2003, I-13031, Rn. 69; Rs. C-316, 358, 359, 360, 409, 410/07 (Stoß), Slg. 2010, I-8069, Rn. 99. Beachte zum deutschen Verfassungsrecht: auch das BVerfG schließt ein staatliches Monopol nicht per se aus, rügte aber in seiner Entscheidung zum Sportwettenmonopol (BVerfGE 115, 276 (310 ff.)), dass eine expansive Marktpolitik nicht konsequent dem Ziel der Suchtbekämpfung entspreche.

205 So etwa *Barbist/Pingerra*, EuZW 2010, 285 (286); *Mailänder*, ZfWG 2009, 334; *Noll-Ehlers,* EuZW 2008, 522 (523 ff.).

206 So etwa *Dederer,* NJW 2010, 198 (200); *Dörr,* DVBl. 2010, 69 (74 f.); Schlussanträge GA *Mazák* v. 23.2.2010, Slg. 2010, I-8219, Rn. 86 ff.

207 Schlussanträge GA *Mengozzi* v. 4.3.2010, Slg. 2010, I-8069, Rn. 72.

208 Vgl. EuGH, Rs. C-316, 358, 359, 360, 409, 410/07 (Stoß), NVwZ 2010, 1409 (1412 ff.), Rn. 67 ff.; Rs. C-46/08 (Carmen Media), Slg. 2010, I-8149, Rn. 61 ff.

renz im Sinne einer identischen Regelung des gesamten Glücksspielbereichs.[209] Der EuGH anerkennt vielmehr die erheblichen Unterschiede der verschiedenen Glücksspielarten:

> „Die verschiedenen Arten von Glücksspielen [können] erhebliche Unterschiede aufweisen […], u.a. hinsichtlich der konkreten Modalitäten ihrer Veranstaltung, des Umfangs der für sie kennzeichnenden Einsätze und Gewinne, der Zahl potenzieller Spieler, die an ihnen teilnehmen können, ihrer Präsentation, ihrer Häufigkeit, ihrer kurzen Dauer oder ihrem sich wiederholenden Charakter, der bei den Spielern hervorgerufenen Reaktionen oder […] danach, ob sie, wie es bei den in Spielbanken angebotenen Spielen und den dort oder in anderen Einrichtungen aufgestellten Geldspielautomaten der Fall ist, die körperliche Anwesenheit des Spielers erfordern oder nicht.“[210]

Dieses unterschiedliche Gefährdungspotenzial kann eine unterschiedliche Handhabung rechtfertigen. Insofern führt ein Nebeneinander von staatlichem Monopol und Konzessionssystem nicht per se zur Inkohärenz.[211] Entscheidend ist, dass hinsichtlich des verfolgten Ziels und Schutzniveaus vergleichbare Glücksspiele nicht unterschiedlichen Restriktionen unterworfen werden, die dem angestrebten Ziel zuwiderlaufen.

Auf dieser Grundlage äußerte der EuGH in den Entscheidungen Stoß und Carmen Media erhebliche Bedenken gegenüber der Kohärenz des deutschen Glücksspielmonopols: Pferdewetten und gewerbliche Geldspiele dürften von privaten Anbietern mit einer Erlaubnis angeboten werden, obwohl sie ein höheres Suchtpotenzial aufweisen würden als die monopolisierten Sportwetten und Lotterien. Zudem betrieben oder duldeten die nationalen Behörden eine Politik der Angebotserweiterung hinsichtlich dieser Spiele: Die Steigerung der Spielmöglichkeiten von Kasinospielen im Internet werde von den nationalen Behörden geduldet, die Anzahl der Spielbanken sei zwischen den Jahren 2000 und 2006 von 66 auf 81 gestiegen und „die Bedingungen für den Betrieb von Automatenspielen in anderen Einrichtungen als Spielbanken, etwa in Spielhallen, Schank- und Speisewirtschaften sowie Beherbergungsbetrieben, [seien] unlängst erheblich gelockert worden“.[212] Inkohärent

209 Vgl. *Uwer/Koch*, in: Schmittmann (Hrsg.), Neuordnung des Glücks- und Gewinnspielmarktes in Deutschland, 2012, S. 136 (143); vgl. auch BVerwG, Urteil v. 11.7.2011 – 8 C 12.10, Rn. 42: „kein Uniformitätsgebot“.

210 EuGH, Rs. C-316, 358, 359, 360, 409, 410/07 (Stoß), Slg. 2010, I-8069, Rn. 95. Vgl. zur Bestimmung des Gefährdungspotenzials von Glücksspielen auch *Schütze/Kalke*, ZfWG 2009, 235; *Wissenschaftliches Forum Glücksspiel*, ZfWG 2008, 1.

211 EuGH, Rs. C-316, 358, 359, 360, 409, 410/07 (Stoß), Slg. 2010, I-8069, Rn. 96.

212 EuGH, Rs. C-46/08 (Carmen Media), Slg. 2010, I-8149, Rn. 67; Rs. C-316, 358, 359, 360, 409, 410/07 (Stoß), Slg. 2010, I-8069, Rn. 100. Der EuGH differenziert in diesen beiden Entscheidungen zum deutschen Glücksspielrecht zwischen der Handhabung der monopolisierten Sportwetten und Lotterien auf der einen und den Geldspielautomaten auf der anderen Seite. Hinsichtlich der Spielautomaten wird nicht weiter zwischen Spielhallen und Spielbanken unterschieden. Auch andere Entscheidungen befassen sich entweder mit den Spielautomaten an sich (vgl. EuGH, Rs. C-124/97 (Läärä), Slg. 1999, I-6067; Rs. C-6/01 (Anomar), Slg. 2003, I-8621) oder nur mit der Konzessionsvergabe für Spielbanken (vgl. EuGH, Rs. C-64/08 (Engelmann), Slg. 2010, I-8219). Zwar beziehen sich einige Vorlage-

seien auch die intensiven Werbemaßnahmen für das staatlich monopolisierte Glücksspiel. Man hat hierin einen „Stolperstein für das gesamte Glücksspielrecht" in Deutschland gesehen[213].

Durch diese vergleichende Gesamtbetrachtung der verschiedenen Glücksspielarten bestätigt der EuGH das Erfordernis einer horizontalen Kohärenz.[214] Unterschiedliche Reglementierungen verschiedener Glücksspielarten können nur aufgrund unterschiedlicher verfolgter Ziele oder unterschiedlicher Gefährdungspotenziale der einzelnen Glücksspiele gerechtfertigt werden.[215]

Hinsichtlich der verschiedenen Vertriebsmöglichkeiten eines Glücksspiels konstatiert der EuGH, dass – soweit die verschiedenen Vertriebskanäle aus Sicht des Verbrauchers austauschbar sind – grundsätzlich eine Gesamtbeurteilung des Sektors und keine getrennte Bewertung der einzelnen Vertriebskanäle vorzunehmen ist.[216] Jedoch birgt das Internet für den Bereich des Glücksspiels nach Ansicht des EuGH besondere Gefahren[217], die ein Internetverbot von Glücksspielen rechtfertigen können, auch wenn das Anbieten der Spiele über herkömmliche Kanäle zulässig bleibt.[218]

fragen in der Entscheidung *Anomar* auf die alleinige Zulassung von bestimmten Glücksspielen in Spielkasinos (Rn. 35, Vorlagefrage 6) und die Frage der Abgrenzung und Definition von „Glücksspielautomaten und „Unterhaltungsautomaten" (Rn. 35, Vorlagefragen 11-13). Doch weist der EuGH übereinstimmend mit seiner sonstigen Glücksspielrechtsprechung darauf hin, dass erstens die Beschränkung auf die Spielkasinos einen Eingriff in den freien Dienstleistungsverkehr darstellt, der über den Schutz der Verbraucher und der Sozialordnung gerechtfertigt werden kann, (Rn. 75) und dass zweitens „die Wahl der Bedingungen für die Organisation und die Kontrolle der Tätigkeiten der Veranstaltung und der Teilnahme an Glücksspielen, wie [...] die Beschränkung der Veranstaltung und der Teilnahme an bestimmten Spielen auf ordnungsgemäß dafür zugelassene Orte, Sache der nationalen Stellen im Rahmen ihres Ermessens ist" (Rn. 88). Lediglich die Entscheidung *Linneweber* (Rs. C-453/02 u. C-462/02, Slg. 2005, I-1131) befasst sich mit einer unterschiedlichen Behandlung von Spielbanken und Spielhallen und erklärt eine unterschiedliche Umsatzbesteuerung für mit der Richtlinie 2006/112/EG über das gemeinsame Mehrwertsteuersystem und dem Grundsatz der steuerlichen Neutralität unvereinbar (vgl. oben unter A.).

213 *Pagenkopf*, NJW 2012, 2918 (2921). Diese Einschätzung wird bestätigt durch die jüngste Ausführliche Stellungnahme und die Bemerkungen der Europäischen Kommission vom 7. Dezember 2012 (C (2012) 9376) in den Notifizierungsverfahren 2012/519/D und 2012/520/D, in denen Zweifel geäußert werden, ob bezogen auf Schleswig-Holstein „die restriktiveren Regeln des Glücksspielstaatsvertrags (bezüglich des Angebots von Online-Glücksspieldiensten) zum Erreichen der Ziele des öffentlichen Interesses wirklich notwendig sind" (S. 6).

214 *Dörr/Janich,* K&R 2010, 1 (18 f.) sehen in den Entscheidungen eine vertikale Kohärenz bestätigt. So wohl auch *Schorkopf*, DÖV 2011, 260 (262).

215 Vgl. *Koenig*, ERA Forum 2009, 513 (521 ff.).

216 EuGH, Rs. C-212/08 (Zeturf), EuZW 2011, 674, Rn. 76.

217 EuGH, Rs. C-42/07 (Liga Portuguesa), Slg. 2009, I-7633, Rn. 70; Rs. C-203/08 (Sporting Exchange), Slg. 2010, I-4695, Rn. 34; Rs. C-46/08 (Carmen Media), Slg. 2010, I-8149, Rn. 102; Rs. C-212/08 (Zeturf), EuZW 2011, 674, Rn. 79.

218 EuGH, Rs. C-46/08 (Carmen Media), Slg. 2010, I-8149, Rn. 105.

Der Kohärenz widerspricht es auch nicht, wenn eine zeitlich befristete und unter engen Voraussetzungen gebundene Übergangszeit aus Gründen der Rechtssicherheit, um eine Umstellung auf die zugelassenen Vertriebskanäle zu ermöglichen, gewährt wird.[219]

d) Keine Berücksichtigung innerstaatlicher Besonderheiten

Soweit mögliche Inkohärenzen die Folgen innerstaatlicher Besonderheiten sind, können diese keine Berücksichtigung finden, um die einheitliche Durchsetzung des Europarechts nicht zu gefährden. Mithin ist unbeachtlich, dass die unterschiedlichen Regulierungen der verschiedenen Glücksspielarten in Deutschland eine Folge der föderalen Zuständigkeitsverteilung ist, nach der die verschiedenen Glücksspiele zum Teil in die Zuständigkeiten der Länder und zum Teil in die des Bundes fallen. Der EuGH weist darauf hin, „dass sich ein Mitgliedstaat nach ständiger Rechtsprechung nicht auf Bestimmungen, Übungen oder Umstände seiner internen Rechtsordnung berufen kann, um die Nichteinhaltung seiner aus dem Unionsrecht folgenden Verpflichtungen zu rechtfertigen. Die interne Zuständigkeitsverteilung innerhalb eines Mitgliedstaates, namentlich zwischen zentralen, regionalen und lokalen Behörden, kann ihn u.a. nicht davon entbinden, den genannten Verpflichtungen nachzukommen."[220] Daraus folgt, dass die ungleiche Behandlung verschiedener Glücksspielarten nicht mit unterschiedlichen Gesetzgebungskompetenzen gerechtfertigt werden kann[221]. Da sowohl die Länder als auch der Bund gemeinsam dem Unionsrecht verpflichtet sind, fordert der EuGH eine Koordinierung und Zusammenarbeit der nationalen Behörden.[222]

Dem kann auch nicht die Entscheidung des EuGH in der Rechtssache Fuchs entgegengehalten werden[223]. In dieser Entscheidung wurde ein Verstoß gegen das Kohärenzgebot aufgrund einer schrittweisen Anhebung der Regelaltersgrenzen in den Beamtengesetzen des Bundes und mehrerer Länder geprüft. Dabei lehnt der EuGH einen Verstoß gegen das Kohärenzgebot mit der Begründung ab, dass „dieser Rhythmus [...] von Region zu Region, hier von Land zu Land, unterschiedlich sein [kann], um regionale Besonderheiten zu berücksichtigen und es den zuständigen Behörden zu ermöglichen, die erforderlichen Anpassungen vorzuneh-

219 EuGH, Rs. C-46/08 (Carmen Media), Slg. 2010, I-8149, Rn. 107 ff.
220 EuGH, Rs. C-46/08 (Carmen Media), Slg. 2010, I-8149, Rn. 69; krit. *Hecker,* DVBl. 2011, 1130 (1135 ff.).
221 *Ennuschat*, GewArch 2010, 425 (427); *Krause*, GewArch 2010, 428 (431); *Liese*, GewArch 2011, 199 (201).
222 EuGH, Rs. C-46/08 (Carmen Media), Slg. 2010, I-8149, Rn. 70.
223 So aber *Pagenkopf*, NJW 2012, 2918 (2924).

men“[224]. Denn hier ging es lediglich um eine unterschiedlich schnell erfolgende Anpassung und Angleichung des Rechts und damit gerade um die Herstellung von Kohärenz und waren „regionale Besonderheiten“ im 25. Erwägungsgrund der einschlägigen Richtlinie 2000/78/EG ausdrücklich angesprochen und dadurch legitimiert. An der Feststellung, dass das unionsrechtliche Kohärenzgebot für das deutsche Glücksspielrecht gilt, ändert sich durch die Entscheidung des EuGH in der Rechtssache Fuchs gar nichts.

e) Überprüfung durch die nationalen Gerichte

Die Überprüfung des Kohärenzerfordernisses obliegt den nationalen Gerichten,[225] die aber das EU-Recht und die dazu ergangene Rechtsprechung des EuGH beachten müssen. Dieser hat das Kohärenzgebot besonders mit Blick auf das deutsche Glücksspielmonopol konkretisiert[226]. In den beiden einschlägigen Entscheidungen Stoß und Carmen Media wurde festgestellt, dass ein nationales Gericht berechtigten Anlass zu der Beurteilung haben könnte, dass ein staatliches Monopol in Deutschland nicht geeignet ist, den Spielbetrieb in kohärenter und systematischer Weise zu begrenzen. Gehe das nationale Gericht von einer nicht hinreichenden Begrenzung der Wetttätigkeiten in kohärenter und systematischer Weise aus, dürfe die nationale Regelung über das Sportwettenmonopol aufgrund des Vorrangs des unmittelbar geltenden Unionsrechts auch nicht für eine Übergangszeit weiter angewendet werden.

Beim gewerblichen Spiel besteht zwar kein Monopol, geht es aber auch um Gesundheitsschutz, so dass folgende unionsrechtliche Maßgabe gilt: „Ausnahmen von den Bestimmungen eines Gesetzes können in bestimmten Fällen dessen Kohärenz beeinträchtigen, insbesondere wenn sie wegen ihres Umfangs zu einem Ergebnis führen, das dem mit dem Gesetz verfolgten Ziel widerspricht.“[227] Entscheidend ist, ob die Begleitumstände den Zielen widersprechen. Es obliegt dem nationalen Gericht zu überprüfen, ob das normative Umfeld und die tatsächlichen Verhältnisse dazu führen, dass die zugrunde liegenden Ziele „nicht mehr wirksam ver-

224 EuGH, Rs. C-159, 160/10 (Fuchs), NVwZ 2011, 1249, Rn. 96.

225 Vgl. EuGH, Rs. C-316, 358, 359, 360, 409, 410/07 (Stoß), Slg. 2010, I-8069, Rn. 98; Rs. C-347/09 (Dickinger), EuZW 2011, 841, Rn. 56. Vgl. dazu *Pagenkopf*, NVwZ 2011, 513.

226 EuGH, Rs. C-316, 358, 359, 360, 409, 410/07 (Stoß), Slg. 2010, I-8069, Tenor. Vgl. ebenso den Tenor bei EuGH, Rs. C-46/08 (Carmen Media), Slg. 2010, I-8149; vgl. Auch *Fremuth*, NVwZ 2010, 1417 ff.

227 EuGH, Rs. C-159, 160/10 (Fuchs), NVwZ 2011, 1249, Rn. 86.

folgt werden [können], so dass es im Hinblick auf die Art. [49 und 56 AEUV] auch nicht mehr gerechtfertigt werden kann."[228] Dabei ist jede einzelne mitgliedstaatliche Beschränkung auf ihre Verhältnismäßigkeit und Kohärenz zu prüfen.[229]

Deutsche Gerichte sind dem EuGH gefolgt und haben das staatliche Sportwettenmonopol gem. § 10 Abs. 2 und 5 GlüStV a.F. für europarechtswidrig erklärt[230]. Dabei spielte die Inkohärenz zwischen dem landesrechtlichen Glücksspielrecht und den gewerberechtlichen Regelungen für Geldspielgeräte in der SpielV eine wesentliche Rolle[231].

f) Rechtsdogmatische Einordnung des Kohärenzgebotes

Der EuGH erörtert das Kohärenzgebot im Zusammenhang mit der Verhältnismäßigkeit[232], genauer gesagt in der Geeignetheit.[233] Die beschränkenden Maßnahmen müssen „geeignet sein, die Verwirklichung der genannten Ziele in dem Sinne zu gewährleisten, dass sie kohärent und systematisch zur Begrenzung der Wetttätigkeit beitragen".[234] Kann das Ziel nicht wirksam erreicht werden, so entfällt die

228 EuGH, Rs. C-316, 358, 359, 360, 409, 410/07 (Stoß), Slg. 2010, I-8069, Rn. 106; Rs. C-46/08 (Carmen Media), Slg. 2010, I-8149, Rn. 68. Während der EuGH oftmals sehr weitreichend die nähere Prüfung den nationalen Gerichten überlässt, weist er in den Entscheidungen *Stoß* und *Carmen Media* deutlich darauf hin, dass ein „berechtigter Anlass zu der Schlussfolgerung" der Inkohärenz besteht.

229 EuGH, Rs. C-338/04, C-359/04 u. C-360/04 (Placanica), Slg. 2007, I-1891, Rn. 49.

230 BayVGH in ständiger Rechtsprechung; vgl. zuletzt U. v. 12.6.12 – 10 B 10.2959 (BeckRS 2012, 5612); davor Urteile v. 15.5.12 – 10 BV 10.2258; 24.4.12 – 10 BV 11.2770; 18.4.12 – 10 BV 10.2506; 17.2.12 – 10 BV 11.482; 24.1.12 – 10 BV 10.2656; 12.1.12 – 10 BV 10.2505 und 10.2271; HessVGH, B. v. 16.8.11 – 8 B 926/10 (BeckRS 2011, 53590; OVG NRW, U. v. 29.9.11 – 4 A 17/08 (BeckRS 2011, 54700); offengelassen vom NdsOVG, U. v. 21.6.11 – 11 LC 348/10 (BeckRS 2011, 51696) und VGH BW, B. v. 31.8.11 – 6 S 1695/11 (BeckRS 2011, 53967).

231 Vgl. besonders HessVGH, B. v. 16.8.11 – 8 B 926/10 (BeckRS 2011, 53590) und OVG NRW, U. v. 29.9.11 – 4 A 17/08 (BeckRS 2011, 54700).

232 Das BVerfG leitet das Gebot der Folgerichtigkeit und Widerspruchsfreiheit der Rechtsordnung aus dem Rechtsstaatsprinzip und der bundesstaatlichen Kompetenzordnung her und sieht es als „Schranke der Kompetenzausübung" an (vgl. BVerfGE 98, 106 (119)), vgl. dazu *Wernsmann*, Verhaltenslenkung in einem rationalen Steuersystem, 2005, S. 183 ff.
Das Gebot der Konsistenz der Zielerreichung im Bereich des Glücksspielrechts prüft das BVerfG in der Entscheidung zum Sportwettenmonopol im Rahmen der Angemessenheit (BVerfGE 115, 276 (310 ff.)).

233 Ständige Rspr.: EuGH, Rs. C-243/01 (Gambelli), Slg. 2003, I-13031, Rn. 67; Rs. C-42/07 (Liga Portuguesa), Slg. 2009, I-7633, Rn. 61 und Tenor; Rs. C-258/08 (Ladbrokes), Slg. 2010, I-4757, Rn. 21; Rs. C-347/09 (Dickinger), EuZW 2011, 841, Rn. 56; Rs. C-72/10, C-77/10 (Costa), EuZW 2012, 275, Rn. 63. Ebenso etwa *Haltern,* Gemeinschaftsrechtliche Aspekte des Glücksspiels, 2007, S. 34 ff.; *Dörr,* DVBl. 2010, 69 (74).

234 Vgl. etwa EuGH, Rs. C-243/01 (Gambelli), Slg. 2003, I-13031, Rn. 67; Rs. C-258/08 (Ladbrokes), Slg. 2010, I-4757, Rn. 21; Rs. C-316, 358, 359, 360, 409, 410/07 (Stoß), Slg. 2010, I-8069, Rn. 88.

Eignung der beschränkenden Maßnahme.[235] Andere verorten das Kohärenzgebot im Bereich des legitimen Zwecks, da der Nachweis des angeführten legitimen Zwecks bei widersprüchlichem Verhalten nicht erbracht werden kann. Die Inkohärenz bezeugt, dass der Staat in Wahrheit ein illegitimes Ziel, wie z.B. rein fiskalische Interessen, verfolgt.[236]

Anknüpfungspunkt einer Verhältnismäßigkeitsprüfung ist stets die einzelne beschränkende Maßnahme: Diese allein muss einen legitimen Zweck verfolgen, geeignet und erforderlich sein. Das Kohärenzerfordernis verlangt hingegen die Widerspruchsfreiheit des Verhaltens an sich im Hinblick auf das angeführte Ziel. Es kommt zu einer „vergleichenden Betrachtung“[237], in die verschiedene staatliche Maßnahmen mit einbezogen werden. Insofern kann das Kohärenzerfordernis als eine spezielle Ausprägung des Gleichheitsgebotes gesehen werden.[238] Neben das Erfordernis der Verhältnismäßigkeit tritt so eine weitere Kontrollmöglichkeit: Die nationalen Regelungen müssen „erstens für sich genommen verhältnismäßig und zweitens untereinander kohärent sein.“[239] Insoweit deckt sich das europarechtliche Kohärenzgebot mit den Anforderungen des allgemeinen Gleichheitssatzes des Grundgesetzes. Die nach Spielstruktur und Spielumfeld unterschiedliche Regelung der Geldspielgeräte in Spielhallen und der Glücksspielautomaten in Spielbanken verstößt daher auch gegen das europarechtliche Kohärenzgebot[240].

Die gewählten Ziele und das Schutzniveau sollen dementsprechend auch in tatsächlicher Hinsicht angestrebt werden und nicht bloß vorgeschoben sein, um Reglementierungen zu rechtfertigen. Dazu werden das „normative Umfeld und die tatsächlichen Verhältnisse“ mit berücksichtigt, die die Glücks- und Gewinnspielregelungen nicht konterkarieren dürfen.[241] Ein Eingriff in den gemeinsamen Binnenmarkt soll nur dann möglich sein, wenn die Mitgliedstaaten wirklich, stringent

235 Vgl. auch *Hecker,* DVBl. 2011, 1130 (1132 f.).

236 *Dederer*, NJW 2010, 198 (199 f.).

237 Vgl. *Krewer/Wagner*, ZfWG 2011, 90 (90).

238 *Dörr/Janich*, K&R Beiheft 2010, 1 (17, Fn. 118); vgl. auch *Koenig*, ERA Forum 2009, 513 (519 ff.). Vgl. dazu auch *Schorkopf*, in: Grabitz/Hilf/Nettesheim (Hrsg.), Das Recht der Europäischen Union, 2011, Art. 7 AEUV Rn. 11: „Die Einzelteile sollen in einem sinnbildenden Zusammenhang stehen, ohne dass sich das Kohärenzgebot zu einer Rechtspflicht zu absoluter Widerspruchsfreiheit und Folgerichtigkeit verdichten würde. Der Gesetzgeber ist frei, eine Sachmaterie über die Zeit unterschiedlich zu regeln – die rechtlich gebotene Konsistenz wird im Verhältnis zum Bürger grundrechtlich über den Gleichheitssatz gewährleistet. Dieser Vergleich mit dem subjektiv-rechtlichen Gleichheitsgebot zeigt, dass das Kohärenzgebot eine objektiv-institutionelle Wirkrichtung hat.“.

239 *Lippert,* EuR 2012, 90 (93). *Lippert* ordnet das Kohärenzgebot als eine „weitere, spezifisch unionsrechtliche Schranken-Schranke“ ein. Ähnlich anscheinend *Streinz*, JuS 2011, 85 (86 f.).

240 Vgl. oben B.II.1.c) und das nachfolgend abgedruckte Rechtsgutachten von *Hartmann.*

241 Vgl. *Schorkopf,* DÖV 2011, 260 (261); vgl. auch BVerwG, Urteil v. 11.7.2011 – 8 C 12.10, Rn. 42.

und effektiv ordnungspolitische Interessen verfolgen. Im Sinne eines „Wahrhaftigkeitstests“[242] ist zu prüfen, ob die Ziele tatsächlich angestrebt oder durch andere staatliche Maßnahmen konterkariert werden.

IV. Weitere Vorgaben

1. Die Transparenz des Vergabeverfahrens

Entscheidet sich der Mitgliedstaat dafür, den Glücksspielmarkt für den privaten Anbieter zu öffnen, muss er bei der Vergabe von Konzessionen oder Erlaubnissen nach ständiger Rechtsprechung des EuGH das Transparenzgebot beachten, wenn die betreffende Konzession oder Erlaubnis für Unternehmen aus anderen Mitgliedstaaten interessant sein könnte.[243] Nur ein transparentes und faires Verfahren gewährleistet eine Chancengleichheit der Wirtschaftsteilnehmer. Andernfalls liegt eine Ungleichbehandlung zu Lasten der Interessenten aus anderen Mitgliedstaaten vor, die gegen Art. 49 und Art. 56 AEUV, insbesondere den Gleichbehandlungsgrundsatz und das Diskriminierungsverbot aufgrund der Staatsangehörigkeit verstößt.[244]

Um einen gerechten Wettbewerb und ein sachliches und nachprüfbares Verfahren zu ermöglichen, muss die konzessionsvergebende Stelle „einen angemessenen Grad an Öffentlichkeit sicherstellen“.[245] Demnach muss das Vergabesystem „auf objektiven, nicht diskriminierenden und im Voraus bekannten Kriterien beruhen, damit der Ermessensausübung durch die nationalen Behörden zum Schutz vor willkürlichen Entscheidungen hinreichende Grenzen gesetzt werden.“[246]

Das Transparenzgebot verlangt, dass die Bedingungen und Modalitäten des Vergabeverfahrens klar, genau und eindeutig formuliert sind, so dass sowohl die Interessenten sich ausreichend informieren und die Sachlichkeit des Verfahrens

242 *Schorkopf,* DÖV 2011, 260 (261).

243 EuGH, Rs. C-260/04 (Kommission/Italien), Slg. 2007, I-7083, Rn. 23 ff.; Rs. C-203/08 (Sporting Exchange), Slg. 2010, I-4695, Rn. 38 ff.; Rs. C-46/08 (Carmen Media), Slg. 2010, I-8149, Rn. 86 ff.; Rs. C-64/08 (Engelmann), Slg. 2010, I-8219, Rn. 49 ff.; Rs. C-72/10, C-77/10 (Costa), EuZW 2012, 275, Rn. 72.

244 EuGH, Rs. C-203/08 (Sporting Exchange), Slg. 2010, I-4695, Rn. 39; Rs. C-64/08 (Engelmann), Slg. 2010, I-8219, Rn. 51; Rs. C-72/10, C-77/10 (Costa), EuZW 2012, 275, Tenor.

245 EuGH, Rs. C-260/04 (Kommission/Italien), Slg. 2007, I-7083, Rn. 24; Rs. C-203/08 (Sporting Exchange), Slg. 2010, I-4695, Rn. 41; Rs. C-64/08 (Engelmann), Slg. 2010, I-8219, Rn. 50.

246 EuGH, Rs. C-203/08 (Sporting Exchange), Slg. 2010, I-4695, Rn. 50; Rs. C-46/08 (Carmen Media), Slg. 2010, I-8149, Rn. 87; Rs. C-64/08 (Engelmann), Slg. 2010, I-8219, Rn. 55.

überprüfen können, als auch dem Ermessen der konzessionserteilenden Behörden Grenzen gesetzt werden.[247] Zudem muss für die Betroffenen ein effektiver gerichtlicher Rechtsschutz bestehen.[248] Das Gebot gilt dabei nicht nur für die Erteilung sondern auch für die Verlängerung der Konzessionen, um anderen Anbietern die Bekundung ihres Interesses an der betreffenden Tätigkeit sowie den Zugang zu diesen durch die Art. 49 und 56 AEUV gewährleisteten Rechte zu ermöglichen.[249]

2. Darlegungs- und Beweislast

Die Mitgliedstaaten tragen die Darlegungs- und Beweislast für das Vorliegen der rechtfertigenden Voraussetzungen.[250] Das eingeräumte Ermessen befreit sie nicht davon, die Rechtfertigungsgründe, Verhältnismäßigkeit und Kohärenz der nationalen Beschränkungen der Dienst- und Niederlassungsfreiheit darzulegen und zu beweisen. Während der Ermessensspielraum auf Rechtsfolgenseite die autonome Wahl der Ziele und des Schutzniveaus gewährleistet, bedarf es auf Tatbestandsseite einer Gefahren-, Gefährdungs- und Risikolage.[251] Der EuGH weist darauf hin, „dass die Rechtfertigungsgründe, die von einem Mitgliedstaat geltend gemacht werden können, von einer Untersuchung zur Zweckmäßigkeit und zur Verhältnismäßigkeit der von diesem Staat erlassenen beschränkenden Maßnahme begleitet werden müssen."[252]

Diese Ausführungen wurden teilweise dahingehend gedeutet, dass vor dem Erlass beschränkender Maßnahmen wissenschaftliche Informationen und Daten erhoben und herangezogen werden müssen.[253] In der Entscheidung Stoß stellt der EuGH insoweit klar, dass den beschränkenden Regelungen jedoch keine Untersuchungen vorangehen müssen. Vielmehr muss der Mitgliedstaat im Gerichtsverfahren vor dem nationalen Gericht seiner Darlegungs- und Beweislast durch das Vorlegen der rechtfertigenden Umstände, einschließlich der sachverständigen Un-

247 EuGH, Rs. C-72/10, C-77/10 (Costa), EuZW 2012, 275, Rn. 73. Vgl. *Hermes*, in: Hermes/Horn/Pieroth, Der Glücksspielstaatvertrag, 2007, S. 39 (62).

248 EuGH, Rs. C-203/08 (Sporting Exchange), Slg. 2010, I-4695, Rn. 50; Rs. C-46/08 (Carmen Media), Slg. 2010, I-8149, Rn. 87; Rs. C-64/08 (Engelmann), Slg. 2010, I-8219, Rn. 55. Vgl. zum Grundsatz des effektiven gerichtlichen Schutzes auch: EuGH, Urteil v. 13.3.2007, Rs. C-432/05 (Unibet), Slg. 2007, I-2301.

249 EuGH, Rs. C-203/08 (Sporting Exchange), Slg. 2010, I-4695, Rn. 54 f.

250 Vgl. etwa EuGH, Rs. C-42/02 (Lindman), Slg. 2003, I-13519, Rn. 26; Rs. C-260/04 (Kommission/Italien), Slg. 2007, I-7083, Rn. 33; Rs. C-212/08 (Zeturf), EuZW 2011, 674, Rn. 70.

251 Vgl. *Koenig/Ciszewski*, ZfWG 2008, 397 (399); *Koenig*, ZfWG 2009, 229 (231).

252 EuGH, Rs. C-42/02 (Lindman), Slg. 2003, I-13519, Rn. 25.

253 Vgl. *Koenig/Ciszewski*, ZfWG 2008, 397 (399); *Koenig*, ZfWG 2009, 229 (231).

tersuchungen, genügen.[254] Zum Zeitpunkt des Erlasses dürfte eine „hinreichend konkrete Gefahrenprognose“ ausreichen. Soweit sich diese im Nachhinein allerdings als unzutreffend herausstellt, sind die Restriktionen aufzuheben.[255]

3. Anwendungsvorrang des Unionsrechts

Nach Art. 4 Abs. 3 S. 3 EUV sind die Mitgliedstaaten verpflichtet, das Unionsrecht, inbegriffen die Grundfreiheiten, zu wahren. Um die einheitliche und volle Wirksamkeit des Unionsrechts zu sichern, sind unionsrechtswidrige mitgliedstaatliche Regelungen nicht nur unmittelbar zu beseitigen, sondern dürfen aufgrund des Anwendungsvorrangs auch nicht weiter angewendet werden.[256] Demnach müssen die nationalen Behörden und Gerichte die Vorschriften, die mit dem Unionsrecht unvereinbar sind, unangewandt lassen. Wenn ein nationales Gericht nach den dargestellten Grundsätzen die Unvereinbarkeit glücksspielrechtlicher Regelungen mit den Grundfreiheiten feststellt, sind nicht nur die Normen nicht anzuwenden, sondern dürfen auch keine strafrechtlichen Sanktionen, die an die Nichteinhaltung des Glücksspielrechts geknüpft werden, verhängt werden.[257]

Der Mitgliedstaat darf die Normen nicht vorübergehend bis zur Behebung der Rechtswidrigkeit aufrechterhalten und zwar auch dann nicht, wenn aus seiner Sicht „zwingende, an den Schutz der Sozialordnung und der Bürger vor den Gefahren des Glücksspiels anknüpfende Gründe der Entstehung einer Gesetzeslücke entgegenstünden.“[258] Der EuGH schließt eine analoge Anwendung der Rechtsprechung zu Art. 264 Abs. 2 AEUV nicht aus, behält sich aber allein die Entscheidung über die ausnahmsweise Aussetzung der Verdrängungswirkung aus „zwingenden Gründen der Rechtssicherheit“ vor.[259] Die Folgen der Nichtanwendung bürdet er den Mitgliedstaaten zur Durchsetzung der Wirksamkeit des EU-Rechts auf.[260]

254 EuGH, Rs. C-316, 358, 359, 360, 409, 410/07 (Stoß), Slg. 2010, I-8069, Rn. 71 f.
255 *Klöck/Klein*, NVwZ 2011, 22 (23).
256 Vgl. etwa EuGH, Rs. C-409/06 (Winner Wetten), Slg. 2010, I-8015, Rn. 53 f.
257 Vgl. EuGH, Rs. C-338/04, C-359/04 u. C-360/04 (Placanica), Slg. 2007, I-1891, Rn. 64 ff.; Rs. C-347/09 (Dickinger), EuZW 2011, 841, Rn. 31 f.
258 EuGH, Rs. C-409/06 (Winner Wetten), Slg. 2010, I-8015, Rn. 62. Das BVerfG ordnete in seiner Entscheidung zum Sportwettenmonopol (BVerfGE 115, 276 (319)) eine übergangsweise Fortgeltung des verfassungswidrigen Glücksspielrechts an.
259 EuGH, Rs. C-409/06 (Winner Wetten), Slg. 2010, I-8015, Rn. 63 ff.
260 Vgl. dazu *Schorkopf*, DÖV 2011, 260 (266 f.).

V. Zwischenbilanz zum Europarecht

Da keine sekundärrechtlichen Vorgaben für die Regelung des Glücksspielbereichs bestehen, sind Prüfungsmaßstab die primärrechtlichen Grundfreiheiten. Restriktionen im Glücksspielbereich beschränken die Grundfreiheiten aus Art. 56 AEUV (Dienstleistungsfreiheit) und Art. 49 AEUV (Niederlassungsfreiheit). Eine Rechtfertigung zum Schutze der Verbraucher und der Sozialordnung, insbesondere der Bekämpfung der Kriminalität und des pathologischen Spielverhaltens, ist möglich. Wegen der Besonderheiten im Glücksspielbereich und der Berücksichtigung nationaler Interessen wird den Mitgliedstaaten ein Ermessen hinsichtlich der Ziele und des anzustrebenden Schutzniveaus zugestanden. Dennoch müssen die beschränkenden Maßnahmen verhältnismäßig, daher geeignet und erforderlich sein.

Von besonderer Bedeutung für das Spielhallenrecht ist das vom EuGH aus Verhältnismäßigkeits- und Gleichheitserwägungen entwickelte Kohärenzgebot. Die Mitgliedstaaten sind dazu gehalten, ihre Ziele widerspruchsfrei und stimmig zu erreichen und nicht in tatsächlicher Hinsicht andere unzulässige Ziele, insbesondere fiskalische Interessen, anzustreben. Eine expansive Angebotspolitik wie die immer wieder (und jüngst in Nordrhein-Westfalen) zu beobachtende Vermehrung der Spielbankenstandorte kann Zweifel an der Kohärenz des Ziels der Angebotsverringerung und Suchtbekämpfung begründen. Da sich das Kohärenzerfordernis nicht nur auf die einzelne Glücksspielart bezieht, sondern sektorübergreifend (horizontal) ist, dürfen mit Blick auf das angestrebte Ziel und Schutzniveau vergleichbare Glücksspiele nicht unterschiedlichen Restriktionen unterworfen werden, die dem angestrebten Ziel zuwiderlaufen. Dem kann auch nicht die Verteilung auf unterschiedliche Gesetzgebungskompetenzträger im Bundesstaat entgegengehalten werden. Die Überprüfung der Kohärenz obliegt – wie auch die gesamte Prüfung der Unionsrechtsmäßigkeit der mitgliedstaatlichen Regelungen – den nationalen Gerichten.

Schließlich ist im Rahmen eines Vergabeverfahrens die Transparenz der Konzessions- oder Erlaubnisvergabe sicherzustellen, um einen gerechten Wettbewerb und ein sachliches und nachprüfbares Verfahren zu ermöglichen. Hinsichtlich des Vorliegens der rechtfertigenden Umstände tragen die Mitgliedstaaten die Darlegungs- und Beweislast. Wird die Unionsrechtswidrigkeit der nationalen Glücksspielregelungen festgestellt, sind die Normen aufgrund des Vorrangs des Unionsrechts nicht anzuwenden.

Nachdem der EuGH erhebliche Bedenken gegenüber der Kohärenz des deutschen Glücksspielmonopols geäußert hat, haben die deutschen Gerichte überwiegend das staatliche Sportwettenmonopol für europarechtswidrig erklärt. Eine wesentliche Rolle spielte hierbei die Inkohärenz zwischen dem monopolgeprägten landesrechtlichen Glücksspielrecht und den (bundes)gewerberechtlichen Regelungen. Diese Inkohärenz ist durch das Konzessionsmodell für Sportwetten gem. §§ 4aff. GlüStV vorübergehend jedenfalls erheblich abgemildert worden; sie besteht aber für andere Bereiche weiter: Während die Aufstellung von Geldspielgeräten und Veranstaltung anderer Spiele mit Gewinnmöglichkeit seit den 1950er Jahren durch §§ 33c und d GewO sowie durch die SpielV im Sinn gewerberechtlicher Freiheit geregelt ist, haben die Länder mit dem 1. GlüÄndStV und dazu ergangenen Ausführungs- und Spielhallengesetzen unter dem Ziel der Bekämpfung pathologischen Spielverhaltens eine engmaschige Regulierung der Spielhallen geschaffen, die diese soweit wie möglich zurückdrängen soll.

Wie kann diese Inkohärenz beseitigt werden? Dafür stehen grundsätzlich zwei Wege offen: Entweder das Bundesrecht passt sich dem Landesrecht an oder umgekehrt, d.h. entweder wird das gewerbliche Spielerecht restriktiver oder das Landesspielhallenrecht liberaler. Die Beseitigung der Inkohärenz ist also auf den ersten Blick eine Frage der Politik, eine Herausforderung für die Zusammenarbeit von Bund und Ländern und für den sog. kooperativen Föderalismus.

Die Politik ist aber im Rechtsstaat der Bundesrepublik Deutschland an die Verfassung gebunden. Während für das Bundesrecht die Grundrechte des Grundgesetzes streiten, weil die Spielhallenbetreiber von ihrer Berufs- und Eigentumsfreiheit Gebrauch machen und die Spieler ein Grundrecht darauf haben, sich selbst zu gefährden, ist das restriktive Landesrecht rechtfertigungsbedürftig. Das Ziel der Bekämpfung des pathologischen Spielverhaltens ist ein legitimer Rechtfertigungsgrund, soweit das Ziel mit verhältnismäßigen Mitteln verfolgt wird. Dass dies bei allen legislativen und administrativen Maßnahmen der Länder der Fall ist, wird mit guten Gründen bezweifelt.

Der Bund sitzt auch deshalb am längeren Hebel, weil das Bundesverfassungsgericht entschieden hat, dass die konkurrierende Bundesgesetzgebungskompetenz für das Recht der Wirtschaft weit auszulegen ist und beispielsweise die Sportwetten umfasst, weil der ordnungsrechtliche Aspekt der Materie nachrangig ist. Dasselbe muss für die anderen Glücks- und Gewinnspiele gelten. Da die Voraussetzungen für die Inanspruchnahme dieser Kompetenz gem. Art. 72 Abs. 2 GG, dass nämlich „die Herstellung gleichwertiger Lebensverhältnisse im Bundesgebiet oder die Wahrung der Rechts- oder Wirtschaftseinheit im gesamtstaatlichen Interesse eine bundesgesetzliche Regelung erforderlich macht", offensichtlich erfüllt sind, könnte also der Bund die Kohärenz im Glücksspielrecht durch einfaches Bundesgesetz herstellen. Deshalb hat der Vorsitzende des Rechtsausschusses des Deutschen Bundestags, Siegfried Kauder, gefordert: „Der Bundesgesetzgeber muss das durch den Glücksspielstaatsvertrag der Länder hervorgerufene beispiellose Rechtschaos beenden und den Glücksspielbereich endlich bundesweit einheitlich regeln."[261]

261 *Kauder*, in: Schmittmann (Hrsg.), Neuordnung des Glücks- und Gewinnspielmarktes in Deutschland, 2012, S. 33 (36).

Allerdings kann eine einfach-bundesgesetzliche Regelung nicht die Landeskompetenz für das Recht der Spielhallen beseitigen; dafür müsste die Verfassung geändert werden. Immerhin könnten durch eine bundesgesetzliche Regelung des Glücksspiels die Übergriffe des Landesgesetzgebers in das materielle, gerätebezogene Recht des gewerblichen Geldspiels wirkungsvoll eingedämmt und das Recht der Spielhallen auf die raumbezogenen, die Bodennutzbarkeit nicht beeinträchtigenden Regelungen beschränkt werden. Das ist zwar die auch jetzt schon geltende Verfassungsrechtslage; aber eine bundesgesetzliche Regelung könnte diese nachhaltig bekräftigen. Dass für eine solche Lösung zur Zeit keine Mehrheit im Bundestag ersichtlich ist, steht auf einem anderen Blatt.

E. Thesen

1. Die Föderalismusreform I von 2006 hat das Recht der Spielhallen aus der umfassenden konkurrierenden Bundesgetzgebungskompetenz für das Recht der Wirtschaft herausgelöst und der ausschließlichen Landesgesetzgebungskompetenz zugewiesen. Dadurch sollte eine Stärkung der Landesgesetzgebung im regionalen Bereich erfolgen, ohne die Einheitlichkeit des Wirtschaftsraums durch eine zunehmende Rechtszersplitterung zu gefährden.
2. Die Beschränkung der Landeskompetenz für das Spielhallenrecht auf die raumbezogenen Regelungen und die Beibehaltung der Bundeskompetenz für die gerätebezogenen Regelungen hat bis heute nicht gelöste Abgrenzungsprobleme hervorgebracht.
3. Ungeklärt ist auch die Frage, ob mit den landesrechtlichen Regelungen über einen Mindestabstand zwischen Spielhallen, das Verbot von Mehrfachkonzessionen und die Begrenzung der Erlaubniszahl nicht unzulässigerweise in die konkurrierende Bundesgesetzgebungskompetenz für das Bodenrecht eingegriffen wird. Gestützt auf diese Kompetenz wird im Bauplanungsrecht, namentlich im Wege der Negativplanung in Bebauungsplänen, die Errichtung und Ansiedlung von Spielhallen gesteuert.
4. Das Betreiben von Spielhallen ist ebenso wie das Handeln der Spieler durch die Grundrechte des Grundgesetzes geschützt. Die Spielhallenbetreiber können sich auf die Berufs- und Eigentumsfreiheit, die Spieler auf die allgemeine Handlungsfreiheit berufen. Auch der allgemeine Gleichheitssatz ist einschlägig. Nach dem rechtsstaatlichen Verteilungsprinzip ist nicht das Handeln der Bürger, sondern das des Staates rechtfertigungsbedürftig.
5. Als vorrangige Rechtfertigung für Eingriffe des Staates in die Grundrechte der Anbieter von Glücks- und Gewinnspielen sowie der Spieler ist in der Rechtsprechung das Ziel der Bekämpfung der Spiel- und Wettsucht anerkannt. Bei der Verfolgung dieses Ziels muss der Staat aber die rechtsstaatlichen Grundsätze der Verhältnismäßigkeit und des Vertrauensschutzes wahren.
6. Die staatlichen Maßnahmen zur Bekämpfung des pathologischen Spielverhaltens finden eine Grenze auch darin, dass die grundrechtliche Freiheit umfasst, sich selbst zu gefährden. Ein staatliches Eingreifen ist hier nur dann gerechtfertigt, wenn der Mensch nicht mehr selbstbestimmt handelt. Das ist erst bei einer Krankheit der Fall.
7. Die Kosten, die für Staat und Gesellschaft durch pathologisches Spielverhalten entstehen, können Freiheitsbeschränkungen rechtfertigen. Im Rahmen der

Verhältnismäßigkeitsprüfung ist zu berücksichtigen, dass diese Kosten nur etwa 1% der jeweils durch Tabak- und Alkoholkonsum entstehenden Kosten betragen.

8. Das gewerbliche Spielrecht in der Gewerbeordnung des Bundes folgt dem klassischen liberalen Grundsatz, dass der Betrieb eines Gewerbes jedermann gestattet ist, soweit nicht durch Gesetz Ausnahmen oder Beschränkungen vorgeschrieben oder zugelassen sind. Zu den von der Gewerbeordnung und der Spielverordnung zugelassenen Beschränkungen gehört das Erfordernis einer Erlaubnis zum Betrieb einer Spielhalle und die Versagung der Erlaubnis, wenn der Betrieb eine übermäßige Ausnutzung des Spieltriebs befürchten lässt. Bundesrechtliche Beschränkungen enthält daneben das Jugendschutzgesetz.
9. Zu diesen Vorschriften sind seit 2011 die Spielhallengesetze in Berlin und Bremen und seit 2012 in den übrigen Ländern die Neufassung des Glücksspielstaatsvertrags sowie die dazu ergangenen Ausführungsgesetze bzw. besondere Spielhallengesetze hinzugetreten. Ausdrückliches Ziel ist, eine Verbesserung bei den notwendigen Regulierungen der Spielhallen zu erreichen, deren Zahl zu begrenzen und den Spieler- und Jugendschutz zu gewährleisten.
10. Die neuen landesrechtlichen Spielhallengesetze unterwerfen diese einer großen Zahl von zusätzlichen Beschränkungen und Verboten betreffend die Zulassung und den Betrieb von Spielhallen. Unter Berufung auf das Ziel der Bekämpfung des pathologischen Spielverhaltens sind sie offensichtlich darauf gerichtet, den Betrieb von Spielhallen zu erschweren, wenn nicht gar zu ersticken.
11. Schon der neue Glücksspielstaatsvertrag ist kein Glanzstück der Gesetzgebung, weil er an einer verwirrenden Regelungstechnik und vielen Unbestimmtheiten und Unklarheiten leidet. Der schier unüberschaubare Wust von landesrechtlichen Regelungen hat diesen Befund noch potenziert.
12. So ist das Verhältnis der drei verschiedenen Erlaubnistatbestände für den Betrieb einer Spielhalle ungeklärt und fast in jedem Landesgesetz anders geregelt. Insgesamt können sechs öffentlich-rechtliche Erlaubnisse erforderlich werden.
13. Die Rechtszersplitterung ist beachtlich. Fast alle Länder haben weit divergierende Anforderungen an die Außen- und Innengestaltung sowie den Betrieb von Spielhallen, an Mindestsperrzeiten, Feiertagsregelungen, Verhaltensanforderungen und Aufklärung der Spieler, Sozialkonzepte, Jugendschutz sowie Aufsicht und Überwachung normiert.
14. Dasselbe gilt für die Übergangsregelungen der 16 Länder, die unterschiedliche Anforderungen zu unterschiedlichen Zeitpunkten unter unterschiedlichen Voraussetzungen für bestehende und legal betriebene Spielhallen, die eine unbefristete gewerberechtliche Erlaubnis besitzen, verbindlich machen. Hinzu kommen schwer wiegende verfassungsrechtliche Bedenken.

15. Die jüngste landesgesetzgeberische Aktivität zu den Spielhallen wird hauptsächlich mit der Rechtsprechung des Europäischen Gerichtshofs begründet. Hinzu kam, dass der ursprüngliche Glücksspielstaatsvertrag von 2007 bis Ende 2011 befristet war.
16. Das vom Europäischen Gerichtshof aus Verhältnismäßigkeits- und Gleichheitserwägungen entwickelte Kohärenzgebot verlangt von den Mitgliedstaaten der Europäischen Union, dass sie ihre Ziele widerspruchsfrei und stimmig erreichen. Das Kohärenzgebot wirkt horizontal, d.h. für alle vergleichbaren wirtschaftlichen Betätigungen, und vertikal, d.h. auch für die unterschiedlichen Gesetzgebungskompetenzträger im Bundesstaat.
17. Aus dem Kohärenzgebot folgt, dass unter dem einheitlichen Ziel der Bekämpfung des pathologischen Spielverhaltens vergleichbare Glücks- und Gewinnspiele nicht unterschiedlichen Beschränkungen unterworfen werden dürfen. Das Ziel gilt für private und staatliche Glücks- und Gewinnspielanbieter. Daher war das staatliche Sportwettenmonopol in Deutschland europarechtswidrig.
18. Gegenwärtig besteht eine Inkohärenz zum einen darin, dass die Aufstellung von Geldspielgeräten und die Veranstaltung anderer Spiele mit Gewinnmöglichkeit im Sinn gewerberechtlicher Freiheit geregelt ist, während die Spielhallen durch die restriktiven Landesregelungen soweit wie möglich zurückgedrängt werden sollen. Zum andern verstößt die nach Spielstruktur und Spielumfeld unterschiedliche Regelung der Geldspielgeräte in Spielhallen und der Glücksspielautomaten in Spielbanken gegen das Kohärenzgebot.
19. Zur Beseitigung dieser Inkohärenz stehen grundsätzlich zwei Wege offen: Entweder das Bundesrecht passt sich dem Landesrecht an oder umgekehrt. Der Bund könnte in verfassungsrechtlich zulässiger Weise die Kohärenz im Glücks- und Gewinnspielrecht durch einfaches Bundesgesetz herstellen. Die Landeskompetenz für das Recht der Spielhallen könnte nur durch Verfassungsänderung aufgehoben werden.
20. Das Spielhallenrecht ist kein geglücktes Beispiel für die mit der Föderalismusreform I von 2006 bezweckte Modernisierung des deutschen Bundesstaats. Die hier entstandene Rechtszersplitterung gefährdet partiell die Einheitlichkeit des Wirtschaftsraums.

Landesgesetzesregister

1. Baden-Württemberg

Gesetz zu dem Ersten Glücksspieländerungsstaatsvertrag und zu dem Staatsvertrag über die Gründung der GKL Gemeinsame Klassenlotterie der Länder vom 26. Juni 2012 (GBl. S. 385)

Landesglücksspielgesetz vom 20. November 2012 (GBl. S. 604)

2. Bayern

Gesetz zur Änderung des Gesetzes zur Ausführung des Staatsvertrages zum Glücksspielwesen in Deutschland und andere Rechtsvorschriften vom 25. Juni 2012 (GVBl. S. 270)

3. Berlin

Gesetz zur Regelung des Rechts der Spielhallen im Land Berlin (Spielhallengesetz Berlin – SpielhG Bln) vom 20. Mai 2011 (GVBl. S. 223)

Zweites Landesgesetz über das öffentliche Glücksspiel vom 19. Juni 2012 (GVBl. S. 193)

Ausführungsgesetz zum Glücksspielstaatsvertrag in der Fassung vom 20. Juli 2012 (GVBl. S. 239)

4. Brandenburg

Gesetz zur Neuregelung des Glücksspiels im Land Brandenburg vom 28. Juni 2012 (GVBl. Teil I Nr. 29)

Entwurf eines Brandenburgischen Spielhallengesetzes (BbgSpielhG) vom 5. Juni 2012 (Drucksache 5/5437)

5. Bremen

Bremisches Spielhallengesetz (BremSpielhG) vom 17. Mai 2011 (GBl. S. 327)

Gesetz zum Ersten Glücksspieländerungsstaatsvertrag vom 12. Juni 2012 (GBl. S. 241)

Gesetz zur Neuregelung des Glücksspielrechts vom 12. Juni 2012 (GBl. S. 255)

6. Hamburg

Zweites Gesetz zur Neuregelung des Glücksspielwesens vom 29. Juni 2012 (GVBl. I S. 235)

Gesetz zur Regelung des Rechts der Spielhallen im Land Hamburg (Hamburgisches Spielhallengesetz – HmbSpielhG) vom 4. Dezember 2012 (GVBl. S. 505)

7. Hessen

Gesetz zur Neuregelung des Glücksspielwesens in Hessen vom 28. Juni 2012 (GVBl. S. 190)

Hessisches Gesetz zur Neuregelung des Spielhallenrechts vom 28. Juni 2012 (GVBl. S. 213)

8. Mecklenburg-Vorpommern

Gesetz zum Ersten Staatsvertrag zur Änderung des Staatsvertrages zum Glücksspielwesen in Deutschland (Erstes Glücksspieländerungsstaatsvertragsgesetz – Erstes GlüÄndStVG M-V) vom 22. Juni 2012 (GVBl. S. 215)

Gesetz zur Änderung glücksspielrechtlicher Vorschriften vom 22. Juni 2012 (GVBl. S. 232)

9. Niedersachsen

Gesetz zur Änderung von Vorschriften über das Glücksspiel vom 21. Juni 2012 (GVBl. S. 190)

10. Nordrhein-Westfalen

Gesetz zum Ersten Staatsvertrag zur Änderung des Staatsvertrags zum Glücksspielwesen in Deutschland (Erster Glücksspieländerungsstaatsvertrag – Erster GlüÄndStV) vom 7. November 2012

11. Rheinland-Pfalz

Landesgesetz zu dem Ersten Glücksspieländerungsstaatsvertrag und dem Staatsvertrag über die Gründung der GKL Gemeinsame Klassenlotterie der Länder (Landesglücksspielgesetz – LGlüG –) vom 22. Juni 2012 (GVBl. S. 166)

12. Saarland

Gesetz Nr. 1772 zur Neuregelung des Glücksspielwesens im Saarland vom 20. Juni 2012 (ABl. S. 156) – darin Art. 5: Saarländisches Spielhallengesetz (SSpielhG) –

13. *Sachsen*

Gesetz zum Ersten Glücksspieländerungsstaatsvertrag, zum Staatsvertrag über die Gründung der GKL Gemeinsame Klassenlotterie der Länder und zur Änderung des Sächsischen Ausführungsgesetzes zum Glücksspielstaatsvertrag sowie weiterer Gesetze vom 14. Juni 2012 (GVBl. S. 270)

14. *Sachsen-Anhalt*

Zweites Gesetz zur Änderung glücksspielrechtlicher Vorschriften (Zweites Glücksspielrechtsänderungsgesetz) vom 25. Juni 2012 (GVBl. S. 204) – darin Art. 4: Gesetz zur Regelung des Rechts der Spielhallen im Land Sachsen-Anhalt (Spielhallengesetz Sachsen-Anhalt – SpielhG LSA) –

15. *Schleswig-Holstein*

Gesetz zur Errichtung und zum Betrieb von Spielhallen (Spielhallengesetz – SpielhG) vom 17. April 2012 (GVBl. S. 431)

Entwurf eines Gesetzes zum Ersten Staatsvertrag zur Änderung des Staatsvertrages zum Glücksspielwesen in Deutschland (Erster Glücksspieländerungsstaatsvertrag – Erster GlüÄndStV) vom 8. August 2012 (Drucksache 18/79)

16. *Thüringen*

Thüringer Gesetz zur Anpassung an Neuregelungen im Bereich des Glücksspielwesens vom 21. Juni 2012 (GVBl. S. 153) – darin Art. 5: Thüringer Gesetz zur Regelung des gewerblichen Spiels (Thüringer Spielhallengesetz – Thüringer SpielhallenG –) –

Literaturverzeichnis

Barbist, Johannes/Pinggera, Markus: Zur Zulässigkeit des österreichischen Glücksspielmonopols – Kurzbesprechung der Schlussanträge des Generalanwalts Ján Mazák vom 23.2.2010 in der Rechtssache C-64/08 (Engelmann) –, in: EuZW 2010, 285

Becker, Tilmann: Soziale Kosten des Glücksspiels in Deutschland, Frankfurt 2011

Calliess, Christian / Ruffert, Matthias (Hrsg.): EUV/AEUV. Das Verfassungsrecht der Europäischen Union mit Europäischer Grundrechtecharta. Kommentar, 11. Aufl., München 2011

Dederer, Hans-Georg: Stürzt das deutsche Sportwettenmonopol über das Bwin-Urteil des EuGH?, in: NJW 2010, 198

Degenhart, Christoph: Die Neuordnung der Gesetzgebungskompetenzen durch die Föderalismusreform, in: NVwZ 2006, 1209

Dietlein, Johannes: Die Gesetzgebungszuständigkeit der Länder für das Spielhallenwesen. Teil 1, in: ZfWG 2008, 12

Dietlein, Johannes/Hecker, Manfred/Ruttig, Markus (Hrsg.): Glücksspielrecht, Kommentar, München 2008

Dörr, Oliver: Das Verbot gewerblicher Internetvermittlung von Lotto auf dem Prüfstand der EG-Grundfreiheiten, in: DVBl. 2010, 69

Dörr, Dieter/Janich, Steffen: Die verfassungsrechtliche Zulässigkeit einer Teilliberalisierung des deutschen Glücksspielmarktes, in: K&R Beiheft 2010, 1

Dreier, Horst (Hrsg.): Grundgesetz. Kommentar, 2. Aufl., Band II, Supplementum, Tübingen 2007

Ehlers, Dirk (Hrsg.): Europäische Grundrechte und Grundfreiheiten, 3. Aufl., Berlin 2009

Enderlein, Wolfgang: Rechtspaternalismus und Vertragsrecht, München 1996

Ennuschat, Jörg: Europäischer Gerichtshof kippt Glücksspielmonopol – oder doch nicht?, in: GewArch 2010, 425

Ennuschat, Jörg: Glücksspielrechtliche Kohärenz und Werbung, in: ZfWG 2011, 153

Ennuschat, Jörg/Brugger, Christina: Gesetzgebungskompetenzen im Spielhallenrecht nach der Föderalismusreform, in: ZfWG 2006, 292

Fischer, Jonas: Das Recht der Glücksspiele im Spannungsfeld zwischen staatlicher Gefahrenabwehr und privatwirtschaftlicher Betätigungsfreiheit, Frankfurt am Main 2009

Fischer, Kai: Die Zulässigkeit des aufgedrängten staatlichen Schutzes vor Selbstschädigung, Frankfurt am Main 1997

Fremuth, Michael Lysander: Anmerkung zum EuGH-Urteil v. 8.9.2010, Rs. C-316, 358, 359, 360, 409, 410/07 (Stoß), in: NVwZ 2010, 1417

Frenz, Walter/Ehlenz, Christian: Defizitäre gerichtliche Wettbewerbskontrolle durch More-economic-Approach und Vermutungen?, in: EuR 2010, 490

Friauf, Karl-Heinrich (Hrsg.): Kommentar zur Gewerbeordnung, Neuwied 1986ff.

Friauf, Karl-Heinrich/Höfling, Wolfram (Hrsg.): Berliner Kommentar zum Grundgesetz, Berlin, Stand: Juli 2012

Grabitz, Eberhard/ Hilf, Meinhard /Nettesheim, Martin (Hrsg.): Das Recht der Europäischen Union, München, Stand: Oktober 2011

Guckelberger, Annette: Die verschiedenen, insbesondere baurechtlichen Instrumente zur Steuerung des Spielhallengebots, in: GewArch 2011, 231

Häde, Ulrich: Zur Föderalismusreform in Deutschland, in: JZ 2006, 930

Härtel, Ines: Die Gesetzgebungskompetenzen des Bundes und der Länder im Lichte des wohlgeordneten Rechts, in: dies. (Hrsg.), Handbuch Föderalismus, Band I, Heidelberg 2012, § 19

Haltern, Ulrich: Gemeinschaftsrechtliche Aspekte des Glücksspiels, Berlin 2007

Hansmann, Klaus: Die Gesetzgebungskompetenz für die Lärmbekämpfung nach der Föderalismusreform, in: NVwZ 2007, S. 17

Hayer, Tobias/Meyer, Gerhard: Glücksspielsucht: Problemausmaß, Risikofaktoren und Spielerschutz, in: Public Health Forum 18, Heft 67 (2010), S. 27.E1

Hecker, Manfred: Glücksspielrecht und Grundfreiheiten. Zur Auslegung der Kohärenzanforderung des EuGH nach der Carmen Media und Markus Stoß-Rechtsprechung, in: DVBl. 2011, 1130

Hermes, Georg/Horn, Hans-Detlef/Pieroth, Bodo: Der Glücksspielstaatsvertrag. Drei verfassungs- und europarechtliche Gutachten, Heidelberg 2007

Hermes, Georg: Die Beschränkungen für die Vermittlung öffentlicher Glücksspiele im Entwurf eines Staatsvertrages zum Glücksspielwesen – Gemeinschafts- und verfassungsrechtliche Untersuchung –, in: Hermes, Georg/Horn, Hans-Detlef/Pieroth, Bodo, Der Glücksspielstaatsvertrag. Drei verfassungs- und europarechtliche Gutachten, Heidelberg 2007, S. 39

Herrmann, Christoph: Europarechtliche Beurteilung der Einbeziehung des gewerblichen Geld-Gewinnspiels in den Ersten Glücksspieländerungsstaatsvertrag vom 28. Oktober 2011 (politische Einigung), in: Schmittmann, Michael (Hrsg.), Neuordnung des Glücks- und Gewinnspielmarktes in Deutschland, München 2012, S. 47

Hillgruber, Christian: Der Schutz des Menschen vor sich selbst, München 1992

Höfling, Wolfram/Rixen, Stephan: Die Landesgesetzgebungskompetenzen im Gewerberecht nach der Föderalismusreform, in: GewArch 2008, 1

Höreth, Marcus: Gescheitert oder doch erfolgreich? Über die kontroverse Beurteilung der ersten Stufe der Föderalismusreform, in: Jahrbuch des Föderalismus 2008, S. 139

Hofmann, Hans: Föderalismusreformen im Verfassungsstaat – Das System bundesstaatlicher Kompetenz- und Finanzverteilung zwischen zwei Reformstufen –, in: DÖV 2008, S. 833

Huber, Peter M./Wollenschläger, Ferdinand: Immissionsschutz nach der Föderalismusreform I: Zur veränderten Kompetenzverteilung zwischen Bund und Ländern im Bereich des Lärmschutzes, in: NVwZ 2009, S. 1513

Hufen, Friedhelm: Die Einschränkung des gewerblichen Geld-Gewinnspiels. Verfassungsrechtliche Maßstäbe und Grenzen, Baden-Baden 2012

Ipsen, Jörn: Die Kompetenzverteilung zwischen Bund und Ländern nach der Föderalismusnovelle, in: NJW 2006, 2801

Isensee, Josef: Das Grundrecht als Abwehrrecht und als staatliche Schutzpflicht, in: ders./Kirchhof, Paul (Hrsg.), Handbuch des Staatsrechts der Bundesrepublik Deutschland, Band IX, Heidelberg 2011, § 191

Jahndorf, Christian/Pichler, Stefan: Verfassungsrechtliche Anforderungen für Übergangsfristen bei öffentlich-rechtlicher Neuregulierung privater Wirtschaftsbereiche – eine Analyse der Rechtsprechung des Bundesverfassungsgerichts –, in: GewArch 2012, 377

Jarass, Hans D.: Bundesimmissionsschutzgesetz. Kommentar, 8. Aufl., München 2010

Jarass, Hans D./Pieroth, Bodo: Grundgesetz. Kommentar, 12. Aufl., München 2012

Kauder, Siegfried: Neuordnung des Glücks- und Gewinnspielmarktes in Deutschland, in: Schmittmann, Michael (Hrsg.), Neuordnung des Glücks- und Gewinnspielmarktes in Deutschland, Wien-München 2012, S. 33

Keber, Tobias: Die Internet-Verbote des Glücksspielstaatsvertrags und das unionsrechtliche Kohärenzgebot – Die Neujustierung des EuGH durch Rs. C-46/08 (Carmen Media) im Kontext und Folgen für §§ 4 Abs. 4, 5 Abs. 3 GlüStV, in: ZfWG 2011, 83

Kirste, Stephan: Harter und weicher Rechtspaternalismus. Unter besonderer Berücksichtigung der Medizinethik, in: JZ 2011, 805

Klimpel, Paul: Bevormundung oder Freiheitsschutz?, Frankfurt am Main 2003

Klöck, Oliver/Klein, Matthias: Die Glücksspiel-Entscheidung des EuGH und die Auswirkungen auf den Glücksspielstaatsvertrag, in: NVwZ 2011, 22

Kloepfer, Michael: Verfassungsrecht II – Grundrechte –, München 2010

Kluth, Winfried: Die Gesetzgebungskompetenz für das Recht der Spielhallen nach der Neufassung des Art. 74 Abs. 1 Nr. 11 GG, Halle 2010

Koenig, Christian/Ciszewski, Simon: Darlegungs- und Nachweismassstäbe bei regulatorischen Systemwidersprüchen im Glücksspielbereich, in: ZfWG 2008, 397

Koenig, Christian: Gemeinschaftsrechtliche Kohärenzanforderungen an mitgliedstaatliche Beschränkungsmaßnahmen im Glücksspielbereich. Zur Relevanz des Urteils des Gerichtshofs in der Rechtssache C-169/07 vom 10. März 2009 (Hartlauer Handelsgesellschaft mbh / Wiener Landesregierung u.a.), in: ZfWG 2009, 229

Koenig, Christian: Die staatliche Regulierung des Glücksspielmarktes mit Blick auf die gemeinschaftsrechtlichen Kohärenzanforderungen an Staatsmonopole, in: ERA Forum 2009, 513

Kramer, Jutta: Spielbanken gegen Spielhallen. Zum sog. Regelungsgefälle zwischen staatlich konzessioniertem Glücksspiel und gewerblichem Geldgewinnspiel, WRP 2011, 180

Krause, Johannes: Wie muss der deutsche Glücksspielstaatsvertrag reformiert werden, um den europarechtlichen Vorgaben zu genügen?, in: GewArch 2010, 428

Krewer, Norbert/Wagner, Thomas: Staatliches und gewerbliches Glücksspiel nach den Entscheidungen des EuGH vom September 2010 – Eine Schicksalsgemeinschaft, in: ZfWG 2011, 90

Krieger, Heike: Europäische Grundfreiheiten und deutsches Ordnungsrecht am Beispiel des staatlichen Glücksspielmonopols, in: JZ 2005, 1021

Liese, Elmar: Folgen der jüngsten Sportwettenjudikatur des EuGH für das deutsche gewerbliche Spielrecht – Mehr als ein Urteil zu Sportwetten?, in: GewArch 2011, 199

Lippert, André: Das Kohärenzerfordernis des EuGH. Eine Darstellung am Beispiel der Rechtsprechung zum deutschen Glücksspielmonopol, in: EuR 2012, 90

Mailänder, Peter: Aus aktuellem Anlass: Kartellrechtliche Überlegungen zur Kohärenzdebatte – eine Anmerkung zum Urteil des EuGH vom 8.9.2009 – Rs. C-42/07 Liga Portuguesa, in: ZfWG 2009, 334

Maunz, Theodor/Dürig, Günter: Grundgesetz. Kommentar, München, Stand: April 2012

Meyer, Gerhard: Glücksspiel – Zahlen und Fakten, in: Deutsche Hauptstelle für Suchtfragen (Hrsg.), Jahrbuch Sucht 2011, S. 123

Meyer, Hans: Die Föderalismusreform 2006. Konzeption, Kommentar, Kritik, Berlin 2008

Möller, Kai: Paternalismus und Persönlichkeitsrecht, Berlin 2005

Münchener Kommentar zum BGB, Band 5, 5. Aufl. München 2009

Nierhaus, Michael/Rademacher, Sonja: Die große Staatsreform als Ausweg aus der Föderalismusfalle?, in: LKV 2006, 385

Noll-Ehlers, Magnus: Kohärente und systematische Beschränkung der Grundfreiheiten – Ausgehend von der Entwicklung des Gemeinschaftsrechts im Glücksspielbereich, in: EuZW 2008, 522

Odenthal, Hans-Jörg: Das Recht der Spielhallen nach dem Ersten Glücksspieländerungsstaatsvertrag, in: GewArch 2012, 345

Ohler, Christoph: Mitgliedstaatliches Verbot des Vertriebs von Glücksspiel über das Internet, Anmerkung zum Urteil des EuGH vom 8. September 2009, Rs. C-42/07 – Liga Portuguesa de Futebol Profissional, Bwin International Ltd/ Departamento de Jogos de Santa Casa da Misericórdia de Lisboa, in: EuR 2010, 253

Ossenbühl, Fritz: Staatshaftungsrecht, 5. Aufl., München 1998

Otto, Christian-W.: Die Zulassung von Spielhallen: Planungsrecht vs. Spielhallenrecht, in: DVBl. 2011, 1330

Pagenkopf, Martin: Glücksspielrechtliche Variationen. Urteile des BVerwG vom 24.11.2010, in: NVwZ 2011, 513.

Pagenkopf, Martin: Der neue Glücksspielstaatsvertrag – Neue Ufer, alte Gewässer, in: NJW 2012, 2918

Papier, Hans-Jürgen: Steuerungsprobleme und die Modernisierung bundesstaatlicher Ordnung, in: Härtel, Ines (Hrsg.), Handbuch Föderalismus, Band I, Heidelberg 2012, § 15

Papier, Hans-Jürgen/Krönke, Christoph: Sportwetten und Verfassungsrecht. Verfassungsmäßigkeit der Einführung eines Konzessionssystems für das Veranstalten von Sportwetten in Deutschland, Baden-Baden 2012

Pieroth, Bodo: Erlaubnispflicht für gewerbliche Spielvermittlung am Maßstab des Grundgesetzes, in: Hermes, Georg/Horn, Hans-Detlef/Pieroth, Bodo, Der Glücksspielstaatsvertrag. Drei verfassungs- und europarechtliche Gutachten, Heidelberg 2007, S. 1

Pieroth, Bodo: Das Defizit des Grundgesetzes: der Blockadeföderalismus, in: Wittreck, Fabian (Hrsg.), 60 Jahre Grundgesetz. Verfassung mit Zukunft?, Baden-Baden 2010, S. 33

Pieroth, Bodo: Verfassungstraditionen in Deutschland, in: Festschrift für Renate Jaeger, Kehl am Rhein 2011, S. 297

Pieroth, Bodo/Lammers, Thomas: Das Berliner Spielhallengesetz und die Kompetenzordnung des Grundgesetzes, in: GewArch 2012, S. 1

Pieroth, Bodo/Schlink, Bernhard: Grundrechte. Staatsrecht II, 28. Aufl., Heidelberg 2012

Reeckmann, Martin: Gewerbliches Glücksspiel am Scheideweg. Zur Inkompatibilität von Glücksspiel und Gewerbefreiheit, in: ZfWG 2010, 229

Rengeling, Hans-Werner: Föderalismusreform und Gesetzgebungskompetenzen, in: DVBl. 2006, 1537

Risse, Horst: Föderalismus in der Sackgasse?, in: Merten, Detlef (Hrsg.), Die Zukunft des Föderalismus in Deutschland und Europa, 2007, S. 43

Sachs, Michael (Hrsg.): Grundgesetz. Kommentar, 6. Aufl., München 2011

Schmittmann, Michael (Hrsg.): Neuordnung des Glücks- und Gewinnspielmarktes in Deutschland, Wien-München 2012

Schmitz, André: „Recht der Wirtschaft und regionale Arbeitsmarktpolitik", in: Holtschneider, Rainer/Schön, Walter (Hrsg.), Die Reform des Bundesstaates. Beiträge zur Arbeit der Kommission zur Modernisierung der bundesstaatlichen Ordnung 2003/2004 und bis zum Abschluss des Gesetzgebungsverfahrens 2006, Baden-Baden 2007, S. 247

Schneider, Hans-Peter: Das Recht der „Spielhallen" nach der Föderalismusreform, in: GewArch 2007, 265, 343

Schneider, Hans-Peter: Das Recht der Spielhallen nach der Föderalismusreform. Zur Auslegung von Art. 74 Abs. 1 Nr. 11 GG und zur Vereinbarkeit darauf gestützter Beschränkungen des gewerblichen Spielbetriebs mit Art. 12 Abs. 1 GG, Baden-Baden 2009

Schneider, Hans-Peter: Bestandsschutz im Rechtsstaat. Zur Verfassungsmäßigkeit der Übergangsregelungen im neuen Spielhallenrecht der Länder, in: GewArch 2011, 457

Schneider, Hans-Peter: Die Föderalismusreform I auf dem Prüfstand: Ein Zwischenbericht über Teilbereiche ihrer Umsetzung, in: Jahrbuch des Föderalismus 2012, S. 222

Schönleiter, Ulrich: Föderalismusreform und Gewerberecht, in: GewArch 2006, 371

Schorkopf, Frank: Wahrhaftigkeit im Recht der Grundfreiheiten – Zu Maßstab und Rechtsfolgen der Glücksspielurteile des Europäischen Gerichtshofs –, in: DÖV 2011, 260

Schwanengel, Wito: Die Modernisierung des deutschen Bundesstaats zwischen Anspruch und Wirklichkeit, in: Merten, Detlef (Hrsg.), Die Zukunft des Föderalismus in Deutschland und Europa, 2007, S. 227

Schütze, Christian/Kalke, Jens: Die Spielverordnung – die rechtliche, suchtmedizinische und politische Diskussion über Geldspielautomaten, in: ZfWG 2009, 235

Schwabe, Jürgen: Der Schutz des Menschen vor sich selbst, in: JZ 1998, 66

Selmer, Peter: Die Föderalismusreform – Eine Modernisierung der bundesstaatlichen Ordnung?, in: JuS 2006, 1052

Stern, Klaus: Das Staatsrecht der Bundesrepublik Deutschland, Band IV/1, München 2006

Streinz, Rudolf: Europarecht: Niederlassungs- und Dienstleistungsfreiheit, in: JuS 2011, 85

Streinz, Rudolf / Kruis, Tobias: Unionsrechtliche Vorgaben und mitgliedstaatliche Gestaltungsspielräume im Bereich des Glücksspielrechts, in: NJW 2010, 3745

Stühler, Hans-Ulrich: Zur planungsrechtlichen Zu- und Unzulässigkeit von Mehrfachspielhallen – Antwort an die Kritiker, in: Baurecht 2011, 54

Tettinger, Peter J./Wank, Rolf/Ennuschat, Jörg: Gewerbeordnung. Kommentar, 8. Aufl., München 2011

Trümper, Jürgen: Feldstudie 2011. Schwerpunkt: Spiel- und Einsatzverhalten von Spielern an Geldspielgeräten – Bericht –, Unna 2011

Uwer, Dirk/Koch, Susanne: Das europarechtliche Kohärenzgebot im Glücksspielrecht und die spielhallenbezogenen Beschränkungen und Verbote im Entwurf eines Ersten Glücksspieländerungsstaatsvertrags, in: Schmittmann, Michael (Hrsg.), Neuordnung des Glücks- und Gewinnspielmarktes in Deutschland, München 2012, S. 136

von Mangoldt, Hermann/Klein, Friedrich/Starck, Christian (Hrsg.): Kommentar zum Grundgesetz, 6. Aufl., München 2010

Waschull, Dirk: Das Unternehmen im engeren Sinne als verfassungsrechtliches Eigentum. Zum Begriff des Eigentums in Art. 14 GG, Baden-Baden 1999

Wernsmann, Rainer: Verhaltenslenkung in einem rationalen Steuersystem, Tübingen 2005

Wieland, Joachim: Modernisierung der Bund-Länder-Finanzbeziehungen, in: KritV 91 (2008), S. 117

Winterhoff, Christian: Blüten des Föderalismus in der Praxis – Anmerkungen eines Rechtsanwenders, in: Härtel, Ines (Hrsg.), Handbuch Föderalismus, Band I, Heidelberg 2012, § 36

Wissenschaftliches Forum Glücksspiel: Mess- und Bewertungsinstrumente zur Feststellung des Gefährdungspotentials von Glücksspielprodukten, in: ZfWG 2008, 1

Sind Spielbanken und Spielhallen gleich zu behandeln?

Professor Dr. iur. Bernd J. Hartmann, LL.M. (Virginia)

Ergebnis

1. Spielbanken und Spielhallen sind gleich zu behandeln, soweit das höherrangige Recht eine Gleichbehandlung vorschreibt. Für den Gesetzgeber sind insofern insbesondere das Kohärenzgebot des Unionsrechts und das Konsistenzgebot des Verfassungsrechts einschlägig.
2. Unionsrechtliches Kohärenz- und verfassungsrechtliches Konsistenzgebot stimmen inhaltlich überein: Beide Gebote verlangen, dass eine Regelung nicht nur mit Blick auf den verfolgten Zweck, sondern auch mit Blick auf andere Regelungen im Sachbereich stimmig ausfällt.
3. Unterschiede ergeben sich hinsichtlich der Reichweite und (nach derzeitigem Stand der Rechtsprechung) auch hinsichtlich der Wirkkraft: Das unionsrechtliche Kohärenzgebot formuliert dabei sowohl den weiterreichenden als auch den wirkkräftigeren Maßstab.
4. Den weiterreichenden Maßstab formuliert das unionsrechtliche Kohärenzgebot, weil es gesetzgeberübergreifend gilt. Dagegen erfasst das verfassungsrechtliche Konsistenzgebot nur die Regelungen ein und desselben Gesetzgebers. Das verfassungsrechtliche Konsistenzgebot hat daher an Reichweite gewonnen, seit die Föderalismusreform I die Gesetzgebungszuständigkeit für das Recht der Spielhallen auf die Länder übertragen hat. Jedenfalls soweit ein Land von dieser Gesetzgebungszuständigkeit Gebrauch macht, ist es ein und derselbe Landesgesetzgeber, der sowohl das – seit jeher landesrechtlich geregelte – Recht der Spielbanken als auch das – dann ebenfalls landesrechtlich geregelte – Recht der Spielhallen setzt.
5. Den wirkkräftigeren Maßstab formuliert das unionsrechtliche Kohärenzgebot, weil es Kohärenz für das gesamte Glücksspielrecht verlangt. Dagegen wirkt das verfassungsrechtliche Konsistenzgebot jedenfalls nach derzeitiger Rechtsprechung nur innerhalb ein und derselben Glücksspielart.
6. Um den Anforderungen an Kohärenz und Konsistenz zu genügen, haben die Länder, als sie den Glücksspielstaatsvertrag geändert haben, das Recht der Spielbanken und der Spielhallen teilweise harmonisiert. Sie verfehlen die Anforderungen gleichwohl: Das Recht der Spielbanken und das der Spielhallen ist, wie der Vergleich zeigt, inkohärent und inkonsistent gefasst.
7. Mit Blick auf die verfolgten Ziele der Prävention pathologischen Spielverhaltens sowie des Schutzes des Spielers und der Allgemeinheit vor Vermögensverlusten des Spielers trägt die im Glücksspielrecht durchgängig vorgesehene Unterscheidung nach der Spielstätte nicht. Kohärenz und Konsistenz verlangen

vielmehr, dass die Regelung vor allem auf die Spielart (d.h. insbesondere auf die Spielstruktur, wie sie aus den Spielregeln folgt) und daneben auf das Spielumfeld abstellt.

8. Geldspiel-Automaten sind sowohl in Spielbanken als auch in Spielhallen im Angebot. Dabei unterscheiden sich die gesetzlichen Vorgaben für Spielstruktur und -umfeld. Weil die Gefahr pathologischen Spielverhaltens in Spielbanken in der Tat größer ist als in Spielhallen, erscheint es inkohärent und inkonsistent, dass Spielart und Spielumfeld der Geldspiel-Automaten in Spielbanken weniger strengeren Vorgaben unterliegen als in Spielhallen.
9. Die Berliner Gesetzgebung verstößt außerdem gegen das Kohärenzgebot, weil sie Spielbanken und Spielhallen beide einer Zugangskontrolle nach dem Burgtor-Prinzip unterwirft, während Präventionssteigerungen und Schadensminimierungen nach dem Stallwachen-Prinzip in der Spielstätte selbst nur für Spielhallen, nicht aber für Spielbanken vorgesehen sind.
10. Die Spielstruktur an Geldspiel-Automaten in Spielbanken einerseits und in Spielhallen andererseits unterscheidet sich überhaupt nur graduell. Dementsprechend erscheint es inkonsistent und inkohärent, bloß graduell unterschiedliche Spielstrukturen einem kategorial anderen Ansatz zu unterwerfen.

Inhaltsverzeichnis

A. Gutachtenauftrag

Das Bundesverfassungsgericht betrachtet Spielhallen und Spielbanken bislang als grundverschieden. Seit der Föderalismusreform I und dem Ersten Glücksspieländerungsstaatsvertrag werden die Regelungsregime aber immer ähnlicher. Diese Angleichung wirft die Frage auf, inwiefern die kategoriale Unterscheidung nach dem Ort des Spiels, der Spielstätte, heute noch haltbar ist. Diese Frage stellt sich insbesondere mit Blick auf Gewinnspiel-Automaten. Dabei lassen sich begrifflich Glücks- und Gewinnspiele unterscheiden: Nicht jedes Glücksspiel zielt auf Gewinn, und nicht jedes Gewinnspiel baut auf Glück. Das geltende Recht trifft diese Unterscheidung selbst. So erfasst der Glücksspielstaatsvertrag, der das Glücksspiel ausdrücklich in § 3 Abs. 1 S. 1 GlüStV definiert, das Gewinnspiel verschiedentlich als Unterfall dieses Glücksspiels (vgl. nur § 2 Abs. 3, Abs. 4, Abs. 6, § 3 Abs. 3, Abs. 7 GlüStV). Was das Gewinnspiel speziell an Spielautomaten betrifft, verwendet dieses Gutachten den Ausdruck der Geldgewinnspiel-Automaten in der Kurzform Geldspiel-Automaten als Oberbegriff. Denn Automaten, die einen Geldeinsatz verlangen und einen Geldgewinn ermöglichen, gibt es in Spielbanken wie in Spielhallen. Dabei unterliegen die Automaten in Spielbanken anderen Regeln als die gewerblichen Geldspielgeräte in Spielhallen. Während die Geldspielgeräte in Spielhallen beispielsweise dem Regime von § 33c Abs. 1 S. 1 GewO, § 1 Abs. 1 vor Nr. 1 SpielV und § 2 Abs. 3 GlüStV unterfallen, sind diese Vorschriften für Glücksspielautomaten, die in Spielbanken und deren Dependancen stehen, nicht einschlägig. Dabei stellt das Geldspiel an Automaten für beide, für Spielbanken wie Spielhallen, die wohl wichtigste Einnahmequelle dar. Das gilt für Spielhallen seit jeher und für Spielbanken neuerdings: Spielbanken erzielen mit Geldgewinnspiel-Automaten mittlerweile – verglichen mit dem klassischen Casinospiel wie Roulette, Black Jack und Poker, für das Spielbanken bisweilen mit dem Zusatz „nur bei uns" werben – das Vierfache an Bruttospielerträgen.[1] Die geläufige Bezeichnung des Automatenspiels als sog. „Kleines Spiel"[2] spiegelt die wirtschaftliche Bedeutung also nicht mehr wider. Es sind die genannten rechtlichen und wirtschaftlichen Angleichungen, die dieses Gutachten insbesondere danach fragen lassen, ob der Schutz des Spielers Ungleichbehandlungen von Spielbanken und Spielhallen (noch) zu rechtfertigen vermag. Als Referenzgebiet soll das Landesrecht

1 *Reeckmann/Benert*, ZfWG 2011, S. 538 (539) mit Angaben zu den Bruttospielerträgen 2010 (Automatenspiel 403 Mio. €, Casinospiel 154 Mio. €). FAZ Nr. 172 v. 26.7.2012, S. 20, meldet für 2011 Bruttospielerträge der privaten Spielbanken in Höhe von 241 Mio. € und der staatlichen Spielbanken in Höhe von 311 Mio. €.

2 Vgl. nur *Fischer,* Recht der Glücksspiele, 2009, S. 14.

Berlins fungieren. Der Vergleich mit Gaststätten, in denen ebenfalls Geldspiel-Automaten – in der Bauart wie in Spielhallen – aufgestellt werden, ist kein Gegenstand dieses Gutachtens, um das mich mit der Casino Merkur Spielothek GmbH ein Betreiber von gut 200 Spielhallen gebeten hat.

B. Rechtsquellen

I. Spielbanken

Nach der Rechtsauffassung des Bundesverfassungsgerichts fällt das Recht der Spielbanken seit jeher in die Gesetzgebungszuständigkeit der Länder.[3] Das Gericht hat bereits 1970 entschieden[4] und im Jahr 2000 bestätigt[5], dass das Recht der Spielbanken nicht zum Recht der Wirtschaft zähle, das gem. Art. 74 Abs. 1 Nr. 11 GG der Bund zu regeln hat, sondern in das Recht der öffentlichen Sicherheit und Ordnung gehöre, für das gem. Art. 70 Abs. 1 GG die Landesgesetzgeber zuständig sind. Den „Spielbankbetrieb als wirtschaftlichen Vorgang“ einzuordnen, verbiete sich, weil bei der „Konzessionierung von Spielbanken“ die wirtschaftlichen Aspekte nicht im Vordergrund stünden. Vielmehr gehe es hauptsächlich darum, „die natürliche Spielleidenschaft vor strafbarer Ausbeutung“ zu schützen, auf dass die Gewinne aus dem Spielbankbetrieb „nicht illegal in die Taschen von Privatleuten“ flössen, sondern „zum wesentlichen Teil für gemeinnützige Zwecke abgeschöpft“ werden könnten.[6]

Dieser Rechtsprechung gemäß galt nach Inkrafttreten des Grundgesetzes das Reichsgesetz über die Zulassung öffentlicher Spielbanken aus dem Jahr 1933 zunächst als Landesrecht fort.[7] Nachdem die Landesgesetzgeber zwischenzeitlich für ihr Staatsgebiet tätig geworden waren, vereinheitlichten sie die Grundzüge des Spielbankenrechts zum 1. Januar 2008 länderübergreifend. Die einheitliche Regelung folgt aus dem Glücksspielstaatsvertrag der Länder vom 30. Januar 2007. Dieser Staatsvertrag erfasste auch die Spielbanken. Heute ist das Recht der Spielbanken daher auf den Glücksspielstaatsvertrag und die Spielbankgesetze der Länder verteilt. Dabei gilt der Glücksspielstaatsvertrag in allen Ländern kraft landesrechtlicher Zustimmungs- bzw. Umsetzungsgesetze. Auch Spielbankengesetze gibt es in allen Ländern.

Diese beiden Rechtsquellen regeln insbesondere die Frage nach dem Staatsmonopol für Spielbanken. Der Glücksspielstaatsvertrag selbst errichtet ein solches Monopol nicht, sondern lässt es nur zu, indem er den Ländern gem. § 28 S. 2 GlüStV erlaubt, „weitergehende Anforderungen insbesondere zu den Vorausset-

3 Krit. *Dickersbach,* GewArch 2006, S. 138 (139); *Pieroth/Störmer,* GewArch 1998, S. 177 (179); *Pieroth*, in: ders. (Hrsg.), Glücksspielstaatsvertrag, S. 1 (13).
4 BVerfGE 28, 119 (146 ff.).
5 BVerfGE 102, 197 (199, 214).
6 BVerfGE 28, 119 (148).
7 BVerfGE 102, 197 (199).

zungen des Veranstaltens und Vermittelns von Glücksspielen“ festzulegen. Die Spielbankengesetze setzen hier an, wenn sie Spielbanken nur im Eigenbetrieb der Länder zulassen. So verfahren viele Länder, zum Beispiel Bayern in Art. 2 Abs. 2 S. 1 SpielbG. Die übrigen Länder erlauben Konzessionen an (wenige) Private, die im Gegenzug hohe Abgaben entrichten müssen. So lässt es das Berliner Spielbankengesetz zu, dass (private) Spielbankunternehmen (öffentliche) Spielbanken betreiben, vgl. § 1, § 2 Abs. 1, 3 und 4 SpBG Berlin. Im Gegenzug schuldet das Spielbankunternehmen gem. § 3 Abs. 1, 2 SpBG Berlin eine Spielbankabgabe in Höhe von 30 oder 35 Prozent des Bruttospielertrags. Auch die übrigen Spielbankengesetze verlangen eine Spielbankabgabe.[8] Vor diesem Hintergrund haben die Länder in beiden Fällen – sei es Eigen-, sei es Konzessionsbetrieb – ein eigenes (unmittelbares bzw. mittelbares) fiskalisches Interesse an den Spielerträgen, welche die Spielbanken erwirtschaften.

II. Spielhallen

Das Recht der Spielhallen zählt seit jeher und unbestritten zum Recht der Wirtschaft gem. Art. 74 Abs. 1 Nr. 11 GG[9] und war dementsprechend ursprünglich allein bundesrechtlich geregelt, in §§ 33c – 33i GewO und der zu deren Durchführung gem. § 33f Abs. 1 GewO ergangenen Rechtsverordnung, der Spielverordnung (SpielV)[10].[11] Mit der Föderalismusreform I (2006) wurde das Recht der Spielhallen aus dem Kompetenztitel wortwörtlich ausgeklammert, indem das „Recht der Wirtschaft“ um die Einschränkung „ohne das Recht des Ladenschlusses, der Gaststätten, der Spielhallen, der Schaustellung von Personen, der Messen, der Ausstellungen und der Märkte“ ergänzt wurde.[12] Seitdem können die Länder das Recht der Spielhallen also selbst setzen; soweit sie das nicht tun, gilt das einschlägige Bundesrecht gem. Art. 125a Abs. 1 GG fort.

8 Vgl. nur Art. 5 SpielbkG Bayern; § 33 LGlüG Baden-Württemberg; § 5 SpielbankG Bremen; § 8 SpielbankG Hessen; § 7 SpbG M-V; § 4 NSpielbG; § 12 SpielbG NRW; § 14 SpielbG-Saar; § 12 SpielbG LSA; § 4 SpielbG SH; § 3 ThürSpbkG.

9 Früher befand sich der Kompetenztitel Nr. 1 einschließlich des Rechts der Wirtschaft in Art. 74 GG, die Vorschrift enthielt nur einen Absatz; seit der Föderalismusreform I, die der Vorschrift einen zweiten Absatz angefügt hat, befindet sich Kompetenztitel Nr. 1 dementsprechend in Abs. 1 des Art. 74 GG.

10 Verordnung über Spielgeräte und andere Spiele mit Gewinnmöglichkeit (Spielverordnung) vom 27.1.2006, BGBl I S. 280.

11 *Herrmann,* in: Hufen/Kauder/Koch/Schneider/Uwer, Neuordnung des Glücks- und Gewinnspielmarktes, 2012, S. 47 (50).

12 Gesetz zur Änderung des Grundgesetzes vom 28.8.2006, BGBl. I S. 2034. Zur Frage nach der Reichweite dieser Kompetenz vgl. nur einerseits *Hufen*, Einschränkung des gewerblichen Geld-Gewinnspiels, 2012, S. 26 ff.; *Kluth,* Die Gesetzgebungskompetenz für das Recht der

Die neugewonnene Zuständigkeit ließen die Länder zunächst ungenutzt.[13] Namentlich der Glücksspielstaatsvertrag vom 30. Januar 2007 erfasste (zwar die Spielbanken, aber) nicht die Spielhallen. Diese waren außen vorgeblieben, weil der Glücksspielstaatsvertrag im Anschluss an das Sportwettenurteil des Bundesverfassungsgerichts[14] das Sportwettenrecht fristgerecht nachbessern wollte, ohne dieses Ziel durch schwierige Fragen der Kompetenzabgrenzung im Spielhallenrecht zu gefährden.[15] So blieb die länderübergreifende Koordination dieses Rechtsgebiets der ersten Änderung des Glücksspielstaatsvertrags vorbehalten.[16] Der Erste Glücksspieländerungsstaatsvertrag (1. GlüÄndStV) vom 15. Dezember 2011 trat zum 1. Juli 2012 in Kraft, nachdem die gemäß dessen Art. 2 Abs. 1 Satz 2 erforderliche Anzahl von Ratifikationsurkunden aufgrund der Zustimmung in den Länderparlamenten hinterlegt werden konnte. Wieder war es die Rechtsprechung gewesen, die den Regelungsbedarf ausgelöst hatte. Das im Glücksspielstaatsvertrag „verankerte staatliche Wettmonopol" war, so heißt es in den amtlichen Erläuterungen zum 1. GlüÄndStV, „wegen der Entwicklung in anderen, vom Glücksspielstaatsvertrag nicht erfassten Bereichen, wie dem gewerblichen Automatenspiel, unionsrechtlich auf den Prüfstand gestellt worden".[17] Heute ergeben sich die Rechtsgrundlagen für den Betrieb einer Spielhalle daher nur noch zum Teil aus Bundesrecht, insbesondere aus Gewerbeordnung (GewO) und Spielverordnung. In allen Ländern kommen außerdem die Regelungen des Glücksspielstaatsvertrags hinzu, der seit dem 1. GlüÄndStV erstmals auch Spielhallen erfasst. Außerdem gibt es oft weiteres Spielhallenlandesrecht. So hat die Hälfte der Länder gesonderte Spielhallengesetze verabschiedet. Zu nennen sind:

1. das Gesetz zur Regelung des Rechts der Spielhallen im Land Berlin (SpielhG Bln)[18]
2. das Bremische Spielhallengesetz (BremSpielhG)[19]
3. das Gesetz zur Regelung des Rechts der Spielhallen im Land Hamburg (Hamburgische Spielhallengesetz, HmbSpielhG)[20]
4. das Hessische Spielhallengesetz[21]

Spielhallen, 2010, S. 40 f.; *Pieroth/Lammers*, GewArch 2012, S. 1 (2 ff.); andererseits *Dietlein*, in: ders./Hecker/Ruttig, Glücksspielrecht, Art. 70 ff., 123 ff. GG, Rn. 13 f.; *Pagenkopf*, NJW 2012, S. 2918 (2922).

13 Vgl. *Ennuschat,* in: Tettinger/Wank/Ennuschat, GewO, 8. Aufl. 2011, § 33i Rn. 2.

14 BVerfGE 115, 276 ff.

15 Vgl. *Dietlein,* in: ders./Hecker/Ruttig, Glücksspielrecht, 2008, Vorb. GlüStV, Rn. 3.

16 Vgl. *Herrmann,* in: Hufen/Kauder/Koch/Schneider/Uwer, Neuordnung des Glücks- und Gewinnspielmarktes, 2012, S. 47 (48).

17 Erläuterungen, sub A.I.2., S. 1.

18 Vom 20.5.2011 (GVBl. S. 223 ff.)/1.6.2011, GVBl. S. 193.

19 Vom 17.5.2011 (Brem.GBl. S. 327), zuletzt geändert durch Gesetz vom 12.6.2012 (Brem.GBl. S. 255).

20 Vom 4.12.2012 (GVBl. I S. 505-508), in Kraft seit 19.12.2012.

21 Vom 28.6.2012 (GVBl. I S. 213-219).

5. das Saarländische Spielhallengesetz (SSpielhG)[22]
6. das Gesetz zur Regelung des Rechts der Spielhallen im Land Sachsen-Anhalt (Spielhallengesetz Sachsen-Anhalt – SpielhG LSA)[23]
7. für Schleswig-Holstein das Gesetz zur Errichtung und zum Betrieb von Spielhallen (Spielhallengesetz – SpielhG)[24]
8. das Thüringer Gesetz zur Regelung des gewerblichen Spiels (Thüringer Spielhallengesetz – ThürSpielhallenG)[25]

In Brandenburg befindet sich ein Spielhallen-Gesetzentwurf derzeit im Gesetzgebungsverfahren.[26] Die übrigen Länder regeln das Spielhallenrecht als Teil des Ausführungsgesetzes zum Glücksspielstaatsvertrag. Das gilt für Baden-Württemberg, Bayern, Mecklenburg-Vorpommern, Niedersachsen, Nordrhein-Westfalen, Rheinland-Pfalz und Sachsen.[27]

III. Vergleich

Weil die Länder ihre landesrechtlichen Bestimmungen über Spielbanken und Spielhallen vereinheitlicht haben, soweit der Glücksspielstaatsvertrag reicht, sind es die glücksspielstaatsvertraglichen Vorgaben, welche die Gleich- und Ungleichbehandlung von Spielbanken und Spielhallen prägen. Dabei werden Gemeinsamkeiten und Unterschiede schon in der Bestimmung über den Anwendungsbereich des Glücksspielstaatsvertrags deutlich, wenn es dort, soweit hier von Interesse, heißt:

> **§ 2 GlüStV. Anwendungsbereich**
> (1) Die Länder regeln mit diesem Staatsvertrag die Veranstaltung, die Durchführung und die Vermittlung von öffentlichen Glücksspielen.
> (2) Für Spielbanken gelten nur die §§ 1 bis 3, 4 Abs. 1 bis 4, §§ 5 bis 8, 20 und 23 sowie die Vorschriften des Neunten Abschnitts.
> (3) Für Spielhallen, soweit sie Geld- oder Warenspielgeräte mit Gewinnmöglichkeit bereithalten, gelten nur die §§ 1 bis 3, 4 Abs. 1, 3 und 4, §§ 5 bis 7 sowie die Vorschriften des Siebten und Neunten Abschnitts. Als Geld- oder Warenspielgeräte mit Gewinnmöglichkeit gelten auch Erprobungsgeräte.
> (4)-(6) …

Eine Gemeinsamkeit des Rechts der Spielbanken und des der Spielhallen liegt also in der Geltung

22 Art. 5 des Gesetzes Nr. 1772 zur Neuregelung des Glücksspielwesens im Saarland vom 20.6.2012, Amtsblatt des Saarlands vom 28. Juni 2012, S. 156 (171 ff.).
23 Vom 25.6.2012 (GVBl. LSA S. 204-215).
24 GS Schl.-H. II, Gl.Nr. 2186-16, vom 17. April 2012 (GVOBl. Schl.-H. S. 431).
25 Vom 21.6.2012 (GVBl. S. 153-181).
26 Gesetzentwurf eines Brandenburgischen Spielhallengesetzes, LT-Drs. 5/5437 vom 5.6.2012.
27 Vgl. *Pieroth,* oben S. 40.

1. der §§ 1 bis 3, § 4 Abs. 1, 3, 4, §§ 5-7, 28-35 GlüStV sowohl für Spielbanken als auch für Spielhallen sowie
2. der §§ 4a-4e, §§ 9-19, 21 f., 27 GlüStV weder für Spielbanken noch für Spielhallen.

Sowohl für Spielbanken als auch für Spielhallen gilt außerdem, dass die Erlaubnis des Spielbetriebs zu versagen ist, wenn das Veranstalten oder das Vermitteln des Glücksspiels den Zielen des § 1 GlüStV zuwiderläuft. Für Spielbanken ergibt sich dieses Erfordernis aus § 4 Abs. 2 Satz 1 GlüStV, für Spielhallen aus § 24 Abs. 2 Satz 1 GlüStV. Dabei liegt das Veranstalten des Glücksspiels, von dem § 4 Abs. 2 Satz 1 GlüStV für Spielbanken handelt, bei Spielhallen eben in der Errichtung und in dem Betrieb der Spielhalle, den § 24 Abs. 2 Satz 1 GlüStV regelt.

Sowohl für Spielbanken wie für Spielhallen gilt schließlich, dass die Anzahl der Standorte begrenzt ist bzw. werden kann. Die Anzahl der Spielbanken ist nach Maßgabe des § 20 Abs. 1 GlüStV in den Ländern zu begrenzen, die Anzahl der Spielhallen-Erlaubnisse in einer Gemeinde kann nach Maßgabe des § 25 Abs. 3 GlüStV begrenzt werden.

Neben den genannten Gleichbehandlungen sieht der Glücksspielstaatsvertrag diverse Ungleichbehandlungen von Spielbanken und Spielhallen vor. Denn gem. § 2 Abs. 2 und 3 GlüStV gelten

3. nur für Spielbanken, aber nicht für Spielhallen die § 4 Abs. 2, §§ 8, 20, 23 GlüStV und
4. nur für Spielhallen, aber nicht für Spielbanken die §§ 24-26 GlüStV.

Mit dieser Differenzierung unterwirft der Glücksspielstaatsvertrag bisweilen die Spielbanken und bisweilen die Spielhallen strengeren Regeln. Die Spielbanken unterliegen strengeren Regeln mit Blick auf die Vermittlung fremder und den Genehmigungsanspruch eigener Glücksspiele sowie auf den Zugang zur Spielstätte:

5. Nur für Spielbanken, nicht für Spielhallen gilt § 4 Abs. 2 Satz 2 GlüStV, wonach die Erlaubnis für das Vermitteln nach diesem Staatsvertrag nicht erlaubter Glücksspiele nicht erteilt werden darf. Das bedeutet im Umkehrschluss, dass den Spielhallenbetreibern die Vermittlung eines Glücksspiels, das zwar nicht der Glücksspielstaatsvertrag erlaubt, das aber auch nicht verboten ist, sehr wohl genehmigt werden kann. Dagegen können Spielbanken die Vermittlungserlaubnis nur für solche Glücksspiele erlangen, die der Glücksspielstaatsvertrag selbst ausdrücklich erlaubt. Die Vermittlung von Glücksspielen bleibt fortan außer Betracht, weil sie in (genehmigten) Spielhallen keine Rolle spielen darf, vgl. beispielsweise § 6 Nr. 9 BremSpielhG.
6. Nur für Spielbanken, nicht für Spielhallen gilt § 4 Abs. 2 Satz 3 GlüStV, wonach auf die Erteilung der Erlaubnis kein Rechtsanspruch besteht.
7. Nur für Spielbanken, nicht für Spielhallen verlangt der Glücksspielstaatsvertrag ein übergreifendes Sperrsystem, das dem Schutz der Spieler und der Bekämp-

fung der Glücksspielsucht dienen soll (§§ 8, 23 GlüStV) und das der Betreiber durch Ausweis- oder vergleichbare Identitätskontrollen und dem Datenabgleich gewährleisten muss (§ 20 Abs. 2 GlüStV).

Dagegen unterliegen die Spielhallen glücksspielstaatsvertraglich einem schärferen Regelungsregime, was die Befristung der Erlaubnis, den Ausschluss von Mehrfachkonzessionen, die Möglichkeit einer Gesamtkontingentierung, die Anforderungen an die Spielstätte selbst (Mindestabstandsgebot, Mindestsperrzeit, Verbundverbot, Werbebeschränkung) und die Möglichkeit, die Vorgaben des GlüStV weiter zu verschärfen (durch die Landesgesetzgeber durch eigene Regelungen und durch die Landesverwaltungen über Nebenbestimmungen), betrifft. Denn:

8. Nur für Spielhallen, nicht für Spielbanken sieht der Glücksspielstaatsvertrag selbst vor, dass die Erlaubnis nicht nur schriftlich zu erteilen, sondern (obligatorisch) zu befristen ist und, auch nachträglich, (fakultativ) mit Nebenbestimmungen versehen werden kann (§ 24 Abs. 2 Satz 2 und 3 GlüStV).
9. Nur für Spielhallen, nicht für Spielbanken gibt es ein Mindestabstandsgebot zwischen den Spielstätten und ein Verbot von Mehrfachkonzessionen (§ 25 Abs. 1 Satz 1 GlüStV).
10. Nur für Spielhallen, nicht für Spielbanken ist die Erteilung einer Erlaubnis für eine Spielstätte ausgeschlossen, die in einem baulichen Verbund mit weiteren Spielstätten derselben Art steht, insbesondere in einem gemeinsamen Gebäude oder Gebäudekomplex untergebracht ist (§ 25 Abs. 2 GlüStV).
11. Nur Spielhallen, nicht aber Spielbanken ist es verboten, mittels der „äußeren Gestaltung" der Spielstätte „Werbung für den Spielbetrieb oder die angebotenen Spiele" zu machen oder durch „eine besonders auffällige Gestaltung" einen zusätzlichen Anreiz für den Spielbetrieb zu schaffen (§ 26 Abs. 1 GlüStV).
12. Nur Spielhallen, nicht aber Spielbanken sind „zur Sicherstellung der Ziele des § 1" GlüStV mindestens drei Stunden am Tag zu schließen (§ 26 Abs. 2 GlüStV).
13. Nur für Spielhallen, nicht für Spielbanken besteht der Glücksspielstaatsvertrag darauf, dass die Genehmigungspflichtigkeit die Spielstätte „[u]nbeschadet sonstiger Genehmigungserfordernisse" erfasst (§ 24 Abs. 1 GlüStV). Nicht nur der Bund, sondern auch die Länder und die Kommunen können also im Rahmen des geltenden Rechts den Betrieb einer Spielhalle weiteren Genehmigungserfordernissen unterwerfen. Für Spielbanken trifft der Glücksspielstaatsvertrag eine solche Regelung nicht, so dass eine Verschärfung jedenfalls durch kommunales Satzungsrecht ausgeschlossen ist.
14. Nur für Spielhallen, nicht für Spielbanken öffnet sich der Glücksspielstaatsvertrag mit Blick auf Erlaubnisse und Beschränkungen der Errichtung und des Betriebs der Spielstätte sowie den Sperrzeiten den Ausführungsbestimmungen der Länder (§ 24 Abs. 3, § 25 Abs. 1 Satz 2, § 26 Abs. 2 GlüStV).

Ob und inwieweit sich Ungleichbehandlungen dieser Art von Spielbanken und Spielhallen begründen lassen, ist Gegenstand der folgenden Beurteilung.

C. Beurteilungsmaßstäbe[28]

I. *Unionsrechtliche Kohärenz*

1. Herleitung

Der Betrieb von Spielbanken und Spielhallen ist eine wirtschaftliche Tätigkeit,[29] die je nach Einzelfall der Niederlassungs-[30] oder der Dienstleistungsfreiheit[31] untersteht.[32] Die Warenverkehrsfreiheit, die ebenfalls betroffen sein kann,[33] tritt dahinter regelmäßig zurück[34]. Gegenüber den Grundfreiheiten des Primärrechts vorrangig zu prüfendes Sekundärrecht existiert ohnehin nicht.[35]

Nach der Rechtsprechung des Gerichtshofs der Europäischen Union (EuGH) fällt die Veranstaltung von Glücksspielen als eine Leistung, die gem. Art. 57 AEUV regelmäßig gegen Entgelt erbracht wird, in den Anwendungsbereich der Dienstleistungsfreiheit nach Art. 56 ff. AEUV.[36] Das gilt ausdrücklich auch für Automatenspiele.[37] Verstetigt sich die Dienstleistung in einem anderen Mitgliedstaat soweit, dass der Anbieter der Dienstleistung dort eine dauerhafte Niederlassung anstrebt, ist die Niederlassungsfreiheit nach Art. 49 AEUV einschlägig.[38] Zugleich sind Geldspiel-Automaten Waren im Sinn der Warenverkehrsfreiheit des Art. 34 AEUV.[39] So fällt die Einfuhr eines Geldspielautomaten unter die Warenverkehrs-

28 Ich danke Frau Wiss. Mit. *Frederike Kolbe* und Frau Wiss. Mit. *Johanna Zanger* für ihre Recherchen zur Rechtsprechung, wie sie hier unter C. I. bzw. II. zusammengefasst wird, und Herrn Wiss. Mit. *Michael Sendt* für seine Überprüfung der Nachweise.

29 Vgl. EuGH, Rs. C-275/92, Slg. 1994, I-1039, Rn. 16 ff., insb. Rn. 19 – Schindler.

30 Vgl. EuGH, verb. Rs. C-338, 359, 360/04, Slg. 2007, I-1891, Rn. 43 – Placanica.

31 Vgl. EuGH, Rs. C-124/97, Slg. 1999, I-6067, Rn. 29 – Läärä.

32 Zur Abgrenzung *Herrmann,* in: Hufen/Kauder/Koch/Schneider/Uwer, Neuordnung des Glücks- und Gewinnspielmarktes, 2012, S. 47 (56 f.).

33 EuGH, Rs. C-124/97, Slg. 1999, I-6067, Rn. 24– Läärä.

34 *Herrmann,* in: Hufen/Kauder/Koch/Schneider/Uwer, Neuordnung des Glücks- und Gewinnspielmarktes, 2012, S. 47 (57) m.w.N. aus der Rspr.

35 *Herrmann,* in: Hufen/Kauder/Koch/Schneider/Uwer, Neuordnung des Glücks- und Gewinnspielmarktes, 2012, S. 47 (55 f.).

36 Vgl. nur EuGH, Rs. C-275/92, Slg. 1994, I-1039, Rn. 25 ff. – Schindler; Rs. C-124/97, Slg. 1999, I-6067, Rn. 27 – Läärä; Rs. C-46/08, Slg. 2010, I-8149, Rn. 40 f. – Carmen Media.

37 EuGH, Rs. C-124/97, Slg. 1999, I-6067, Rn. 17 f. – Läärä; Rs. C-6/01, Slg. 2003, I-8621, Rn. 56 – Anomar. Der EuGH unterscheidet nicht zwischen dem Spiel an Glücksspielautomaten in Spielbanken und an Geldspielgeräten in gewerblichen Spielhallen.

38 Vgl. EuGH, Rs. C-243/01, Slg. 2003, I-13031, Rn. 46 – Gambelli; verb. Rs. C-338, 359, 360/04 u.a., Slg. 2007, I-1891, Rn. 43 – Placanica; Rs. C-42/07, Slg. 2009, I-7633, Rn. 46 – Liga Portuguesa; verb. Rs. C-316, 358, 359, 360, 409, 410/07, Slg. 2010, I-8069 Rn. 59 f. – Stoß; Rs. C-347/09, EuZW 2011, S. 841 (Rn. 35) – Dickinger.

39 EuGH, Rs. C-124/97, Slg. 1999, I-6067, Rn. 20, 24 – Läärä.

und dessen Betrieb unter die Dienstleistungsfreiheit.[40] Der grenzüberschreitende Bezug als Anwendungsvoraussetzung des Unionsrechts ist dabei jeweils erfüllt, genügen doch potentielle Empfänger der Dienstleistung und potentielle Käufer der Ware.[41] Einer genaueren Abgrenzung der Schutzbereiche von Niederlassungs- und Dienstleistungsfreiheit bedarf es in unserem Zusammenhang nicht, weil sich die Anforderungen an die Rechtfertigung von Beschränkungen in den hier interessierenden Fällen decken.

Eine Beschränkung ist dabei jede Regelung, die geeignet ist, die Ausübung der Grundfreiheit zu unterbinden, zu behindern oder weniger attraktiv zu machen.[42] Dazu zählen Konzessionsvergaben und sonstige Genehmigungs- oder Anzeigepflichten[43], wie sie das Recht der Spielbanken und -hallen vorsieht, genauso wie Werbeverbote[44] und Strafbewehrungen[45]. Die Feststellung, dass eine Regelung eine Beschränkung darstellt, war „in praktisch allen einschlägigen Verfahren vor dem Gerichtshof weitgehend klar und eindeutig"[46]. Das gilt gerade für das Recht der Spielbanken[47] und Spielhallen[48], soweit es Gegenstand der Rechtsprechung gewesen ist.

Genauso zweifelsfrei ist, dass die Mitgliedstaaten ein legitimes Interesse an der Regulierung des Glücksspiels haben.[49] Seit der Entscheidung in Sachen *Schindler* ist anerkannt, dass der Schutz der Verbraucher und der Schutz der Sozialordnung als zwingende Erfordernisse des Allgemeinwohls Beschränkungen prinzipiell rechtfertigen können. Der Europäische Gerichtshof rechtfertigt Eingriffe nicht nur und nicht einmal vorrangig über die geschriebenen Schranken der öffentlichen Ordnung, Sicherheit oder Gesundheit nach (Art. 62 AEUV i.V.m.) Art. 52 Abs. 1

40 EuGH, Rs. C-6/01, Slg. 2003, I-8621, Rn. 55 f. – Anomar.

41 Vgl. EuGH, Rs. C-67/98, Slg. 1999, I-7289, Rn. 24 – Zenatti; Rs. C-243/01, Slg. 2003, I-13031, Rn. 53 ff. – Gambelli; Rs. C-42/07, Slg. 2009, I-7633, Rn. 51 ff. – Liga Portuguesa; Rs. C-46/08, Slg. 2010, I-8149, Rn. 42 f. – Carmen Media.

42 Vgl. zur Dienstleistungsfreiheit nur EuGH, Rs. C-275/92, Slg. 1994, I-1039, Rn. 43 – Schindler; Rs. C-6/01, Slg. 2003, I-8621, Rn. 65 – Anomar; Rs. C-72, 77/10, EuZW 2012, S. 275 (Rn. 69) – Costa.

43 EuGH, Rs. C-243/01, Slg. 2003, I-13031, Rn. 47 ff. – Gambelli; verb. Rs. C-338, 359, 360/04, Slg. 2007, I-1891, Rn. 42 – Placanica; Rs. C-64/08, Slg. 2010, I-8219, Rn. 27 ff. – Engelmann; verb. Rs. C-72, 77/10, EuZW 2012, S. 275 (Rn. 70) – Costa.

44 EuGH, verb. Rs. C-447, 448/08, Slg. 2010, I-6921, Rn. 33 f. – Sjöberg.

45 EuGH, Rs. C-243/01, Slg. 2003, I-13031, Rn. 57 – Gambelli; verb. Rs. C-338, 359, 360/04, Slg. 2007, I-1891, Rn. 68 ff. – Placanica; verb. Rs. C-447, 448/08, Slg. 2010, I-6921, Rn. 47 ff. – Sjöberg; Rs. C-347/09, EuZW 2011, S. 841 (Rn. 30 ff.) – Dickinger.

46 *Herrmann,* in: Hufen/Kauder/Koch/Schneider/Uwer, Neuordnung des Glücks- und Gewinnspielmarktes, 2012, S. 47 (61).

47 EuGH, Rs. C-64/08, Slg. 2010, I-8219, Rn. 28, 32, 43 – Engelmann.

48 EuGH, Rs. C-124/97, Slg. 1999, I-6067, Rn. 25 ff. – Läärä; EuGH, Rs. C-6/01, Slg. 2003, I-8621, Rn. 62 ff. – Anomar.

49 *Herrmann,* in: Hufen/Kauder/Koch/Schneider/Uwer, Neuordnung des Glücks- und Gewinnspielmarktes, 2012, S. 47 (61).

AEUV, sondern stützt sich auch bei Entscheidungen zum Glücksspiel auf die sog. Gebhard-Formel. Danach können Beeinträchtigungen der Dienstleistungs- und der Niederlassungsfreiheit, soweit sie unterschiedslos für In- und Ausländer gelten,

> „durch zwingende Gründe des Allgemeininteresses gerechtfertigt [werden], wenn sie geeignet sind, die Verwirklichung des mit ihnen angestrebten Zieles zu gewährleisten, und wenn sie nicht über das hierfür Erforderliche hinausgehen.“[50]

Der Europäische Gerichtshof hat dieses Erfordernis der zwingenden Gründe des Allgemeininteresses für das Glücksspielrecht bereichsspezifisch konkretisiert. Der Mitgliedstaat darf Beschränkungen danach mit der Bekämpfung von pathologischem Spielverhalten und illegalem Glücksspiel, von Betrug und anderen Formen der Kriminalität genauso begründen wie mit dem Schutz der Verbraucher vor für sie schädlichen Ausgaben durch Begrenzung der Nachfrage und der Ausnutzung der Spielleidenschaft der Menschen[51]. Mit den Worten des Gerichts rechtfertigen

> „die Ziele des Verbraucherschutzes, der Betrugsvorbeugung und der Vermeidung von Anreizen für die Bürger zu überhöhten Ausgaben für das Spielen sowie der Verhütung von Störungen der sozialen Ordnung im Allgemeinen“

Eingriffe in die Dienstleistungsfreiheit gem. Art. 56 AEUV und die Niederlassungsfreiheit gem. Art. 49 AEUV.[52]

Dagegen ist die Finanzierung gemeinschaftlicher Belange mittels einer Abgabe auf die Einnahmen von Glücksspielveranstaltern kein tauglicher Rechtfertigungsgrund. Auch wenn fiskalische Interessen nicht gleichgültig sind, darf die Finanzierung nach der ständigen Rechtsprechung des Europäischen Gerichtshofs doch „nur eine erfreuliche Nebenfolge, nicht aber der eigentliche Grund“ für Beeinträchtigungen der Grundfreiheiten sein[53] und vermag diese daher seit jeher auch nicht allein zu rechtfertigen[54]. Das Bundesverfassungsgericht hat ebenso entschieden.[55] Zusammenfassend sind es also nach wie vor die beiden klassischen[56] Ge-

50 So in Entscheidungen zum Glücksspielrecht EuGH, Rs. C-124/97, Slg. 1999, I-6067, Rn. 31 – Läärä; Rs. C-67/98, Slg. 1999, I-7289, Rn. 29 – Zenatti; vgl. auch verb. Rs. C-72, 77/10, EuZW 2012, S. 275 (Rn. 71) – Costa; ständige Rspr. seit EuGH, Rs. C-55/94, Slg. 1995, I-4165, Rn. 37 – Gebhard.

51 EuGH, verb. Rs. C-316, 358, 359, 360, 409, 410/07, Slg. 2010, I-8069, Rn. 75 – Stoß.

52 EuGH, Rs. C-338, 359, 360/04, Slg. 2007, I-1891, Rn. 45 f. – Placanica; Rs. C-42/07, Slg. 2009, I-7633, Rn. 56 – Liga Portuguesa; Rs. C-258/08, Slg. 2010, I-4757, Rn. 18 – Ladbrokes; verb. Rs. C-72, 77/10, EuZW 2012, S. 275 (Rn. 71) – Costa.

53 EuGH, Rs. C-67/98, Slg. 1999, I-7289, Rn. 30 f., 36 – Zenatti; verb. Rs. C-316, 358, 359, 360, 409, 410/07, Slg. 2010, I-8069, Rn. 104 f. – Stoß; vgl. außerdem Rs. C-243/01, Slg. 2003, I-13031, Rn. 62 – Gambelli („nützliche Nebenfolge“).

54 Vgl. nur EuGH, Rs. C-275/92, Slg. 1994, I-1039, Rn. 60 – Schindler.

55 Dass ein „Konflikt mit fiskalischen Interessen des Staates nicht zu Gunsten dieser“ ausgehen darf, verlangen BVerfGE 115, 276 (307, 312); BVerfG, NVwZ-RR 2008, S. 1 (2); vgl. auch BVerwGE 138, 201 (206 f.).

56 Vgl. nur *Brüning,* DVBl 2011, S. 1126 (1129); *Fischer,* Recht der Glücksspiele, 2009, S. 28 ff.; *Heseler,* Glücksspielregulierung, 2013, S. 24 („die zwei wesentlichen Gründe“).

sichtspunkte der Bekämpfung pathologischen Spielverhaltens und der Kriminalität, welche die Eingriffe rechtfertigen. Der Begriff des pathologischen Spielverhaltens erscheint gegenüber dem verbreiteten Synonym der Spielsucht, das der Glücksspielstaatsvertrag, das Bundesverfassungsgericht und die Weltgesundheitsorganisation (World Health Organization, WHO) verwenden[57], als der konkretere und daher treffendere Begriff. Das pathologische ist gegenüber dem sozialadäquaten Spielverhalten durch Kontrollverlust gekennzeichnet.[58]

Pathologisches Spielverhalten kann nach der Rechtsprechung bekämpft werden, indem „Gelegenheiten zum Spiel" vermindert[59] und „Anreize für die Bürger zu überhöhten Ausgaben für das Spielen" vermieden werden[60], sei es, um die Allgemeinheit vor sozialen Folgekosten zu bewahren[61], sei es, um zu verhindern, dass die Schwäche und das Unglück anderer ausgenutzt wird[62]. Damit ist der Schutz der Verbraucher, den der Gerichtshof vor Augen hat[63], angesprochen, und auch der Jugendschutz zählt, weil Jugendliche typischerweise besonders leicht zu beeinflussende Verbraucher sind, hierher[64].

Kriminalitätsprävention möchte „dadurch Straftaten [vorbeugen], dass die in diesem Sektor tätigen Wirtschaftsteilnehmer einer Kontrolle unterworfen und Glücksspieltätigkeiten in Bahnen gelenkt werden, die diesen Kontrollen unterliegen"[65]. Damit ist der Schutz der Sozialordnung angesprochen, den der Gerichtshof ebenfalls immer wieder anführt[66].

Dass der Mitgliedstaat legitime Ziele verfolgt, genügt allein nicht, um Beschränkungen der Grundfreiheiten zu rechtfertigen. Die Beschränkungen müssen, so die Rechtsprechung seit der grundlegenden Entscheidung in Sachen *Gambelli*, außerdem

57 § 1 Nr. 1, § 6 S. 1, 2, § 7 Abs. 1, 2, § 8 Abs. 1, 2, § 10 Abs. 1 S. 2, § 11, § 25 Abs. 6 Nr. 3 GlüStV; BVerfGE 115, 276 (304 f.); vgl. auch FAZ Nr. 254 v. 31.10.2012, S. N1, sowie (auch zur Verbreitung der Synonyme) *Heseler,* Glücksspielregulierung, 2013, S. 74 ff. und beispielhaft OVG Schleswig-Holstein, Beschluss v. 6.12.2012 – 3 MB 40/12, juris Rn. 18.

58 Vgl. *Fischer,* Recht der Glücksspiele, 2009, S. 29 f.

59 EuGH, verb. Rs. C-338, 359, 360/04, Slg. 2007, I-1891, Rn. 52 – Placanica.

60 EuGH, Rs. C-42/07, Slg. 2009, I-7633, Rn. 56 – Liga Portuguesa; Rs. C-258/08, Slg. 2010, I-4757, Rn. 18 – Ladbrokes; verb. Rs. C-72, 77/10, EuZW 2012, S. 275 (Rn. 71) – Costa.

61 Vgl. EuGH, Rs. C-275/92, Slg. 1994, I-1039, Rn. 60 – Schindler; Rs. C-124/97, Slg. 1999, I-6067, Rn. 13 – Läärä.

62 EuGH, verb. Rs. C-447, 448/08, Slg. 2010, I-6921, Rn. 43 – Sjöberg.

63 Vgl. EuGH, Rs. 275/92, Slg. 1994, I-1039, Rn. 58 – Schindler; Rs. C-124/97, Slg. 1999, I-6067, Rn. 33 – Läärä; vgl. auch verb. Rs. C-447, 448/08, Slg. 2010, I-6921, Rn. 43 – Sjöberg.

64 Zum legitimen Ziel des Jugendschutzes siehe EuGH, Rs. C-46/08, Slg. 2010, I-8149, Rn. 95, 98, 105 – Carmen Media.

65 EuGH, verb. Rs. C-338, 359, 360/04, Slg. 2007, I-1891, Rn. 52 – Placanica.

66 Vgl. EuGH, Rs. 275/92, Slg. 1994, I-1039, Rn. 58 – Schindler; Rs. C-124/97, Slg. 1999, I-6067, Rn. 33 – Läärä; vgl. auch EuGH, Rs. C-447, 448/08, Slg. 2010, I-6921, Rn. 43 – Sjöberg.

„geeignet sein, die Verwirklichung dieser Ziele in dem Sinne zu gewährleisten, dass sie *kohärent* und systematisch zur Begrenzung der Wetttätigkeiten beitragen.“[67]

Das ist das Kohärenzgebot des Unionsrechts.

2. Inhalt, Reichweite, Wirkkraft

Der Zusammenhang, auf den Kohärenz schon begrifflich (von lat. *cohaerentia:* der Zusammenhang, das Zusammenhängen) verweist, akzeptiert die vom Mitgliedstaat gewählten, mit dem Eingriff verfolgten Ziele und verlangt nur, dass diese Ziele (nicht auf widersprüchliche Weise, sondern eben) „zusammenhängend“, also stimmig verfolgt werden.[68] Kohärenz verlangt der Europäische Gerichtshof dabei in ständiger Rechtsprechung nicht nur im Glücksspielrecht[69], sondern auch in anderen Rechtsgebieten[70]. Dieser Allgemeinheit entspricht es, wenn der Gerichtshof die Kohärenz im Glücksspielrecht nicht auf einzelne Spielarten beschränkt, sondern sektorenübergreifend mit Blick auf das gesamte Glücksspiel verlangt.[71] Das ist die sog. horizontale oder Gesamtkohärenz. Danach ist die Stimmigkeit auch mit Blick auf die anderen Glücksspielbereiche zu prüfen.[72] Nach der Rechtsprechung des Europäischen Gerichtshofs und des Bundesverwaltungsgerichts dürfen insbeson-

67 EuGH, Rs. C-243/01, Slg. 2003, I-13031, Rn. 67 – Gambelli (Hervorhebung nur hier).

68 Vgl. nur *Brüning,* DVBl 2011, S. 1126 (1129); *Ennuschat,* ZfWG 2011, S. 153 (156); *Hufen,* Einschränkung des gewerblichen Geld-Gewinnspiels, 2012, S. 47; vgl. *Schorkopf,* DÖV 2011, S. 260 (262).

69 EuGH, Rs. C-243/01, Slg. 2003, I-13031, Rn. 67 – Gambelli; verb. Rs. C-338, 359, 360/04, Slg. 2007, I-1891, Rn. 53 – Placanica; Rs. C-42/07, Slg. 2009, I-7633, Rn. 61 – Liga Portuguesa; Rs. C-258/08, Slg. 2010, I-4757, Rn. 21 – Ladbrokes; Rs. C-347/09, EuZW 2011, S. 841 (Rn. 56) – Dickinger; Rs. C-72, 77/10, EuZW 2012, S. 275 (Rn. 63) – Costa; insb. zum deutschen Glücksspielrecht EuGH, Rs. C-316, 358, 359, 360, 409, 410/07, Slg. 2010, I-8069, Rn. 88 ff. – Stoß; Rs. C-46/08, Slg. 2010, I-8149, Rn. 53 ff. – Carmen Media.

70 EuGH, Rs. C-169/07, Slg. 2009, I-1721, Rn. 55 – Hartlauer; verb. Rs. C-171, 172/07, Slg. 2009, I-4171, Rn. 42 – Doc Morris; Rs. C-341/08, Slg. 2010, I-47, Rn. 53 – Petersen; verb. Rs. C-159, 160/10, NVwZ 2011, S. 1249 (Rn. 85) – Fuchs.

71 EuGH, Rs. C-46/08, Slg. 2010, I-8149, Rn. 55 ff. – Carmen Media; zustimmend *Dederer,* EuZW 2010, S. 771 (773) („entscheidende[r] Fortschritt“); *Ennuschat,* ZfWG 2011, S. 153 (155); *Glöckner/Towfigh,* JZ 2010, S. 1027 (1034 f.); *Heseler,* Glücksspielregulierung, 2013, S. 434 ff.; *Hufen,* Einschränkung gewerblichen Geld-Gewinnspiels, 2012, S. 47.

72 EuGH, Rs. C-316, 358, 359, 360, 409, 410/07, Slg. 2010, I-8069, Rn. 65 ff. – Stoß; Rs. C-46/08, Slg. 2010, I-8149, Rn. 53 ff. – Carmen Media; die deutschen Gerichte sind dem für die unionsrechtliche Prüfung gefolgt, vgl. nur BVerwGE 138, 201 (225) (sei „nicht sektoral … zu beschränken“, sondern müsse „ander[e] Glücksspiel[e] mit einbeziehen“); BVerwGE 140, 1 (12 ff.); BVerwG, NVwZ 2011, S. 1328 (Rn. 45); BVerwG, Urt. v. 11.7.2011 – 8 C 11/10, Rn. 43 ff.

dere verwandte oder auch nur ähnliche Arten des Glücksspiels nicht gegenläufig reguliert werden,[73] die Regelungen einer Glücksspielart also die Regelungen einer anderen Glücksspielart nicht „konterkarier[en]“[74].

Als Gebot des Unionsrechts adressiert das Kohärenzgebot den Mitgliedstaat. Die interne Zuständigkeitsverteilung innerhalb des Mitgliedstaats berührt das Kohärenzgebot also nicht. In der Entscheidung *Carmen Media* heißt es ausdrücklich,

> „dass sich ein Mitgliedstaat nach ständiger Rechtsprechung nicht auf Bestimmungen, Übungen oder Umstände seiner internen Rechtsordnung berufen kann, um die Nichteinhaltung seiner aus dem Unionsrecht folgenden Verpflichtungen zu rechtfertigen. Die interne Zuständigkeitsverteilung innerhalb eines Mitgliedstaats, namentlich zwischen zentralen, regionalen und lokalen Behörden, kann ihn u.a. nicht davon entbinden, den genannten Verpflichtungen nachzukommen.“[75]

Das Argument, dass es verschiedene Gesetzgeber gewesen seien, die widersprüchliche Regelungen getroffen hätten, ist daher unionsrechtlich unerheblich.[76] Für die beschriebene Neuverteilung der Gesetzgebungszuständigkeiten durch die Föderalismusreform folgt daraus, dass die Frage nach der Zuordnung des Spielbanken-, des Spielhallen- oder überhaupt des Glücksspielrechts zum (bundesrechtlichen) Wirtschafts- oder zum (landesrechtlichen) Ordnungsrecht für die Reichweite des Kohärenzgebotes von vornherein bedeutungslos war und nach wie vor bedeutungslos ist.

Zusammenfassend gilt nach alledem: Das unionsrechtliche Kohärenzgebot verpflichtet das Glücksspielrecht inhaltlich auf Stimmigkeit, ohne seine Reichweite auf den binnenstaatlich jeweils zuständigen Gesetzgeber (Bund oder Land) oder seine Wirkkraft auf die jeweils einschlägige Glücksspielart (vertikale und horizontale Kohärenz) zu begrenzen. Die Vorgabe der Kohärenz wird „jedenfalls dann“ verfehlt, wenn „Glücksspielarten, die ein vergleichbares oder sogar größeres Risikopotential aufweisen als andere Glücks- und Gewinnspiele, wesentlich weniger restriktiv geregelt werden“[77].

73 EuGH, Rs. C-316, 358, 359, 360, 409, 410/07, Slg. 2010, I-8069, Rn. 97 ff., 107 iv – Stoß; Rs. C-46/08, Slg. 2010, I-8149, Rn. 64 ff. – Carmen Media; *Herrmann,* in: Hufen/Kauder/Koch/Schneider/Uwer, Neuordnung des Glücks- und Gewinnspielmarktes, 2012, S. 47 (64).

74 BVerwG, Urt. v. 11.7.2011 – 8 C 11/10, Rn. 43; vgl. BVerwGE 138, 201 (226); BVerwGE 140, 1 (13).

75 EuGH, Rs. C-46/08, Slg. 2010, I-8149, Rn. 69 – Carmen Media.

76 Vgl. BVerwGE 138, 201 (225 f.); 140, 1 (13 f.); BVerwG, NVwZ 2011, S. 1328 (Rn. 45); a.A. wohl *Pagenkopf,* NJW 2012, S. 2918 (2924). Das BVerwG hat zur Klärung der Frage ob, „die Prüfung der tatsächlichen Ausgestaltung des staatlichen Sportwettenmonopols (...) bundeseinheitlich oder wegen der vom Grundgesetz gewährleisteten Eigenständigkeit der Länder ... länderspezifisch zu erfolgen“ habe, die Revision zugelassen, siehe BVerwG, Beschl. v. 16.2.2012 – 8 B 91/11, Rn. 1. Die Entscheidung steht noch aus.

77 *Uwer/Koch,* in: Hufen/Kauder/Koch/Schneider/Uwer, Neuordnung des Glücks- und Gewinnspielmarktes, 2012, S. 136 (145).

II. Grundgesetzliche Konsistenz

1. Herleitung

Das Grundgesetz unterwirft das Glücksspielrecht einem Konsistenzgebot. Dieses Gebot lässt sich als Ausdruck sowohl der Berufsfreiheit wie des allgemeinen Gleichheitssatzes verstehen. Der Schutzbereich der Berufsfreiheit umfasst gem. Art. 12 Abs. 1 GG die Veranstaltung und Vermittlung von Glücksspielen[78], die Her- und Aufstellung von Geldspielgeräten[79] sowie den Betrieb von Spielbanken[80] und Spielhallen[81]. Als Eingriffe hat die Rechtsprechung insbesondere Konzessions- und sonstige Erlaubnispflichten[82] sowie Werbeverbote und -beschränkungen[83] anerkannt. Verhältnismäßig sind diese Eingriffe laut Bundesverfassungsgericht nur, soweit eine „konsequente"[84], eine „konsistente"[85] Ausrichtung am Ziel der Bekämpfung pathologischen Spielverhaltens erfolgt. Das Gericht anerkennt damit ebenfalls die (zur Unterscheidbarkeit von der unionsrechtlichen Kohärenz folgend Konsistenz genannte) Voraussetzung der Stimmigkeit des Glücksspielrechts.

2. Inhalt, Reichweite, Wirkkraft

Das verfassungsrechtliche Konsistenzgebot verlangt, dass der Gesetzgeber sein Regelwerk konsequent an den verfolgten Zielen ausrichtet[86] und so eine konsistente, eine stimmige Regelung schafft. Geschuldet ist dabei nicht bloß ein „Mindestmaß", sondern „vollständige Konsistenz".[87] Was die Wirkkraft des Konsistenzgebots betrifft, hat das Bundesverfassungsgericht in seinem Beschluss vom 20. März 2009 betont, dass es „grundsätzlich" nicht auf den „gesamten Glücksspielsekto[r]" ankomme.[88] Legt man diese Rechtsprechung weiterhin zu Grunde, ist die sektorenübergreifende Stimmigkeit (nur unionsrechtlich, aber) nicht ver-

78 BVerfGE 115, 276 (300); BVerfG, Beschl. v. 30.11.2010 – 1 BvL 3/07, Rn. 40; BVerwGE 138, 201 (203); BVerwG, Urt. v. 11.7.2011 – 8 C 11/10, Rn. 21 ff.
79 *Hufen*, Einschränkung des gewerblichen Geld-Gewinnspiels, 2012, S. 22.
80 BVerfGE 102, 197 (Ls. 1, 212 ff.); BVerfG, NVwZ-RR 2008, S. 1 (2).
81 BVerwG, NVwZ 2005, S. 961 (963); *Schneider,* Recht der Spielhallen, 2009, S. 64.
82 BVerfG, NVwZ 2008, S. 1338 (Rn. 13 f.); BVerwG, NVwZ 2011, S. 549 (Rn. 79).
83 BVerfG, NVwZ 2008, S. 1338 (Rn. 16).
84 BVerfGE 115, 276 (Ls., 310, 312 f., 318 f.); BVerfG, NVwZ-RR 2008, S. 1 (3); BVerfG, NVwZ 2009, S. 1221 (Rn. 17); BVerwGE 138, 201 (206 f.).
85 BVerfGE 115, 276 (319) („Konsistenz"); BVerfG, NVwZ 2009, S. 1221 (Rn. 17, 25).
86 Vgl. BVerfGE 115, 276 (303, 309 f., 312, 319); bestätigend BVerfG, NVwZ-RR 2008, S. 1 (3); BVerfG, NVwZ 2009, S. 1221 (Rn. 11); BVerfG, Beschl. v. 15.4.2009, 2 BvR 1496/05, Rn. 30; BVerwGE 138, 201 (206 f.).
87 BVerfG, NVwZ 2009, S. 1221 (Rn. 24); vgl. auch BVerfG, NJW 2007, S. 1521 (1523).
88 BVerfG, NVwZ 2009, S. 1221 (Rn. 17).

fassungsrechtlich geboten. Dass die deutschen Gerichte bei ihrer Auffassung bleiben werden, ist freilich noch nicht ausgemacht.[89] Das Bundesverfassungsgericht hat seinen Beschluss gefasst, bevor sich der Europäische Gerichtshof in der Rechtssache *Stoß* auf Gesamtkohärenz festlegte. Daher spricht für eine Harmonisierung auch der Wirkkraft von Kohärenz- und Konsistenzgebot, dass Bundesverfassungs- und Bundesverwaltungsgericht die unions- und verfassungsrechtlichen Vorgaben insoweit bislang stets als „parallel" beschrieben haben.[90] Das Bundesverwaltungsgericht freilich ist auch nach *Stoß* für die verfassungsrechtliche Prüfung bei der Wirkkraftbegrenzung auf eine Glücksspielart geblieben.[91]

Während also die inhaltlichen Anforderungen von Konsistenz- und Kohärenzgebot weitgehend parallel verlaufen, gibt es einen zentralen Unterschied mit Blick auf den Adressaten: Das verfassungsrechtliche Konsistenzgebot ist seinem Inhalt nach ein Gleichheitsrecht, und für die Gleichheitsrechte ist anerkannt, dass sie die Kompetenzordnung des Grundgesetzes nicht zu nivellieren vermögen. So verpflichtet Art. 3 Abs. 1 GG einen Gesetzgeber nur für dessen Zuständigkeitsbereich auf Gleichbehandlung. Daher ist gegenüber dem einen Gesetzgeber (etwa einem Land) der Einwand, dass ein anderer Gesetzgeber (sei es ein anderes Land, sei es der Bund) eine andere Regelung erlassen habe, unerheblich.[92]

Vor dem Hintergrund dieser Rechtsprechungen lässt sich schon jetzt festhalten: Die Reichweite des verfassungsrechtlichen Konsistenzgebots ist praktisch gestiegen, seit die Länder im geänderten Glücksspielstaatsvertrag und den dazu verabschiedeten Zustimmungs- und Umsetzungsgesetzen Regelungen sowohl zu Spielbanken wie zu Spielhallen getroffen haben, und das gilt zumal, soweit ein Landesparlament spielhallenrechtliche Regelungen verabschiedet, die über den Glücksspielstaatsvertrag hinaus gehen. Umso mehr die Landesgesetzgeber von ihrer neuen Gesetzgebungszuständigkeit für das Spielhallenrecht Gebrauch machen, desto weiter steigt die praktische Reichweite des verfassungsrechtlichen Konsistenzgebots.[93]

Auch wenn das verfassungsrechtliche Konsistenzgebot seinem Inhalt nach ein Gleichheitsrecht ist, lässt es sich auch als Element einer freiheitsrechtlichen Prüfung verwenden, nämlich als Anforderung an die Geeignetheit im Rahmen der

89 Vgl. *Hufen*, Einschränkung des gewerbliches Geld-Gewinnspiels, 2012, S. 47 („zu erwarten, dass das BVerfG dem EuGH" folgen und „Kohärenz im Ganzen und nicht nur in Bezug auf einzelne Spielarten … verlangen" werde).

90 Vgl. zur Parallelität BVerfGE 115, 276 (316 f.) („[i]nsofern … parallel"; Vorgaben „entsprechen" einander).

91 BVerwG, NVwZ 2011, S. 1328 (Rn. 31) („Einbeziehung sonstiger Glücksspielbereiche" nicht „verlangt"); BVerwG, Urt. v. 11.7.2011 – 8 C 12/10, Rn. 28; vgl. aber auch BVerwGE 140, 1 (6 f.).

92 BVerwGE 138, 201 (214 f.); BVerwGE 140, 1 (10); relativierend *Dickersbach,* GewArch 2006, S. 138 (139).

93 Vgl. zuletzt OVG Schleswig-Holstein, Beschluss v. 6.12.2012 – 3 MB 40/12, juris Rn. 18.

Verhältnismäßigkeitsprüfung. Kann sich aus allen (einschlägigen) Umständen ergeben, dass ein gesetzgeberisches Mittel nicht geeignet ist, das verfolgte Ziel zu fördern, gilt das auch für eine Ungeeignetheit aufgrund – vorgefundener – Regelungen eines anderen Gesetzgebers. Eine so verstandene Dogmatik wirkt der Begrenzung des Konsistenzgebots auf ein und denselben Gesetzgeber entgegen, steigert so die Wirkkraft des verfassungsrechtlichen Konsistenzgebots überhaupt und nähert es seinem Vorbild, dem unionsrechtlichen Kohärenzgebot, weiter an.

Zusammenfassend gilt nach alledem: Das grundgesetzliche Konsistenzgebot verpflichtet das Glücksspielrecht inhaltlich auf Stimmigkeit. Seine Reichweite ist allerdings traditionell auf den binnenstaatlich jeweils zuständigen Gesetzgeber (Bund oder Land) begrenzt. Ob seine Wirkkraft über die jeweils einschlägige Glücksspielart hinausreicht (sog. horizontale Konsistenz), haben die Gerichte bisher offen gelassen.[94]

III. Rechtsdogmatische Konsequenz

Dass die Reglementierung des Glücksspielrechts nur mit bestimmten Gründen gerechtfertigt werden kann, gilt für Spielbanken und Spielhallen gleichermaßen und unabhängig voneinander. Das bedeutet: Selbst wenn es keine Spielbanken gäbe, griffen die dargestellten Anforderungen an die Regelung der Spielhallen, wie sie sich aus der Notwendigkeit eines Rechtfertigungsgrundes und damit der gebotenen Geeignetheit des gewählten Mittels ergeben (und umgekehrt). Dass Kohärenzgebot bringt demgegenüber zusätzliche Anforderungen ins Spiel: Das Recht der Spielhallen muss nicht nur bezogen auf den Rechtfertigungsgrund, sondern auch bezogen auf das Recht der Spielbanken stimmig sein. Mit anderen Worten: Die Instrumente, die der Gesetzgeber einsetzt, um die Kunden von Spielbanken und -hallen vor pathologischem Spiel und Kriminalität zu schützen, müssen nicht nur je für sich mit Blick auf – im vertikalen Vergleich – diese Zwecke, sondern auch – im horizontalen Vergleich – untereinander stimmig sein. Die nationale Glücksspielpolitik im Ganzen und nicht nur hinsichtlich der einzelnen Glücksspielarten muss (zwar nicht uniform[95], aber) kohärent und systematisch ausfallen.[96] Wenn also der Gesetzgeber den Zweck der Suchtprävention für das Spielbankenspiel mit anderen

94 Vgl. OVG Schleswig-Holstein, Beschluss v. 6.12.2012 – 3 MB 40/12, juris Rn. 18.
95 BVerwG, Urt. v. 11.7.2011 – 8 C 12/10, Rn. 42.
96 Vgl. EuGH, verb. Rs. C-316, 358, 359, 360, 409, 410/07, Slg. 2010, I-8069, Rn. 89 ff. – Stoß; Rs. C-46/08, Slg. 2010, I-8149, Rn. 61 ff. – Carmen Media; zuvor ebenso bereits *Dederer,* NJW 2010, S. 198 (200); *Dörr,* DVBl 2010, S. 69 (75) („Zusammenschau"); GA *Mazák,* Schlussanträge v. 23.2.2010, Rs. C-64/08, Slg. 2010, I-8219, Rn. 86 ff. – Engelmann.

Mitteln verfolgt als für das Spielhallenspiel, muss es, damit diese Unterschiedlichkeit vor dem Kohärenzgebot Bestand behält, einen Grund geben, der gerade diese Unterschiedlichkeit trägt.

Diese rechtsdogmatische Konsequenz folgt nicht nur allgemein aus dem abstrakten Zusammenspiel der Rechtfertigungsgründe mit den (in der hierzulande üblichen Terminologie) Schranken-Schranken Kohärenz und Konsistenz, sondern es lässt sich zugleich ganz konkret aus den glücksspielrechtlichen Besonderheiten ableiten. Der Europäische Gerichtshof gesteht den Mitgliedstaaten im Glücksspielrecht einen Ermessensspielraum zu. Dieser Spielraum folgt zum einen aus den „sittlichen, religiösen oder kulturellen Besonderheiten", die von Mitgliedstaat zu Mitgliedstaat verschieden sein können, und zum anderen aus „[den] sittlich und finanziell schädlichen Folgen für den Einzelnen wie für die Gesellschaft, die mit Spielen und Wetten einhergehen"[97], weil wohlhabendere Mitgliedstaaten diese Folgen eher tragen können als verarmte. So steht es im Ermessen eines jeden Mitgliedstaats, wie weit er „in seinem Gebiet" den Schutz bei Glücksspielen „ausdehnen will", insbesondere, ob Tätigkeiten vollständig oder nur teilweise verboten werden und ob mehr oder weniger strenge Kontrollen stattfinden sollen.[98] So steht es den Mitgliedstaaten frei, die Ziele ihrer Glücksspielpolitik, das erforderliche Schutzniveau und die zur Umsetzung notwendigen Maßnahmen festzulegen,[99] und ist es für die Rechtmäßigkeit einer nationalen Bestimmung unerheblich, ob diese denen anderer Mitgliedstaaten gleicht[100].

Die genannten Gründe, die den Ermessensspielraum der Mitgliedstaaten begründen, begründen zugleich dessen Grenze der Kohärenz. Denn die „sittlichen, religiösen oder kulturellen Besonderheiten", die von Mitgliedstaat zu Mitgliedstaat verschieden sein können, gelten dem Glücksspiel als solchem, vielleicht noch bestimmten Spielarten (so mögen Kartenspiele akzeptierter sein als Sportwetten – oder umgekehrt), aber gewiss nicht verschiedenen Spielorten: Eine Sitte, die das Glücksspiel missbilligt, eine Religion, die das Geldspiel verdammt, eine Kultur, die das Kartenspiel verwirft, tut dies unabhängig davon, ob die Spieler in einer Spielbank oder in einer Spielhalle spielen. Die sittlichen, religiösen und kulturellen

97 EuGH, Rs. C-275/92, Slg. 1994, I-1039, Rn. 61 – Schindler; Rs. C-124/97, Slg. 1999, I-6067, Rn. 35 – Läärä; verb. Rs. C-338, 359, 360/04, Slg. 2007, I-1891, Rn. 47 – Placanica; Rs. C-42/07, Slg. 2009, I-7633, Rn. 57 – Liga Portuguesa; verb. Rs. C-316, 358, 359, 360, 409, 410/07, Slg. 2010, I-8069, Rn. 76 – Stoß; Rs. C-347/09, EuZW 2011, S. 841 (Rn. 45) – Dickinger.

98 St. Rspr., vgl. nur EuGH, Rs. C-124/97, Slg. 1999, I-6067, Rn. 35 – Läärä; Rs. C-67/98, Slg. 1999, I-7289, Rn. 33 – Zenatti; Rs. C-6/01, Slg. 2003, I-8621, Rn. 79 – Anomar.

99 EuGH, Rs. C-203/08, Slg. 2010, I-4695, Rn. 28, 31 – Sporting Exchange; verb. Rs. C-316, 358, 359, 360, 409, 410/07, Slg. 2010, I-8069, Rn. 77, 81 – Stoß; Rs. C-212/08, EuZW 2011, S. 674 (Rn. 40 f.) – Zeturf; Rs. C-347/09, EuZW 2011, S. 841 (Rn. 47 f.) – Dickinger.

100 EuGH, Rs. C-67/98, Slg. 1999, I-7289, Rn. 34 – Zenatti; Rs. C-6/01, Slg. 2003, I-8621, Rn. 80 – Anomar; Rs. C-42/07, Slg. 2009, I-7633, Rn. 58 – Liga Portuguesa; Rs. C-347/09, EuZW 2011, S. 841 (Rn. 46) – Dickinger.

Erwägungen gelten eben dem Glücksspiel als solchem, ohne dass dargetan oder sonst ersichtlich wäre, dass die Sitte, die Religion und die Kultur das Glücksspiel in Spielbanken anders beurteilte als das Glücksspiel in Spielhallen. Gleiches gilt für die Frage, welche finanziellen Folgen ein Mitgliedstaat ertragen kann und ertragen will: Diese Grenzen richten sich insbesondere nach dem Wohlstandsniveau im Mitgliedstaat und bestehen daher unabhängig davon, ob die finanziellen Schäden aus dem Spielbanken- oder dem Spielhallenbereich erwachsen. Das Ermessen der Mitgliedstaaten reicht daher nicht so weit, dass es im Spielhallen- und Spielbankenrecht inkohärente Regelungen rechtfertigen könnte.

D. Regelungsziele

Die Kohärenz- ist nach dem Gesagten dogmatisch eine Dreiecksprüfung. Sie verlangt eine Regelung, eine andere Regelung und ein gemeinsames Ziel, und sie blickt vor allem auf das Recht, wie es in den Gesetzblättern geschrieben steht und das nicht nur die Regelungen ent-, sondern bisweilen auch das damit verfolgte Ziel festhält. So führt der Glücksspielstaatsvertrag in § 1 Satz 1 fünf als gleichrangig bezeichnete[101] Ziele auf, die damit auch die den Staatsvertrag ratifizierenden Landesgesetze verfolgen. Die Vorschrift lautet wörtlich:

§ 1 GlüStV. Ziele des Staatsvertrages

Ziele des Staatsvertrages sind gleichrangig:

1. das Entstehen von Glücksspielsucht und Wettsucht zu verhindern und die Voraussetzungen für eine wirksame Suchtbekämpfung zu schaffen,
2. durch ein begrenztes, eine geeignete Alternative zum nicht erlaubten Glücksspiel darstellendes Glücksspielangebot den natürlichen Spieltrieb der Bevölkerung in geordnete und überwachte Bahnen zu lenken sowie der Entwicklung und Ausbreitung von unerlaubten Glücksspielen in Schwarzmärkten entgegenzuwirken,
3. den Jugend- und den Spielerschutz zu gewährleisten,
4. sicherzustellen, dass Glücksspiele ordnungsgemäß durchgeführt, die Spieler vor betrügerischen Machenschaften geschützt, die mit Glücksspielen verbundene Folge- und Begleitkriminalität abgewehrt werden und
5. Gefahren für die Integrität des sportlichen Wettbewerbs beim Veranstalten und Vermitteln von Sportwetten vorzubeugen.

Diese Ziele lassen sich – dem Willen des Gesetzgebers, wie er in der Begründung zum Glücksspielstaatsvertrag zum Ausdruck kommt, entsprechend – zu vier „Kernziele[n]“ verdichten: der „Vermeidung und Bekämpfung von Glücksspielsucht (§ 1 Satz 1 Nr. 1)“, der „Kanalisierung und Begrenzung des Glücksspielangebots (§ 1 Satz 1 Nr. 2)“, des „Jugend- und Spielerschutz[es] (§ 1 Satz 1 Nr. 3)“ sowie der Sicherstellung eines fairen Spiels und des „Schutz[es] vor Kriminalität (§ 1 Satz 1 Nr. 4)“.[102] Innerhalb dieser Kernziele differenzieren die Länder trotz des Bekenntnisses zur Gleichrangigkeit weiter, wenn sie die „Bekämpfung von Suchtgefahren“ in den amtlichen Erläuterungen zum Änderungsvertrag als das „überragend wichtig[e] Gemeinwohlziel“ herausstellen und die übrigen „Kernziele“ nur

101 Krit. gegenüber der Gleichrangigkeit *Pieroth*, in: ders. (Hrsg.), Glücksspielstaatsvertrag, S. 1 (24 f.).

102 Erläuterungen, sub A.I.1., S. 1.

daneben nennen.[103] Unter dem Blickwinkel des Kohärenzgebots (und damit zugleich: dieses Gutachtens) konzentrieren sich die Länder auf zwei dieser Ziele, wenn es zur Erläuterung des wie folgt lautenden Satzes 2

> **§ 1 GlüStV. Ziele des Staatsvertrages**
> [1]... [2]Um diese Ziele zu erreichen, sind differenzierte Maßnahmen für die einzelnen Glücksspielformen vorgesehen, um deren spezifischen Sucht-, Betrugs-, Manipulations- und Kriminalitätsgefährdungspotentialen Rechnung zu tragen.

heißt:

> „Der neu angefügte Satz 2 stellt klar, dass im Änderungsstaatsvertrag zur Erreichung der Ziele des Satzes 1 nach dem Potential der von den jeweiligen Glücksspielformen ausgehenden Sucht- und Kriminalitätsgefahren differenziert wird, um dem Kohärenzerfordernis Rechnung zu tragen."[103]

Was die Prävention pathologischen Spielverhaltens angeht, handelt es sich also ungeachtet der formalen Gleichrangigkeit der Schutzzwecke gem. § 1 Satz 2 GlüStV materiell gesehen um den wichtigsten Teil des Spielerschutzes, weil nicht erst die Schadensbegrenzung, sondern nur die Prävention verhindern kann, dass schädliche Pathologien überhaupt erst entstehen. Dementsprechend geschieht es ausdrücklich „aus Gründen der Gesamtkohärenz", dass neben den bisher geregelten Spielbanken u.a. zur Erreichung der Ziele des § 1 GlüStV „bestimmte, dem Spielerschutz und der Suchtprävention dienende Normen des Glücksspielstaatsvertrages auf Spielhallen" u.a. Spielstätten, „soweit sie Geld- oder Warenspielgeräte mit Gewinnmöglichkeiten bereithalten,"[104] ausgedehnt werden. Mit anderen Worten: Die Ziele des Spielbanken- und des Spielhallenrechts sind dieselben, nämlich die Bekämpfung pathologischen Spielverhaltens und der Kriminalität.

Den Willen des Gesetzgebers ernst nehmend und den methodischen Vorgaben der Rechtsprechung folgend, verlangt das Kohärenzgebot in unserem Zusammenhang also die Kohärenz der spielbanken- und spielhallenrechtlichen Regelungen mit Blick auf das übereinstimmende gesetzgeberische Ziel, die Gefahren einerseits des pathologischen Spielverhaltens und andererseits der Kriminalität zu beherrschen. Wenn aber das Ziel, die Gefahren pathologischen Spielverhaltens und der Kriminalität zu beherrschen, im Spielbanken- und im Spielhallenrecht dasselbe ist, aber die Regelungen des Spielbanken- und des Spielhallenrechts gleichwohl verschieden ausfallen, dann ist diese Verschiedenheit nur kohärent, wenn die Gefahren pathologischen Spielverhaltens und der Kriminalität in Spielbanken und Spielhallen dementsprechend verschieden ausfallen. Mit anderen Worten: Weil das Kohärenzgebot gerade auch zwischen verschiedenen Glücksspielarten wirkt, können unterschiedliche Regelungen bei gleichen Zielen nur mit den Unterschieden dieser Spielarten begründet werden. Das sieht der Gesetzgeber selbst so. Die Länder an-

103 Erläuterungen, sub B., S. 15.
104 Erläuterungen, sub B., S. 15 f.

erkennen ausdrücklich, dass die Ziele des Glücksspielstaatsvertrags eine „Glücksspielregulierung mit differenzierten Maßnahmen für die einzelnen Glücksspielformen“ verlangen, „um deren spezifischen Sucht-, Betrugs-, Manipulations- und Kriminalitätspotentialen Rechnung zu tragen (§ 1 Satz 2)“.[105] Zu ergänzen wäre: „… *nur insoweit* verlangen, …“, und zu vermerken bleibt, dass Betrügereien und Manipulationen regelmäßig Straftaten darstellen und so den Gesichtspunkt der Kriminalitätsbekämpfung nur illustrieren. Bei Licht besehen geht es also darum, im Recht der Spielbanken und Spielhallen nur insoweit zu differenzieren, wie es eine abweichende Sucht- und Kriminalitätsgefahr verlangt.

Mit Blick auf den Jugendschutz macht § 4 Abs. 3 GlüStV, der sowohl für Spielbanken wie Spielhallen gilt, keinen Unterschied: Der Ausschluss von Jugendlichen ist sicherzustellen; Testspiele mit Minderjährigen dürfen durchgeführt werden. Weil aber bei Spielbanken am Eingang eine Identitätskontrolle samt Vorlage eines Ausweises stattfindet, ist der Zugang durch Jugendliche dort nur möglich, falls der Jugendliche einen gefälschten Identitätsnachweis vorlegt oder der Mitarbeiter sorglos kontrolliert. Spielhallen dagegen können die Spieler betreten, ohne einen Ausweis vorlegen zu müssen. In Spielhallen findet nämlich typischerweise keine systematische Identitätskontrolle statt, sondern überprüft das Aufsichtspersonal das Alter der Spieler nach Gesichtskontrollen und in Stichproben.[106] Das Jugendschutzsystem in Spielhallen ist so jedenfalls theoretisch fehleranfälliger als das in Spielbanken. Ebenfalls gilt für Spielbanken und Spielhallen gleichermaßen, dass sich die Werbung nach § 5 Abs. 2 S. 1 GlüStV nicht an Jugendliche richten darf. Der Jugendschutz als spezieller Spielerschutz kann nach alledem für die hier zu verhandelnde Frage nach der Gleichbehandlung von Spielbanken und Spielhallen außen vor bleiben.

Der Glücksspielstaatsvertrag hat den Schutz der Allgemeinheit mit dem Schutz der Spieler verbunden. Sind die Spieler vor pathologischem Spielverhalten und ist die Allgemeinheit vor glücksspieltypischer Kriminalität geschützt, bleibt wenig übrig, was darüber hinaus an spezifischen Schutzmaßnahmen zugunsten der Allgemeinheit zu ergreifen wäre. Daher haben die Betreiber von Spielbanken und Spielhallen gleichermaßen in ihren Sozialkonzepten gem. § 6 Satz 3 GlüStV darzulegen, mit welchen Maßnahmen den sozialschädlichen Auswirkungen des Glücksspiels vorgebeugt werden soll und wie bereits eingetretene Auswirkungen dieser Art behoben werden können.

105 Erläuterungen, sub A.II.2., S. 5.

106 Neuerdings gibt es für Spielhallen Einlasskontrollen nicht nur in Berlin (gem. § 6 Abs. 4 S. 2 SpielhG Bln), sondern auch in Baden-Württemberg (§ 43 Abs. 1 S. 2 LGlüG), Bremen (§ 3 BremSpielhG), Hamburg (§ 6 Abs. 5 S. 2 HmbSpielhG), Rheinland-Pfalz (§ 11 Abs. 6 S. 2 LGlüG), Saarland (§ 5 Abs. 1 SSpielhG) und Sachsen-Anhalt (§ 4 Abs. 1 S. 2 SpielhG LSA); vgl. außerdem § 5 Abs. 2 HessSpielhG und § 5 Abs. 2 SpielhG Schleswig-Holstein, aber auch OVG Schleswig-Holstein, Beschluss v. 6.12.2012 – 3 MB 40/12, juris Rn. 19.

Dass die Ziele, die der Glücksspielstaatsvertrag verfolgt, für Spielbanken und Spielhallen gleichermaßen gelten, hat Konsequenzen. So formuliert § 1 Satz 2 GlüStV eine Regelung, der größere Bedeutung zukommt als es auf den ersten Blick scheint. Die Vorschrift ist nicht nur eine von den vielen, die der Glücksspielstaatsvertrag enthält, und die Regelung steht materiell auch nicht gleichrangig auf derselben Stufe wie die übrigen Regelungen des Vertrages. Im Gegenteil: § 1 Satz 2 GlüStV ist seinem Inhalt nach Ausdruck unions- und verfassungsrechtlicher Vorgaben. Daher lassen sich auch nicht andere Regelungen des Glücksspielstaatsvertrages im Wege systematischer Auslegung heranziehen, um § 1 Satz 2 GlüStV einzuschränken. Gerade umgekehrt gilt: Kommt es zur Kollision mit einer gewöhnlichen Vorschrift des Glücksspielstaatsvertrags, geht § 1 Satz 2 GlüStV wegen seiner höherrangigen Grundierung vor und begrenzt insoweit seinerseits die andere Vorschrift.

E. Regelungsinstrumente

I. Suchtprävention

1. Grundlagen

a) Drei-Faktoren-Modell

Dass der Staat überhaupt Spielbanken betreibt, wenn er pathologisches Spielverhalten doch bekämpfen soll, bedarf der Rechtfertigung. Der Europäische Gerichtshof hat als Grund gelten lassen, dass der Staat ein Interesse daran haben darf, dem Schwarzmarkt nicht das Feld zu überlassen. Dahinter steht die Erkenntnis, dass die Menschen ohnehin spielen würden, unabhängig davon, ob das Spiel erlaubt oder verboten sei. Ist es verboten, weichen die Spieler in die Illegalität aus; nur soweit das Spiel erlaubt ist, besteht die Möglichkeit, den Instrumenten des Spielerschutzes und der Kriminalitätsbekämpfung Wirksamkeit zu verschaffen. Das Konzept erinnert so, wenn der Vergleich erlaubt ist, an Rotwein: In geringen Mengen ist der Genuss, so sagen die Mediziner, gesundheitsförderlich, jedenfalls nicht schädlich. Nur pathologisches Trinken macht krank. Es geht also nicht kategorial um Prohibition[107] – oder nicht. Sondern es geht graduell darum, dass die Menschen Rotwein wie Glücksspiel in geringen Mengen genießen, nicht in großen.

Vor diesem Hintergrund bringt der Glücksspielstaatsvertrag an verschiedenen Stellen und auf verschiedene Weise zum Ausdruck, dass der Gedanke der Prävention pathologischen Spielverhaltens nicht verlangt, dass das Glücksspiel – etwa in Anlehnung an die U.S.-amerikanische Prohibition von Alkohol um die 1920er Jahre – verboten wird. Im Gegenteil: § 10 GlüStV bestimmt in Abs. 1 Satz 1:

> „Die Länder haben zur Erreichung der Ziele des § 1 die ordnungsrechtliche Aufgabe, ein ausreichendes Glücksspielangebot sicherzustellen."

Dass der Glücksspielstaatsvertrag Radikal-„Lösungen" eine Absage erteilt, bringt auch dessen § 11 zum Ausdruck, wonach es nicht nur um die „Vermeidung" von Suchtgefahren durch Glücksspiele geht, sondern auch um deren „Abwehr", Suchtgefahren also ausdrücklich in Kauf genommen und nur beherrscht werden sollen. Dahinter steht, wie § 32 Satz 1 GlüStV im Zusammenhang mit der vorgeschriebenen Evaluierung der Auswirkungen des Staatsvertrags bestimmt, das Ziel, die „Entwicklung und Ausbreitung von unerlaubten Glücksspielen in Schwarzmärk-

107 Vgl. aber *Peters,* ZRP 2011, S. 134 (136 f.).

ten" zu verhindern. Dabei gilt: Das Schwarzmarktproblem betrifft vor allem das sog. Große Spiel[108] – in verrauchten Hinterzimmern, nur über versteckte Zugänge und grimmige Kontrolleure zu erreichen, haben, so jedenfalls das gängige Klischee, Roulette, Poker und Black Jack ihren Ort; bunt blinkende Automaten dürfen dort, so steht zu vermuten, eher die Ausnahme darstellen.

Differenzierungen zwischen verschiedenen Glücksspielarten müssen sich nach dem Gesagten insbesondere an der Suchtgefährdung als dem nach dem Glücksspielstaatsvertrag maßgeblichen Differenzierungskriterium orientieren.[109] Differenzierungen sind also nur zulässig, wenn es Unterschiede im Suchtpotential gibt, an welche die Differenzierungen anknüpfen. Es kommt deshalb darauf an, ob und wie Glücksspiele „süchtig" machen können. Genauer gefasst ist zu fragen, welche Glücksspiele auf welche Weise pathologisches Spielverhalten fördern. Pathologisches Spielverhalten entsteht nach einem Drei-Faktoren-Modell. Nach diesem in der Glücksspielforschung „generell akzeptiert[en]" Modell sind das Spiel, der Spieler und der Spielort entscheidend. Genauer gesagt kommt es an auf:

1. die Spielstruktur,
2. die Spielumgebung und
3. den Spieler mit seiner genetischen Veranlagung, seiner Persönlichkeitsstruktur, seiner Sozialisation, seinem Umfeld usw.[110]

Den Spieler selbst findet der Gesetzgeber vor. Dessen Veranlagung und Sozialisation kann er nicht bzw. kaum beeinflussen, und der Ort, um einen solchen Einfluss, soweit möglich, auszuüben, ist auch nicht das Glücksspiel-, sondern das Familien-, das Jugendhilfe- und das Schulrecht. Folgerichtig machen das Spielbanken- und das Spielhallenrecht denn auch, soweit ersichtlich, mit Blick auf den Suchtfaktor „Spieler" keine Unterschiede (abgesehen vielleicht vom bereits behandelten Jugendschutz, der als typisierte Suchtprävention verstanden werden kann und für den die folgenden Ausführungen zu Spielstruktur und Spielumgebung insofern ebenfalls gelten).

b) Spielstruktur

Der von den Ländern gem. § 10 Abs. 1 Satz 2 GlüStV eingesetzte Fachbeirat hat, was den Zusammenhang von Suchtgefahr und Spielstruktur betrifft, den Stand der Forschung wie folgt zusammengefasst:

108 Vgl. nur *Heseler,* Glücksspielregulierung, 2013, S. 33, 421.
109 Vgl. nur *Klöck/Klein,* NVwZ 2011, S. 22 (24).
110 *Becker,* Spielhallengesetze. Gutachten, Stand: 2011/2012, S. 38 f. mit dem Zitat; in der Sache ebenso *Kolb,* Veranstaltung von Glücksspielen, 2009, S. 105, *Kramer,* WRP 2011, S. 180 (181), vgl. auch *Heseler,* Glücksspielregulierung, 2013, S. 79; alle m.w.N.

„Die wissenschaftlichen Erkenntnisse zur Entstehung von Glücksspielsucht belegen, dass die Höhe der Spieleinsätze, die Höhe der Gewinnmöglichkeiten, die Ereignishäufigkeit pro Zeit, das Vorspiegeln von Fastgewinnen durch das Spielgerät und die als Beeinflussung der Gewinnmöglichkeiten empfundene aktive Einbindung des Spielers in das Spiel die wichtigsten Ursachen für die Entstehung von Glücksspielsucht und problematisches Spielverhalten sind."[111]

Dabei ist festzuhalten, dass pathologisches Spielverhalten relativ selten ist[112]: Die bisher vorliegenden Studien schätzen die Prävalenz in Deutschland auf 0,18 bis 0,56 Prozent der Bevölkerung (bezogen auf ein pathologisches Spielverhalten in den letzten zwölf Monaten). Die umfassendste und aktuellste Studie, die im Auftrag der Länder erstellte PAGE-Studie, nennt eine Prävalenz von 0,35 Prozent und, bezogen auf das ganze Leben, von 1 Prozent. Diese Zahl bedeutet: Ein Prozent der Bevölkerung hat einmal im Leben pathologisch gespielt. Mit Blick auf dieses eine Prozent ist zudem darauf hinzuweisen, dass es oft zu einer „natürlichen Heilung" kommt, d.h. etwa 80 Prozent der Spieler, die aufgehört haben pathologisch zu spielen, haben ohne Hilfe aufgehört (natürliche Remission).[113]

c) Spielumfeld

Was das Spielumfeld betrifft, geht der Gesetzgeber davon aus, dass die Verfügbarkeit des Glücksspiels ein relevanter, wenn nicht der relevante Faktor ist. Dahinter steht offenbar eine Alltagsheuristik nach dem Motto „Gelegenheit macht Spiele". Diese Faustformel hat durchaus die Intuition auf ihrer Seite: Bekommt ein Mensch gar nicht erst die Gelegenheit zu spielen, kann sein Spielverhalten auch nicht pathologisch werden. Gibt es dagegen ein „dichtes Netzwerk" an Angeboten, mag das die Hemmschwelle der Spieler senken und die gesellschaftliche Akzeptanz dieser Glücksspiele erhöhen.[114] Andererseits erscheint es nicht weniger plausibel, dass die Faustformel unvollständig ausfällt: Hat sich ein Spieler das pathologische Spiel erst einmal angewöhnt, verschwindet diese Pathologie wohl kaum allein deshalb, weil es an der Gelegenheit fehlt, sie im Spiel auszuleben, sondern dürfte, so jedenfalls die Intuition, präsent bleiben, bis sich die nächste Gelegenheit zum Spiel

111 Beschluss Nr. 1/2008 des Fachbeirats Glücksspielsucht nach § 10 Abs. 1 Satz 2 GlüStV vom 12. März 2008 zur Verminderung der von Geldspielgeräten ausgehenden Gefahren, zit. nach *Becker,* Spielhallengesetze. Gutachten, Stand: 2011/2012, S. 39 f.; vgl. bereits *Wissenschaftliches Forum Glücksspiel,* ZfWG 2008, S. 1 (3); in der Sache zustimmend *Kramer,* WRP 2011, S. 180 (181); *Reeckmann,* ZfWG 2010, S. 229 (232); *Reeckmann/Benert,* WRP 2011, S. 538 (540) („allgemein anerkannt[e] Faktoren").

112 Dieser Absatz folgt *Becker,* Spielhallengesetze. Gutachten, Stand: 2011/2012, S. 30 f., 45 f. mit den Nachweisen.

113 *Becker,* Spielhallengesetze. Gutachten, Stand: 2011/2012, S. 48 f.

114 *Kolb,* Veranstaltung von Glücksspielen, 2009, S. 105 und Fn. 424; vgl. auch *Fischer,* Recht der Glücksspiele, 2009, S. 199.

ergibt. Die Lebenserfahrung stützt auch die Einstufung der Verfügbarkeit von Alkohol als Umfeldfaktor von Relevanz: Die enthemmende Wirkung des Alkohols, so die Intuition, dürfte Spieler dazu veranlassen, höhere Einsätze zu riskieren.[115]

2. Recht der Spielbanken

a) Spielstruktur

aa) Gewinn- und Verlustgrenzen

Der Spielanreiz eines Geldgewinnspiels liegt sachnotwendig in dem Geldgewinn, den das Spiel ermöglicht. Psychologische Studien setzen folgerichtig den Spielanreiz mit den Gewinnaussichten gleich.[116] Auf die Gewinnaussichten kommt es danach in besonderer Weise an, sobald ein Spieler Verlust gemacht hat. In diesem Moment setze regelmäßig die „Jagd nach Verlustausgleich" ein, das sog. Chasing, auf dass schon das nächste Spiel die aufgelaufenen Verluste ausgleiche und so die Bilanz des Spielers möglichst „auf einen Streich" ins Plus hebe.[117] Je höher die möglichen Gewinne ausfallen, desto „länger" ist es möglich, den aufgelaufenen Verlust „auf einen Schlag" auszugleichen. Dass ein Spieler überhaupt Verlust macht, ist nach der Konzeption der Geldspielautomaten auf lange Sicht unvermeidlich.

Das Recht der Spielbanken macht dem Kleinen Spiel insoweit keinerlei Vorgaben (vgl. § 33h Nr. 1 GewO). Insbesondere gibt es für die Spielbankenautomaten keine Einsatz-, Verlust- und Gewinngrenzen, weder pro Spiel noch pro Stunde.[118] Für die sog. Slotmaschinen, die ausschließlich in den Automatensälen der Spielbanken betrieben werden dürfen, ist weder eine Gerätezulassung vorgeschrieben noch existieren Bauart- oder Betriebsvorgaben.[119] Daher gibt es weder Mindestlaufzeiten noch Maximaleinsätze pro Spiel, und daher kann der Spieler jederzeit selbst entscheiden, welchen Einsatz er riskieren möchte.[120] In der Praxis ist eine Spieldauer von nur drei Sekunden üblich, eine Spielpause nicht vorgeschrie-

115 Vgl. *Schneider,* Recht der Spielhallen, 2009, S. 68 (Alkohol als „hochgradig wirksamer ‚Enthemmungsfaktor'").
116 Vgl. *Meyer,* Gutachten SpielV (Stand: 8.2.2012), S. 2.
117 Vgl. *Fischer,* Recht der Glücksspiele, 2009, S. 31; *Kolb,* Veranstaltung von Glücksspielen, 2009, S. 105; *Meyer,* Gutachten SpielV (Stand: 8.2.2012), S. 2; *Uwer/Koch,* in: Hufen/Kauder/Koch/Schneider/Uwer, Neuordnung des Glücks- und Gewinnspielmarktes, 2012, S. 136 (152).
118 *Kramer,* WRP 2011, S. 180 (184); *Schütze/Kalke,* ZfWG 2009, S. 235 (237).
119 *Kramer,* WRP 2011, S. 180 (184); *Schneider,* Recht der Spielhallen, 2009, S. 68; *Uwer/Koch,* in: Hufen/Kauder/Koch/Schneider/Uwer, Neuordnung des Glücks- und Gewinnspielmarktes, 2012, S. 136 (150).
120 *Kramer,* WRP 2011, S. 180 (184).

ben und bei Einsätzen bis zu 50 € pro Spiel „innerhalb von Sekunden“ ein Gewinn bis zu 50.000 € möglich, bei sog. „Jackpot“-Treffern sogar bis zu 500.000 € und mehr.[121] Solche Jackpots, die wegen der großen Steigerung der Gewinnsumme Spieler besonders zu locken vermögen, dürfen in Spielbanken unbegrenzt angeboten werden und bieten daher dort auch „[ü]berall“ Anreize, das Spiel fortzusetzen.[122] Zum Durchschnittsverlust gibt es unterschiedliche Angaben, sie reichen von 80 €[123] bis zu 300 €[124] pro Stunde.

bb) Spielgeld statt Geldspiel

Die Gewinne und Verluste, von denen die Rede war, sind finanzieller Art: Auch in Spielbanken wird, das versteht sich, um Geld gespielt. Doch liegt der Einsatz nicht in bar auf dem Tisch, sondern in Form von Chips, Tickets, Tokens oder Spielmarken, getreu dem Prinzip: Geldeinsatz durch Geldersatz. Die Ersatzlösung verwässert aber das Bewusstsein, dass es im Geldspiel nicht um Spielgeld, sondern um eine harte Währung geht. Das ist der „Realitätsverlust in Bezug auf das eingesetzte Geld“[125], ein Phänomen, das aus dem Zusammenhang von Zahlungen mit „Plastikgeld“, also mit EC- oder Kreditkarten, bekannt ist. Mit Blick auf die Geldspiel-Automaten, die in Spielbanken stehen, heißt es, dass diese Geräte dort sehr wohl mit Bargeld betrieben würden.[126] Dieser Befund ändert aber nichts daran, dass die gesetzliche Vorgabe, den Einsatz in bar zu leisten, gem. § 13 Abs. 1 Nr. 7 SpielV nur die Spielhallen- und nicht die Spielbanken-Automaten erfasst.

121 *Kramer,* WRP 2011, S. 180 (184); *Schneider,* Recht der Spielhallen, 2009, S. 68; *Uwer/Koch,* in: Hufen/Kauder/Koch/Schneider/Uwer, Neuordnung des Glücks- und Gewinnspielmarktes, 2012, S. 136 (150); vgl. auch *Meyer,* Gutachten SpielV (Stand: 8.2.2012), S. 10.

122 *Kramer,* WRP 2011, S. 180 (184); vgl. *Uwer/Koch,* in: Hufen/Kauder/Koch/Schneider/Uwer, Neuordnung des Glücks- und Gewinnspielmarktes, 2012, S. 136 (150 f.).

123 *ifo-Institut,* Wirtschaftsentwicklung Unterhaltungsautomaten 2011 und Ausblick 2012, S. 22.

124 *Schneider,* Recht der Spielhallen, 2009, S. 68.

125 *Uwer/Koch,* in: Hufen/Kauder/Koch/Schneider/Uwer, Neuordnung des Glücks- und Gewinnspielmarktes, 2012, S. 136 (151); in der Sache ebenso *Kramer,* WRP 2011, S. 180 (182, 184, 187).

126 *Reeckmann/Benert,* WRP 2011, S. 538 (541).

b) Spielumfeld

aa) Sperrsystem

Wer eine Spielbank betreten will, muss einen Lichtbildausweis vorlegen und so eine Identitäts- und Altersprüfung ermöglichen. Das Personal ist insbesondere verpflichtet, den Namen des Besuchers mit einer Sperrdatei abzugleichen und bei Übereinstimmung den Einlass zu verwehren. Dieses Verfahren, in § 8 GlüStV vorgegeben, verstehen die Länder als Ausdruck ihrer „ordnungsrechtlichen Verantwortung … für einen aktiven Spielerschutz“[127] auch mit Blick auf pathologisches Spielverhalten. Daher ermöglicht § 8 Abs. 2 GlüStV nicht nur die Selbst-, sondern auch die Fremdsperre, d.h. die Sperre eines Spielers auch ohne dessen Antrag und damit gegen dessen Willen. Voraussetzung ist jedoch, dass tatsächliche Anhaltspunkte die Annahme rechtfertigen, dass der zu Sperrende zu jenen Spielern zählt, die „spielsuchtgefährdet oder überschuldet sind, ihren finanziellen Verpflichtungen nicht nachkommen oder Spieleinsätze riskieren, die in keinem Verhältnis zu ihrem Einkommen oder Vermögen stehen“. Die Eingangskontrolle samt Ausweispflicht erfasst in Spielbanken auch das Kleine Spiel, also den Zugang zu den Automatensälen (seit Inkrafttreten des Glücksspielstaatsvertrags 2008).[128] Das Sperrsystem wirkt für alle Spielbanken, anbieter- und länderübergreifend.[129]

bb) Verfügbarkeit

Die Öffnungs- unterliegen keinen Sperrzeiten, die separat im Glücksspielstaatsvertrag geregelt sind. Es gilt keine Mindestsperrzeit, d.h. die Spielbank könnte theoretisch rund um die Uhr geöffnet haben. Mindestabstände zwischen Spielbanken sind nicht vorgeschrieben. In der Praxis liegt der durchschnittliche Abstand zwischen Spielbanken jedoch schon deshalb weit über dem zwischen Spielhallen, weil es viel weniger Spielbanken gibt (knapp 80; demnächst kommt, so weiß die Zeitung, in Köln eine dazu[130]). Mindestabstände zwischen Automaten sind ebenso wenig vorgeschrieben wie eine Obergrenze für die Anzahl der dort aufgestellten Geräte. In der Praxis ist der durchschnittliche Abstand zwischen zwei Spielautomaten in Spielbanken viel geringer als in Spielhallen. Denn Spielbanken stellen die Automaten in einer Weise auf, dass ein Spieler möglichst viele zugleich bespielen

127 Erläuterungen, sub B., S. 31, 39.
128 *Kramer,* WRP 2011, S. 180 (180 f.); *Schneider,* Recht der Spielhallen, 2009, S. 65.
129 Vgl. *Schneider,* Recht der Spielhallen, 2009, S. 65 f.
130 „Köln bekommt ein Spielkasino“, Kölner Stadtanzeiger vom 26. Oktober 2012, http://www.ksta.de/koeln/gluecksspiel-koeln-bekommt-ein-spielkasino,15187530,20715016.html (Abfrage: 29.10.2012).

kann. So finden sich in den Automatensälen der Spielbanken im Durchschnitt 100 und im Einzelfall bis zu 300 Slotmaschinen in einem Raum.[131] Auf jedes Gerät entfallen im Durchschnitt 2 bis 3 qm.[132] Angesichts dieser Zahlen ist festzuhalten, dass eine Spielbank an ihrem Einzugsbereich den Bedarf an Geldspiel-Automaten vieler Spielhallen abdeckt. Pro Spielhalle dürfen nämlich gem. § 3 Abs. 2 Satz 1 SpielV derzeit höchstens zwölf und, legt man die Landesspielhallengesetze in Berlin und Hamburg zu Grunde, nur noch acht Geldspielgeräte aufgestellt werden.[133]

cc) Alkoholausschank

Der Alkoholausschank in Spielbanken ist erlaubt.[134] Viele Spielbanken würben mit günstigen oder gar kostenlosen Alkoholika um Besucher, heißt es.[135]

dd) Werbebeschränkung

§ 5 GlüStV gilt übereinstimmend für Spielbanken und Spielhallen. Die Vorschrift dient jeweils insbesondere dem Schutz „problematische[r] und pathologische[r] Spieler“ (so § 5 Abs. 4 Satz 2 GlüStV), aber regelt diesen Schutz doch differenziert nach Glücksspielarten, indem die Vorschrift auch auf § 1 Satz 2 GlüStV verweist.[136]

3. Recht der Spielhallen

a) Spielstruktur

aa) Verlust- und Gewinngrenzen

Geldspiel-Automaten, die in Spielhallen betrieben werden, unterliegen den Vorgaben der Gewerbeordnung und der gem. § 33f GewO erlassenen Spielverordnung. Nach diesen Vorgaben dürfen nur solche Geldspielgeräte zugelassen werden, bei denen die Gefahr, dass ein Spieler „unangemessen hohe Verluste in kurzer Zeit“

131 *Kramer,* WRP 2011, S. 180 (184); *Schneider,* Recht der Spielhallen, 2009, S. 68.
132 *Schneider,* Recht der Spielhallen, 2009, S. 68.
133 Gem. § 4 Abs. 2 S. 1 Hs. 2 SpielhG Bln bzw. gem. § 4 Abs. 3 S. 1 Hs. 2 HmbSpielhG.
134 *Kramer,* WRP 2011, S. 180 (184).
135 *Uwer/Koch,* in: Hufen/Kauder/Koch/Schneider/Uwer, Neuordnung des Glücks- und Gewinnspielmarktes, 2012, S. 136 (151).
136 Krit. *Uwer/Koch,* in: Hufen/Kauder/Koch/Schneider/Uwer, Neuordnung des Glücks- und Gewinnspielmarktes, 2012, S. 136 (161).

erleidet, nicht besteht (§ 33e Abs. 1 Satz 1 GewO). Das bedeutet, dass die Summe der Verluste im Verlauf einer Stunde auf 80,- € (§ 13 Abs. 1 Nr. 3 SpielV) und bei langfristiger Betrachtung im Stundenmittel auf 33,- € (§ 12 Abs. 2 lit. a) SpielV[137]) begrenzt ist. Die Summe der Gewinne darf 500,- € pro Stunde nicht übersteigen (§ 13 Abs. 1 Nr. 4 SpielV). In der Praxis ist der Spielaufwand rückläufig und beträgt derzeit durchschnittlich 10,89 € pro Stunde.[138]

Die Spielregeln steuert der Gesetz- und Verordnungsgeber über Bauartvorgaben. Nur Geldspielgeräte, deren Bauart amtlich zugelassen ist, dürfen in einer Spielhalle aufgestellt werden (§ 33c Abs. 1 Satz 2 GewO). Die Zulassung der Spielgeräte regeln §§ 11 ff. SpielV bis in die Einzelheiten hinein. Danach gibt es, bisweilen pro Spiel und pro Stunde, Mindestlaufzeiten, Höchstspieldauern und Höchsteinsätze, Zwangspausen sowie Gewinn- und Verlustobergrenzen. Konkret schreibt § 13 Abs. 1 Nr. 1 SpielV eine Mindestspieldauer von fünf Sekunden, eine Einsatzobergrenze von 0,20 € und einen Maximalgewinn von 2,- € vor. Gem. § 13 Abs. 1 Nr. 5 SpielV legt das Spielgerät nach einer Stunde Spielzeit regelmäßig eine Spielpause von mindestens fünf Minuten ein.

bb) Geldspiel statt Spielgeld

Die Gewinne und Verluste, von denen die Rede war, sind finanzieller Art und als solche den Spielern auch stets bewusst: In Spielhallen muss der Einsatz in bar, mit „auf Euro lautenden Münzen und Banknoten und nur unmittelbar am Spielgerät" geleistet werden (§ 13 Abs. 1 Nr. 7 SpielV); mit Chips, Tickets, Tokens oder Spielmarken können die Geldspielgeräte nicht bedient werden. So steht den Spielern unmittelbar und konkret vor Augen, dass sie um „echtes" Geld spielen, wobei dieser Effekt an Wirkung einbüßt, wenn Geldspiel-Automaten das eingesetzte „Realgeld" in Punkte umwandeln.[139] Der Ausdruck der Geldspiel-Automaten, den dieses Gutachten verwendet, betont daher auch weniger den Geldgewinn (wie es der ebenfalls gebräuchliche Ausdruck des Geldgewinnspiel-Automaten tut), sondern legt den

137 Das Stundenmittel bei langfristiger Betrachtung soll demnächst auf 20,- € herabgesetzt werden. Das sieht § 12 Abs. 2 S. 1 Nr. 1 SpielV-E vor, vgl. die Sechste Verordnung zur Änderung der Spielverordnung. Entwurf des Bundesministeriums für Wirtschaft und Technologie (Stand: 21.2.2013).

138 *ifo-Institut,* Wirtschaftsentwicklung Unterhaltungsautomaten 2011 und Ausblick 2012, S. 22; *Uwer/Koch,* in: Hufen/Kauder/Koch/Schneider/Uwer, Neuordnung des Glücks- und Gewinnspielmarktes, 2012, S. 136 (150).

139 *Fachbeirat Glücksspielsucht,* „Fact-Sheet des Fachbeirats zum Automatenglücksspiel" vom 24.2.2012, S. 2; *Pagenkopf,* NJW 2012, S. 2918 (2921); *Reeckmann/Benert,* WRP 2011, S. 538 (540 f.) m.w.N.

Akzent auf den Geldeinsatz und damit auf den – mit Blick auf die Bekämpfung pathologischen Spielverhaltens und der Kriminalität – wichtigeren Aspekt des Automatenspiels.

b) Spielumfeld

aa) Sperrsystem

Der Glücksspielstaatsvertrag schreibt Spielhallen kein Sperrsystem vor. Die Länder regeln die Frage unterschiedlich. Bayern, Brandenburg, Mecklenburg-Vorpommern, Niedersachsen, Nordrhein-Westfalen, Saarland, Sachsen, Schleswig-Holstein und Thüringen verzichten weiterhin auf ein Sperrsystem. Ein Sperrsystem, das auf Selbstsperren beschränkt ist, kennen etwa Bremen gem. § 4 Abs. 1 S. 2 Nr. 5 BremSpielhG und Rheinland-Pfalz gem. § 11 Abs. 5 LGlüG. Ein Sperrsystem, das daneben auch Fremdsperren gegen den Willen des Spielers ermöglicht, schreiben etwa Berlin (§ 6 Abs. 5 S. 3 SpielhG Bln) und Hessen (§ 6 Abs. 2 S. 2 HessSpielhG) vor. Im Unterschied zu den Spielbanksperren gelten die Spielhallensperren mit Ausnahme von Baden-Württemberg (§ 43 Abs. 1 S. 2 LGlüG) und Hessen (§ 5 Abs. 1 Nr. 5, Abs. 2, § 6 Abs. 4 S. 1, 2, § 11 Abs. 2 S. 1 HessSpielhG) nicht spielstättenübergreifend, sondern für jede Spielhalle bzw. für jeden Erlaubnisinhaber gesondert.

Besonders wirksam sind Sperrsysteme, wenn sie sich nicht auf stichprobenartige Kontrollen der anwesenden Gäste beschränken, sondern – wie in Spielbanken vorgegeben – mit einer Einlasskontrolle einhergehen, welche den Einlass nur nach Vorlage eines Lichtbildausweises gestattet. Der Glücksspielstaatsvertrag regelt die Frage, ob es auch in Spielhallen eine Einlasskontrolle geben muss, nicht. Die Länder nutzen den Spielraum, der ihnen daher verbleibt, in föderaler Vielfalt. So gibt es neuerdings Einlasskontrollen für Spielhallen in Berlin, aber auch in Baden-Württemberg, Bremen, Hamburg, Rheinland-Pfalz, dem Saarland und Sachsen-Anhalt.[140]

bb) Verfügbarkeit

Das Spielhallenrecht begrenzt die Verfügbarkeit des Geldspiels mittels temporaler, regionaler und lokaler Instrumente. Eine temporale Begrenzung liegt in der Beschränkung der Geschäftszeiten: Die Öffnungs- unterliegen Sperrzeiten, in denen die Spielhalle gem. § 26 Abs. 2 GlüStV schließen muss. Die zeitliche Begrenzung

140 Vgl. die Nachweise dazu und für Hessen und Schleswig-Holstein oben in Fn. 106.

des Spielhallenangebots erfolgt ausweislich der amtlichen Begründung zum Glücksspielstaatsvertrag ausdrücklich „im Sinne der Suchtprävention“: Danach seien „Sperrzeiten … auch deshalb sinnvoll, weil viele pathologische Spieler über extrem lange Zeiträume in den Spielhallen verweilen und dieses dauerhafte Spielen mit einer allgemeinen Sperrzeit nachhaltig unterbrochen werden“ könne.[141] Dabei erlaubt es der Glücksspielstaatsvertrag ausdrücklich, dass die Öffnungszeiten in den Ländern über den harmonisierten Umfang hinaus Einschränkungen erfahren, sei es landesweit, sei es nach dem Ortsrecht einzelner Gemeinden. So hat das Land Berlin die Öffnungszeiten von Spielhallen und Spielbanken angeglichen. Die einheitliche Sperrzeit gilt jeweils von 3 bis 11 Uhr.[142]

Regionale Begrenzungen folgen zum einen aus der Möglichkeit, eine Höchstzahl von Spielhallen pro Gemeinde zu bestimmen. Dieses Instrument soll die Verfügbarkeit begrenzen und so die Spieler schützen.[143] Hinzu kommt das Verbot der Mehrfachkonzessionen. Dieses Verbot verlangt gem. § 25 Abs. 1 GlüStV entgegen seinem Namen einen Mindestabstand zwischen Spielhallen. Diese Vorgabe bestimme, so die Länder, „das Maß …, nach dem der Betrieb von Spielhallen aus Sicht des Gesetzgebers ordnungspolitisch insbesondere mit den Zielen des § 1 noch vereinbar ist.“[144] Dabei dienen die Abstandsregelung und das Verbot mehrerer Spielhallen in einem baulichen Verbund, so die sprachlich nicht ganz befriedigenden Erläuterungen, dazu, „das gewerbliche Spiel auf das Maß von Unterhaltungsspielen und damit als harmloses Zeitvergnügen zurückzuführen und die Entstehung spielbankenähnlicher Großspielhallen zu verhindern.“[145] Dementsprechend sieht das Landesrecht regelmäßig Mindestabstände in verschiedenen Höhen vor. Das Verbot der Mehrfachkonzessionen und das Gebot der Mindestabstände trifft insbesondere existierende Spielhallen, in deren Bestand eingegriffen wird, hart. Der Gesetzgeber verhindert auf diese Weise nicht nur den Betrieb neuer, sondern bewirkt – bei gleichzeitiger Bevorzugung der Spielbanken – auch die Aufgabe bestehender Spielhallen, selbst wenn diese über eine unbefristet erteilte gewerberechtliche Spielhallenerlaubnis verfügen.

Lokale Begrenzungen gelten innerhalb einer Spielstätte. Dort beschränkt § 3 Abs. 2 S. 1 SpielV die Gesamtzahl auf zwölf Geld- oder Warenspielgeräte, wobei die Spielhalle rechnerisch nur ein Geräte je 12 Quadratmeter Grundfläche aufstellen darf, und verlangt § 3 Abs. 2 S. 2 SpielV die Trennung von Geräte-Zweiergruppen durch eine Sichtblende, damit kein Spieler die gerätebezogenen Verlustbegrenzungen unterläuft, indem er eine Vielzahl von Geräten zugleich bespielt.

141 Erläuterungen, sub B., S. 43 f.

142 Vgl. einerseits § 10 Abs. 1 S. 2 Nr. 2 SpBG Bln i.V.m. § 2 Abs. 1 S. 2 der Spielordnung für das Casino Berlin, andererseits § 5 Abs. 1 SpielhG Bln.

143 Vgl. Erläuterungen, sub A.II.7. (S. 13).

144 Erläuterungen, sub B., S. 42.

145 Erläuterungen, sub B., S. 41 f.

cc) Alkoholausschank

Für Spielhallen mit mehr als drei Geld- oder Warenspielgeräten verbietet § 3 Abs. 3 SpielV den Alkoholausschank generell, so dass der erwähnte „hochgradig wirksam[e] ‚Enthemmungsfaktor'"[146] dort entfällt. In Berlin kommt hinzu, dass § 6 Abs. 1 Satz 2 SpielhG Bln die unentgeltliche Abgabe von Speisen und Getränken in Spielhallen verbietet. Entscheidet sich der Spielhallenbetreiber vor diesem Hintergrund dafür, seinen Gästen (nichtalkoholische) Getränke wenigstens zum Kauf anzubieten, hat das gem. § 6 Abs. 1 Satz 1 SpielhG Bln die Folge, dass er nur noch höchstens drei Geld- und Warenspielgeräte aufstellen darf.

dd) Werbebeschränkung

Zu § 5 GlüStV, der Spielbanken und Spielhallen durch den Verweis auf § 1 Satz 2 GlüStV differenzierte Vorgaben für die Außendarstellung macht, tritt für Spielhallen, nicht aber für Spielbanken § 26 GlüStV hinzu. Dessen Abs. 1 soll nach dem Willen der Länder „sicherstellen, dass von Spielhallen kein übermäßiger werblicher Anreiz zum Spielen" ausgehe, wobei ein „typisches Beispiel für übermäßige Anreize" in „blickfangmäßig herausgestellte[n] Bezeichnungen der Spielhalle als Casino, Spielbank o.ä." liege.[147]

4. Vergleich des Suchtpräventions-Instrumentariums

a) Burgtor- versus Stallwachen-Prinzip

Die Instrumente der Bekämpfung pathologischen Spielverhaltens, die in Spielbanken und Spielhallen zum Einsatz kommen, unterscheiden sich kategorial. Suchtbekämpfung in Spielbanken folgt dem Burgtor-Prinzip: Während der Zugang streng überwacht wird, existieren innerhalb der Spielbank nur wenige wirksame Schutzinstrumente.[148] Es ist wie in einer Trutzburg, die mit hohen Steinmauern, tiefen Wassergräben und schwerer Zugbrücke nach außen gut gesichert ist und

146 *Schneider,* Recht der Spielhallen, 2009, S. 68.
147 Erläuterungen, sub B., S. 43.
148 Vgl. *Lippert,* EuR 2012, S. 90 (97); *Uwer/Koch,* in: Hufen/Kauder/Koch/Schneider/Uwer, Neuordnung des Glücks- und Gewinnspielmarktes, 2012, S. 136 (150) („zugangsbezogener Regelungsansatz"); vgl. auch *Kramer,* WRP 2011, S. 180 (184) („keinerlei" Instrumente), die an dieser Stelle die Aufklärungspflichten und Mitarbeiteransprachen ausblendet.

deren Eingang die Wachen streng kontrollieren. Ist der Feind erst einmal ins Innere einer solchen Burg gelangt, ist der Kampf regelmäßig verloren: Es gibt dann keine wirksamen Mittel mehr, ihn noch in die Flucht zu schlagen.

Suchtbekämpfung in Spielhallen folgt dagegen dem Stallwachen-Prinzip. Der Zugang wird kaum überwacht, und die Schutzinstrumente greifen nahezu ausschließlich erst innerhalb der Spielhalle. Es ist wie bei der Stallwache: Stallungen befinden sich nicht im Burghof, sondern im Umland, und sie werden daher auch nicht durch Burgmauern, Burggräben und Zugbrücken geschützt. Oft sind sie nicht einmal verschlossen – und bleiben doch nicht ohne Schutz: Die Stallwache hält der Knecht, der ab und zu vorbeikommt, um nach dem Rechten zu sehen, und der denjenigen verscheucht, der im Stall nichts zu suchen hat.

So kategorial verschieden wie das Burgtor- und das Stallwachen-Prinzip sind auch die Schutzkonzepte des Spielbanken- und des Spielhallenrechts. Um den gleichen Zweck, die Bekämpfung pathologischen Spielverhaltens, zu erreichen, verwenden die Regelungsregime völlig verschiedene Instrumente und kommen so auch zu völlig verschiedenen Ergebnissen. Das Spielhallenrecht verzichtet regelmäßig auf eine systematische Einlasskontrolle, reglementiert dafür aber das Spiel als solches insbesondere durch Gewinn- und Verlustgrenzen in seinen Regeln und seinem Ablauf streng und stark, so dass unangemessen hohe Verluste in kurzer Zeit ausgeschlossen sind. Das Spielbankenrecht dagegen setzt auf eine systematische Einlasskontrolle, verzichtet aber auf eine nähere Reglementierung des Spiels als solchem. In Spielbanken gilt daher nach wie vor: „Wer es geschafft hat, die Zugangshürden zu überwinden, ist danach seinem Spieltrieb ziemlich schutzlos ausgesetzt“[149].

Die Suchtprävention nach dem Burgtor-Prinzip verhindert in Grenzen, dass Spieler mit bereits erkanntem pathologischen Spielverhalten ihre Pathologie nicht weiter vergrößern: Sofern die Einlasskontrolle funktioniert, werden diese Spieler vom Spielbankenspiel ausgeschlossen. Was das Sperrsystem nach dem Burgtor-Prinzip dagegen nicht vermag, ist, zuvor bereits den Eintritt pathologischen Spielverhaltens zu verhindern oder auch nur zu erschweren.[150] Hat ein pathologischer Spieler die Zugangskontrolle passiert – sei es, weil er sich nicht selbst hat sperren lassen; sei es, weil er noch nicht fremdgesperrt wurde; sei es, weil er trotz Sperre durch Täuschung der Kontrolleure oder aufgrund nachlässiger Kontrollen Zugang finden konnte – kehren sich die Verhältnisse um, weil nur Spielhallen-, nicht aber Spielbankenautomaten Gewinn- und vor allem Verlustgrenzen kennen. Das Sperrsystem nach dem Burgtor-Prinzip greift schon strukturell erst ein, wenn das Kind bereits in den Brunnen gefallen ist, setzt es doch zweierlei voraus: Zum einen muss

149 *Schneider,* Recht der Spielhallen, 2009, S. 69.

150 *Uwer/Koch,* in: Hufen/Kauder/Koch/Schneider/Uwer, Neuordnung des Glücks- und Gewinnspielmarktes, 2012, S. 136 (151).

der Spieler innerlich die Schwelle zum pathologischen Spielverhalten bereits überschritten haben, zum anderen muss es dafür äußerliche Anzeichen geben. Das Burgtor-Prinzip stößt daher auf Skepsis: Im Bereich der Spielbanken hätten die Sperren „nicht den wünschenswerten Verbreitungsgrad erreicht“: „Wohl die überwiegende Zahl der pathologischen Besucher von Spielbanken“ sei „gegenwärtig noch ohne Sperre“[151].

b) Repressive versus präventive Konzeptualisierung

Weil das Burgtor-Prinzip den als pathologischen Spieler identifizierten Kunden daran hindert, seiner Sucht nachzugeben, aber zur Prävention nichts Eigenes beiträgt, lässt es sich als repressives Konzept kennzeichnen. Das Stallwachen-Prinzip dagegen setzt vorher an, kann bereits die Entstehung problematischen Spielverhaltens verhindern oder jedenfalls erschweren und lässt sich daher als ein präventives Konzept kennzeichnen. Zugleich begegnet es dem pathologischen Spieler weniger streng: Dieser vermag sehr wohl weiterzuspielen. Mit Blick auf diese Weiterspielmöglichkeit sind die Systeme kohärent und konsistent: In Spielbanken, wo große Verluste in kurzer Zeit möglich sind, muss der pathologische Spieler draußen bleiben. Spielhallen, in denen Verluste in vergleichsweise geringer Höhe drohen, darf er dagegen betreten. Mit Blick auf die Suchtprävention sind die Systeme dagegen inkohärent und inkonsistent. Obwohl die Gefahr, dass ein Spieler pathologisch zu spielen beginnt, nach den einschlägigen Parametern der Spielstruktur und des Spielumfelds in Spielbanken größer ist als in Spielhallen, begegnet der Gesetzgeber dieser Gefahr in Spielbanken nicht schärfer, sondern deutlich schwächer als in Spielhallen.[152] Es dürfte nur eine Frage der Zeit sein, bis das theoretische Ergebnis, dass die Suchtgefahr namentlich des Automatenspiels in Spielbanken größer ist als in Spielhallen, auch empirisch bestätigt wird. Bislang sprechen die Studien, soweit ersichtlich, teils dafür und teils dagegen.[153]

151 *Peters,* ZRP 2011, S. 134 (136).

152 So ist die Rede davon, dass „bereits nach der geltenden Rechtslage ein erhebliches Regelungsgefälle zu Lasten des gewerblichen Spiels“ in Spielhallen und zu Gunsten des Automatenspiels in Spielbanken bestehe, so *Uwer/Koch,* in: Hufen/Kauder/Koch/Schneider/Uwer, Neuordnung des Glücks- und Gewinnspielmarktes, 2012, S. 136 (150); vgl. auch Landesregierung Schleswig-Holstein, LT-Drs. 18/521 v. 22.2.2013, S. 2, und *Kramer,* WRP 2011, S. 180 (188).

153 Vgl. *Peren/Clement,* Pathologie-Potenziale, 2011 (unveröffentlicht) sowie die Nachweise bei *Kramer,* WRP 2011, S. 180 (187 f.).

c) Graduelle versus kategoriale Differenzierung

Mit dem Kohärenzgebot sind Burgtor- und Stallwachen-Prinzip als kategorial verschiedene Schutzkonzepte nur vereinbar, wenn auch die Suchtgefahr kategorial verschieden ausfällt. Es kommt daher darauf an, ob sich die Gefahr pathologischen Spielens bei den Spielarten der Spielbank einerseits und den Spielarten der Spielhalle andererseits nicht nur graduell, sondern kategorial, nicht nur quantitativ, sondern qualitativ unterscheiden. Auf nur graduelle bzw. auf bloß quantitative Unterschiede lässt sich ein kategorial bzw. qualitativ anderes Schutzkonzept kohärent und systematisch stimmig nicht stützen.

Obwohl die Gesetzgeber für Spielbanken und Spielhallen kategorial verschiedene Schutzkonzepte vorsehen, gehen sie selbst davon aus, dass der Unterschied zwischen diesen beiden Spielorten nur ein gradueller ist. Schon begrifflich ist eine trennscharfe Unterscheidung zwischen Spielbanken und Spielhallen nicht nach inhaltlichen Kriterien möglich. Sofern Definitionen oder wenigstens Typisierungen überhaupt versucht werden, differenzieren sie daher auch nicht kategorial, sondern eben nur graduell. Graduell ist das Differenzierungskriterium, wenn es heißt, dass sich das äußere Erscheinungsbild von Spielbanken und Spielhallen ohnehin angenähert habe.[154] Graduell ist das Differenzierungskriterium, wenn es heißt, Spielbanken seien groß und Spielhallen klein.[155] Graduell ist das Differenzierungskriterium, wenn es heißt, „[z]entrales Abgrenzungsmerkmal" sei das „Spielangebot mit der Möglichkeit *sehr hoher* Geldeinsätze und der Gefahr *unangemessen hoher* Verluste".[156] Graduell ist das Differenzierungskriterium, wenn es heißt, bei einer Spielbank werde „hinsichtlich Ambiente und Erscheinungsbild der Gäste auf eine gewisse Gediegenheit und Etikette geachtet"[157] – als ob eine Spielhalle, die mit Blick auf Ambiente und Erscheinungsbild der Gäste auf eine gewisse Gediegenheit und Etikette achtet, damit zur Spielbank würde. In ihrer Not greift die Lehre, weil weder die Gewerbeordnung noch sonst ein deutsches Gesetz bestimmen, was eine Spielbank sei, sogar auf Schweizerisches Recht zurück und zitiert

154 *Dietlein/Hüsken,* in: Dietlein/Hecker/Ruttig, GlücksspielR, 2008, § 2 GlüStV Rn. 12; § 33i GewO Rn. 5.

155 Vgl. *Dietlein/Nagel,* in: Dietlein/Hecker/Ruttig, GlücksspielR, 2008, § 2 GlüStV Rn. 12 („unterscheiden sich neben ihrer geringeren Größe …"); der andere Unterschied, der a.a.O. benannt wird (dass in Spielhallen Glücksspiele nur in Gestalt von Spielgeräten mit Gewinnmöglichkeiten gem. § 33c GewO zulässig sind), ist nicht Voraussetzung, sondern Folge der Einstufung als Spielhalle.

156 *Ennuschat,* in: Tettinger/Wank/Ennuschat, GewO, 8. Aufl. 2011, § 33h Rn. 60 mit Verweis auf BVerwG, NVwZ 2008, S. 89 (Rn. 12) (Hervorhebungen nur hier).

157 *Ennuschat,* in: Tettinger/Wank/Ennuschat, GewO, 8. Aufl. 2011, § 33h Rn. 63.

dessen Definition: „Die Spielbank ist eine Unternehmung, die gewerbsmäßig Gelegenheit zum Glücksspiel anbietet.“[158] Weil nun aber unstreitig auch jene Geldspiel-Automaten, die in (gewerblichen) Spielhallen stehen, „gewerbsmäßig Gelegenheit zum Glücksspiel“ bieten, ist danach jede Spielhalle eine Spielbank im Sinn der Definition. Auf derselben Linie liegt es schließlich, dass § 33h Nr. 1 GewO eigens regelt, dass §§ 33c bis 33g GewO auf die Zulassung und den Betrieb von Spielbanken keine Anwendung finden: Aus der Sache selbst folgt diese Begrenzung des Anwendungsbereichs also offenbar nicht. Nach alldem lässt sich festhalten, dass eine inhaltliche Unterscheidung von Spielbanken und Spielhallen nicht trennscharf möglich ist, weil sich Spielbanken und Spielhallen insbesondere bezogen auf die Gerätestruktur eben nur graduell unterscheiden.[159]

Soll eine Unterscheidung, für die es keine trennscharfen inhaltlichen Kriterien gibt, gleichwohl getroffen werden, gelingt das nur formal. Dementsprechend steht geschrieben, dass unter den Begriff der Spielbanken „nur die entsprechend den Spielbankengesetzen der Länder errichteten und genehmigten Einrichtungen“ fielen[160]. Doch lässt diese Unterscheidung nicht nur den Landesgesetzgeber im Stich, wenn dieser entscheiden muss, welche Spielorte er der Genehmigungspflichtigkeit nach dem Landesspielbankengesetz unterwerfen will. Vor allem aber ist der Umstand, dass der Landesgesetzgeber eine Spielstätte als Spielbank oder als Spielhalle einstuft, keinesfalls als solche in der Lage, vor dem Kohärenzgebot unterschiedliche Vorgaben an die Errichtung und den Betrieb der jeweiligen Spielstätte zu rechtfertigen. Gleiches gilt für den Ansatz, dass Spielhalle jener Ort sei, in dem Geldgewinnspiel-Automaten betrieben würden, die eine Zulassung nach §§ 33c, 33d GewO benötigten, vgl. § 33i GewO. Denn die Zulassung benötigen die Geldgewinnspiel-Automaten doch gerade umgekehrt nur, falls sie in einer Spielhalle stehen. Ohne das formale Kriterium des Zulassungserfordernisses nach §§ 33c, 33d GewO bleibt von dieser Definition nur übrig, dass eine Spielhalle ein Unternehmen sei, „welches ausschließlich oder überwiegend der Aufstellung von Spielgeräten mit Gewinnmöglichkeit, der Veranstaltung anderer Spiele mit Gewinnmöglichkeit oder der Aufstellung von Unterhaltungsspielen ohne Gewinnmöglichkeit dient“[161]. Diese Definition erfüllen Spielbanken jedoch genauso. Auch sie dienen ausschließlich oder überwiegend der Aufstellung von Spielgeräten mit Gewinnmöglichkeit, der Veranstaltung anderer Spiele mit Gewinnmöglichkeit oder der Aufstellung von Unterhaltungsspielen ohne Gewinnmöglichkeit. Dass die Geld-

158 Schweizerisches Bundesgesetz über Glücksspiele und Spielbanken vom 18.12.1999 (AS 2000, 677), zit. nach *Ennuschat,* in: Tettinger/Wank/Ennuschat, GewO, 8. Aufl. 2011, § 33h Rn. 60.

159 Im Ergebnis ebenso *Peters,* ZRP 2011, S. 134 (134) (nur quantitative, keine qualitative Abgrenzung möglich).

160 *Dietlein/Hüsken,* in: Dietlein/Hecker/Ruttig, GlücksspielR, 2008, § 2 GlüStV Rn. 12.

161 *Dietlein/Hüsken,* in: Dietlein/Hecker/Ruttig, GlücksspielR, 2008, § 33i GewO Rn. 5.

gewinnspiel-Automaten in Spielbanken keine Zulassung benötigen und keiner Gewinn- und Verlustbegrenzung unterliegen, ist denn auch allein Folge des Umstands, dass diese Automaten in keiner Spielhalle stehen.

Namentlich für das Automatenspiel kann der Befund, dass der Unterschied nur ein gradueller ist, kaum mehr bestritten werden. Für die Spielbanken ist ikonographisch prägend das im Spielangebot lange dominierend gewesene Roulette. Aber auch Geldspielautomaten, die zunächst nur in sehr geringem Umfang angeboten wurden, gehören seit Anfang der 1980er Jahre verstärkt zum Spielbankenangebot. Für die nach ihrem Geldausgabefach benannten Slotmaschinen, auch „einarmige Banditen" genannt, gibt es in Spielbanken eigene Bereiche, die sog. Automatensäle.[162] Insbesondere würden die Spielbanken, so heißt es, über 30 Automatenspiel-Dependancen unterhalten, in denen sie ausschließlich das Automatenspiel anbieten.[163]

Der Verstoß gegen das Kohärenzgebot wird denn auch in der amtlichen Begründung zum Glücksspieländerungsstaatsvertrag selbst deutlich. Über Spielhallen heißt es dort, dass „auf Landesebene eine deutliche Verbesserung bei den notwendigen Regulierungen der Spielhallen erreicht" werde, „um deren Zahl zu begrenzen und den Spieler- und Jugendschutz zu gewährleisten". Im Anschluss erstrecken die Länder „[d]ie gleichen Erwägungen" auch auf „Gaststätten sowie Wettannahmestellen der Buchmacher, soweit sie Geld- oder Warenspielgeräte mit Gewinnmöglichkeiten bereithalten".[164] Warum jedoch dieselben „gleichen Erwägungen" nicht auch für Spielbanken, „soweit sie Geld- oder Warenspielgeräte mit Gewinnmöglichkeit bereithalten", gelten (müssen), erläutern die Länder nicht. Erwägungen, die nur formal an die Spielstätte anknüpfen, ohne die Spielstruktur und das Spielumfeld näher in den Blick zu nehmen, genügen dafür aber nicht. Das gilt zum Beispiel für die Erläuterungen der §§ 24 bis 26 GlüStV, wenn es dort heißt:

> „Sämtliche vorliegenden Studien belegen, dass das Suchtpotential bei Geldspielgeräten unter allen Glücksspielen am höchsten ist. Eine Abhängigkeit wird bei den meisten pathologischen Glücksspielern aufgrund ihres Spiels am Geldspielautomaten in einer Spielhalle oder einer Gaststätte diagnostiziert. Im Rahmen des Bundesmodellprojekts ‚Frühe Intervention beim Pathologischen Glücksspielen' ist dies z.B. bei rund 85% der Klienten der Fall."[165]

Es folgt der Hinweis auf „Spielhallen mit täglichen Öffnungszeiten von oftmals bis zu 24 Stunden", die den „Handlungsbedarf" „unterstreichen". Denn:

162 Vgl. *Fischer,* Recht der Glücksspiele, 2009, S. 13 f.
163 Vgl. Fachverband Drogen- und Suchthilfe e.V., Zahlen & Fakten, online unter www.gluecksspielsucht.info (Abfrage: 3.11.2012), unter Verweis auf *G. Meyer,* Glücksspiel – Zahlen und Fakten, in: Deutsche Hauptstelle für Suchtfragen (Hrsg.), Jahrbuch Sucht 2010, Geesthacht 2010.
164 Erläuterungen, sub A.II.7. (S. 13).
165 Erläuterungen, sub B., S. 41.

„Zahlreiche Erkenntnisse aus der ambulanten und stationären Spielerberatung sowie aus Forschungsprojekten, u.a. aus dem Bundesmodellprojekt, belegen, dass pathologische Glücksspieler durchschnittlich jeden zweiten Tag zumeist bis zu fünf Stunden, aber auch deutlich länger, aufsummiert hohe Geldbeträge verlieren. Etwa 40% der Glücksspieler an Geldspielautomaten haben im Laufe der Zeit Schulden von bis zu 10.000 EUR angehäuft, 40% jedoch noch weit höhere Beträge verspielt (vgl. Stellungnahme der Deutschen Hauptstelle für Suchtfragen zum Thema ‚Zukunft des Glücksspielwesens in Deutschland' für die strukturierte Anhörung der Länder im Frühjahr 2010). Nach einer Darstellung der Universität Hamburg sollen 56 % der Einnahmen des gewerblichen Automatenspiels über Spielverluste Süchtiger generiert werden (vgl. Fiedler, Institut für das Recht der Wirtschaft, abgedruckt unter: http://www.wiso.uni-hamburg.de)."[166]

Ist das alles richtig, ist es vor den Geboten der Kohärenz und der Konsistenz „[n]icht nachvollziehbar, … dass das sog. ‚kleine' Spiel an Automaten im Rahmen von Spielbanken (‚Casinospiel') keinerlei zusätzlichen Einschränkungen unterliegen soll, während das bereits in der Vergangenheit immer schärfer regulierte gewerbliche Geld-Gewinnspiel außerhalb der Spielbanken im Mittelpunkt neuer Verbote und anderer Beschränkungen steht".[167]

d) Theoretische versus empirische Basierung

Weil das Konsistenz- und das Kohärenzgebot in erster Linie auf die Regelungskonzepte blickt[168], sind die Regelungen zu vergleichen. Dabei ist das Kohärenzgebot schon dann verletzt, wenn der „normative Rahmen" nicht kohärent und systematisch ausgestaltet ist.[169] Bestehen Unterschiede – wie hier etwa mit Blick auf die kategorial verschiedenen Ansätze des Burgtor- und des Stallwachen-Prinzips – bedürfen diese der Rechtfertigung aus der Sache, genauer: aus den verschiedenen Arten der Spiele, die in Spielbanken und Spielhallen angeboten werden, noch genauer: aus den verschiedenen Suchtgefahren dieser verschiedenen Spielarten. Dabei können kategorial verschiedene Regelungskonzepte nur mit kategorial verschiedenen Suchtgefahren erklärt werden.

Die empirischen Studien in dieser Frage divergieren. Der erwähnte Fachbeirat Glücksspielsucht hat mit Blick auf das Automatenspiel unter dem 24. Februar 2012 ein „Fact-Sheet" vorgelegt, das auf einem Gutachten des Bremer Psychologen

166 Erläuterungen, sub B., S. 41.

167 *Hufen,* Einschränkung gewerblichen Geld-Gewinnspiels, 2012, S. 47; in der Sache ebenso *Uwer/Koch,* in: Hufen/Kauder/Koch/Schneider/Uwer, Neuordnung des Glücks- und Gewinnspielmarktes, 2012, S. 136 (151 f.) m.w.N.; vgl. bereits *Dickersbach,* GewArch 2006, S. 138 (140), und *Schneider,* Recht der Spielhallen, 2009, S. 70 f.

168 EuGH, verb. Rs. C-316, 358, 359, 360, 409, 410/07, Slg. 2010, I-8069, Rn. 83 – Stoß blickt zunächst auf den „normativen Rahmen"; es folgen die behördliche Kontrolle bzw. in Rn. 98 die konkreten Anwendungsmodalitäten; vgl. *Ennuschat,* ZfWG 2011, S. 153 (157).

169 *Lippert,* EuR 2012, S. 90 (94) (im Zusammenhang mit einem staatlichen Monopol) mit Verweis auf EuGH, verb. Rs. C-316, 358, 359, 360, 409, 410/07, Slg. 2010, I-8069 – Stoß und Rs. C-46/08, Slg. 2010, I-8149 – Carmen Media.

Gerhard Meyer beruht. Mustert man diese Studie daraufhin durch, welche Unterschiede zwischen Spielhallen- und Spielbankenautomaten bestehen, ergibt sich Folgendes: Spieler, die in Spielhallen an Geldspielgeräten spielen, legen in der untersuchten Stichprobe nach Einschätzung des Autors zu 35,9 Prozent (Kurzzeitspieler) bzw. 43,8 Prozent (Langzeitspieler) „pathologisches Spielverhalten" an den Tag,[170] wobei diese Zahlen auf einer „persönlichen Mitteilung" gründen und daher nicht überprüfbar sind. Eine Stichprobe zum pathologischen Spielverhalten jener Spieler, die in Spielbanken an Geldspielautomaten spielen, fehlt. So bleibt insbesondere offen, ob das pathologische Spielverhalten an Spielhallen- oder an Spielbankenautomaten entstand.

Im Gegensatz dazu hat die TNS EMNID Studie (2011) ergeben, dass gefährdete, problematische und pathologische Spieler sich im Durchschnitt an fünf verschiedenen Spielformen beteiligen. So haben von den Spielern an Geldspielautomaten in Spielhallen 52,2 Prozent auch um Geld gepokert, 47,6 Prozent Lotto gespielt und 42,9 Prozent an Automaten in Spielbanken „ihr Glück versucht".[171] Vor diesem Hintergrund kommt die TNS EMNID-Studie zu dem Ergebnis, dass die Nutzung verschiedener Spielformen es unmöglich macht, einer Spielform „die Verursachungslast für das pathologische Spielverhalten" zuzuschreiben.[172] Nach der Selbsteinschätzung pathologischer Spieler war das gewerbliche Geldspiel in Spielhallen freilich zu 49,1 Prozent ursächlich, das „kleine Spiel" in Spielbanken zu 10,4 Prozent und das „große Spiel" ebendort zu 7,3 Prozent. Auf derselben Linie liegt das Bundesverfassungsgericht, wenn es davon ausgeht, dass „[b]ei weitem die meisten Spieler mit problematischem oder pathologischem Spielverhalten [...] nach derzeitigem Erkenntnisstand an Automaten [spielen], die nach der Gewerbeordnung betrieben werden dürfen."[173] Andererseits hat die Bundeszentrale für gesundheitliche Aufklärung ein problematisches bzw. pathologisches Spielverhalten in Spielbanken bei (immerhin) 23,4 Prozent und an Geldspielautomaten bei („nur") 31,9 Prozent der Spieler gemessen.[174]

5. Ergebnis

Weil die unterschiedlichen Arten des Glücksspiels unterschiedliche Gefahren mit sich bringen, dürfen die unterschiedlichen Arten des Glücksspiels auch unterschiedlich geregelt werden.[175] Schon diese Aussage bedeutet, nimmt man sie ernst,

170 *Meyer,* Gutachten SpielV (Stand: 8.2.2012), S. 1, 6.
171 Zit. nach *Meyer,* Gutachten SpielV (Stand: 8.2.2012), S. 7.
172 Zit. nach *Meyer,* Gutachten SpielV (Stand: 8.2.2012), S. 7 f. (dort auch mit Kritik).
173 BVerfGE 115, 276 (305).
174 *Schneider,* Recht der Spielhallen, 2009, S. 69 f.
175 EuGH, verb. Rs. 316, 358, 359, 360, 409, 410/07, Slg. 2010, I-8069, Rn. 95 f. – Stoß.

zugleich, dass dieselbe Art des Glücksspiels auch auf dieselbe Weise geregelt werden muss. Ist das richtig, verstoßen die Unterschiede, welche das Glücksspielrecht mit Blick auf das Automatenspiel in Spielbanken und Spielhallen trifft, schon deshalb gegen das Kohärenzgebot, weil sie nicht an die Spielart, sondern an den Spielort anknüpfen. Doch ein Spieler spielt nicht „das Spielhallen-" oder „das Spielbankenspiel", sondern er spielt in erster Linie das Automaten-, das Lotterie- oder das Sportwettenglücksspiel. Es ist daher rechtfertigungsbedürftig, wenn dasselbe Spiel nur deshalb verschieden geregelt wird, weil es an einem anderen Ort stattfindet.

Der Glücksspielstaatsvertrag trägt die Differenzierung nach Spielarten vor sich her (z.B. § 1 Satz 2), aber handelt nicht danach. So regelt der Glücksspielstaatsvertrag die Suchtbekämpfung kategorial verschieden, je nachdem, ob es sich um Spielbanken oder Spielhallen handelt: dort strenge Spielzugangs-, aber kaum Spielablaufkontrolle, hier strenge Spielablauf-, aber kaum Spielzugangskontrolle. Diese kategoriale Differenzierung setzt, wenn sie kohärent sein soll, kategoriale Unterschiede in der Spielart voraus. Doch die Spielarten sind nicht kategorial verschieden. Das wird besonders deutlich am Automatenspiel.

Der Berliner Gesetzgeber verfolgt das Burgtor-Prinzip sowohl für Spielbanken als auch für Spielhallen, mit dem einzigen Unterschied, dass die Fremdsperre in einer Spielhalle nur für diese eine und nicht für alle anderen Spielhallen wirkt. Bei Spielhallen, nicht aber bei Spielbanken kommt in Berlin der Spielerschutz nach dem Stallwachen-Prinzip noch hinzu. Diese Beschränkung auf Spielhallen ist mit dem Kohärenz- und dem Konsistenzgebot nicht vereinbar. Während die anderen Länder noch versuchen können geltend zu machen, dass sie den Spieler in Spielbanken, wo er schutzbedürftiger ist, nicht schwächer, sondern anders schützen und dass dieser andere Schutz funktionsäquivalent und schutzniveauidentisch sei, ist Berlin diese Verteidigungslinie abgeschnitten. Berlin schützt den Spieler, obwohl er in Spielbanken sowohl präventions- als auch schadensreduktionsbedürftiger ist, eindeutig schwächer als in Spielhallen, indem es nur für Spielhallen, nicht aber für Spielbanken das Burgtor-Prinzip um Stallwachenschutz ergänzt.

Unter Kohärenzgesichtspunkten ebenfalls bedenklich erscheint, dass die Werbebeschränkung des § 26 Abs. 1 GlüStV nur Spielhallen trifft. Nur bei Spielhallen darf von der äußeren Gestaltung keine Werbung für den Spielbetrieb oder die in der Spielhalle angebotenen Spiele ausgehen oder durch eine besonders auffällige Gestaltung ein zusätzlicher Anreiz für den Spielbetrieb geschaffen werden. Im Umkehrschluss bedeutet das für Spielbanken, dass sie auch unter den Vorgaben des § 5 GlüStV sehr wohl eine äußere Gestaltung wählen dürfen, die für den Spielbetrieb und die in der Spielbank angebotenen Spiele wirbt. Spielbanken dürfen dann sogar mittels besonders auffälliger Gestaltung einen zusätzlichen Anreiz für den Spielbetrieb schaffen.[176] Diese Unterscheidung steht in einem Spannungsverhältnis zu der kategorialen Differenzierung der Schutzkonzepte. Weil das Spielbankenrecht nach dem Burgtor-Prinzip verfährt, darf die Spielbankenwerbung, wenn sie denn stimmig sein soll, dieses Prinzip nicht konterkarieren. Dann aber erscheint es widersprüchlich, dass der Burgherr den Weg weist und die Anreise nach Kräften erleichtert (bzw. weisen und erleichtern darf), nur um die Besucher am Burgtor abzuweisen (bzw. abweisen zu müssen). Unabhängig davon, wie weit der mittelalterliche Vergleich trägt, gilt: Wenn es bei Spielbanken darum geht, pathologische Spieler draußen zu halten, muss das, wenn das Konzept kohärent sein soll, auch bei der Werbung für Spielbanken Berücksichtigung finden.

II. Kriminalitätsbekämpfung

Nach den Erläuterungen des Glücksspielstaatsvertrages entsteht Kriminalitätsgefahr im Glücksspielsektor vor allem mit Blick auf die „Manipulationsanfälligkeit" eines Spiels und seiner „Anfälligkeit für eine Nutzung zu Zwecken der Geldwäsche".[177] Damit liegen die Länder insoweit auf einer Linie mit dem Europäischen Gerichtshof, als dass dieser ebenfalls davon ausgeht, dass die „Gefahr von Betrug und anderen Straftaten" in ihrem Ausmaß davon abhängt, in welcher Höhe der Anbieter Spieleinsätze einnehmen kann, in welcher Höhe der Spieler Gewinne geboten bekommt und wie groß der Rahmen ist, in dem die Spiele veranstaltet werden.[178] Den Zusammenhang beschreibt das Gericht nicht näher, aber es entspricht intuitiver Einsicht und ökonomischer Analyse, dass der Anreiz zu betrügen mit dem Gewinn, den die Straftat abzuwerfen verspricht, steigt. Zugleich entspricht es intuitiver Einsicht und ökonomischer Analyse ebenso, dass die Gewinnerwartung nicht der einzige Faktor in der Gleichung sein kann: die Entdeckungswahrscheinlichkeit und die Strafandrohung spielen ebenfalls eine Rolle. Vielleicht ist das der Grund, warum es in der Literatur mit Blick auf die Kriminalitätsanfälligkeit heißt, dass „– anders als hinsichtlich des Suchtpotenzials – keine nennenswerten Unterschiede zwischen den einzelnen Glücksspielen"[179] bestünden.

Das hierzulande geltende Recht setzt den Gesichtspunkt der Betrugs-, Manipulations- und Kriminalitätsgefährdung, der hier vereinfachend Kriminalitätsprävention genannt werden soll, vor allem dadurch um, dass es Anforderungen an die (Zuverlässigkeit der) Person des Spielstättenbetreibers stellt. Sofern die Genehmigungsvoraussetzungen für den Betrieb von Spielbanken und Spielhallen abwei-

176 Krit. *Herrmann,* in: Hufen/Kauder/Koch/Schneider/Uwer, Neuordnung des Glücks- und Gewinnspielmarktes, 2012, S. 47 (81).
177 Vgl. Erläuterungen, sub A.II.6. (S. 12).
178 EuGH, Rs. C-275/92, Slg. 1994, I-1039, Rn. 60 – Schindler.
179 *Fischer,* Recht der Glücksspiele, 2009, S. 36.

chen, verlangt das Kohärenzgebot in diesem Zusammenhang, dass strengere Genehmigungsvoraussetzungen mit einer erhöhten (genauer: mit einer in vergleichbarem Verhältnis erhöhten) Kriminalitätsgefahr korrespondieren.

Für dieses Gutachten stellt sich mit Blick auf die Kriminalitätsbekämpfung insbesondere die Frage, ob diese kategorial verschiedene Regelungssysteme rechtfertigt. In Spielbanken geht es um mehr Geld. Sind die Systeme manipulationsanfälliger? Schon die Formulierungen, die nach dem Mehr und dem Weniger von Geld, die nach dem Grad der Manipulationsanfälligkeit fragen, zeigen, dass es auch hier um graduelle Unterschiede geht. Dasselbe gilt mit Blick auf die Geldwäsche. Hier liegt die Vermutung nahe, dass eine einzelne Spielbank, weil ihr Umsatz einschließlich Personalkosten deutlich höher liegen dürfte, attraktiver sein mag als eine einzelne Spielhalle. Die Verhältnisse kehren sich jedoch um, blickt man auf den Gesamtumsatz aller Spielhallen im Vergleich zu dem Gesamtumsatz aller Spielbanken. So oder so geht es auch hier nur um graduelle Unterschiede und hat, wenn man der Zeitung glauben darf, das Geldwäschegesetz, das die Spielbanken gem. § 2 Abs. 1 Nr. 11 GwG ausdrücklich verpflichtet, insoweit große Erfolge vorzuweisen.[180]

180 Vgl. FAZ Nr. 172 v. 26.7.2012, S. 20 („Die Einbußen sind besonders auf das sogenannte Geldwäschegesetz zurückzuführen“).

F. Rechtsfolge

Ungleichbehandlungen wie die festgestellten Verstöße gegen Kohärenz- und Konsistenzgebot können auf drei Weisen behoben werden: die Spielbanken werden jeweils wie die Spielhallen, die Spielhallen werden jeweils wie die Spielbanken oder beide werden jeweils auf eine dritte, gleiche Weise behandelt. Eine Grenze der Kohärenzherstellung durch Regelungsübertragung ergibt sich dabei wiederum aus den Rechtfertigungsanfordernissen: Die kohärenzherstellende, für Spielbanken und Spielhallen übereinstimmende Regelung muss sowohl für Spielbanken als auch für Spielhallen mit den Grundfreiheiten des Unionsrechts und den Grundrechten des Grundgesetzes vereinbar sein. Verstößt die Regelung auch nur in einem der beiden Fälle gegen die unions- oder verfassungsrechtlichen Vorgaben, kommt sie aufgrund des Kohärenzgebotes für keinen der Fälle mehr in Frage.

Dass sich die Gebote der Kohärenz und Konsistenz als Anforderung der Verhältnismäßigkeit (Erforderlichkeit) begreifen lassen, stärkt die Position der Spielhallenbetreiber, die sich gegen die – im Vergleich zu den Spielbanken inkonsistente und inkohärente – Regelung wehren wollen. Eine (verfassungsrechtlich) inkonsistente oder (unionsrechtlich) inkohärente Regelung, die in ein (verfassungsrechtliches) Freiheitsgrundrecht bzw. in eine (unionsrechtliche) Grundfreiheit eingreift, ist schon deshalb (verfassungsrechtlich) nichtig bzw. (unionsrechtlich) unanwendbar. Der diese Rechtsfolge im Rahmen der gleichheitsrechtlichen Prüfung verhindernde Einwand, dass die Rechtswidrigkeit auch durch Schlechterstellung der Spielbanken beseitigt werden könne, gilt im Rahmen einer freiheitsrechtlichen Prüfung gerade nicht.

Prozessual sind es die Mitgliedstaaten, welche für das Vorliegen der rechtfertigenden Voraussetzungen darlegungs- und beweispflichtig sind,[181] auch wenn der EuGH nicht verlangt, die empirischen Daten bereits im parlamentarischen Verfahren zu erheben.[182] Nach den Ergebnissen dieses Gutachtens werden die Länder ihre prozessualen Darlegungs- und Beweislasten kaum erfüllen können: Die materiell-rechtlichen Regelungen verstoßen im beschriebenen Umfang schon gegenwärtig gegen das Kohärenzgebot.

Für die Zukunft ist festzuhalten, dass die Länder den Weg, die Spielbanken im Wesentlichen nur über die Begrenzung ihrer Anzahl in Verbindung mit einer Ein-

181 Vgl. etwa EuGH, Rs. C-42/02, Slg. 2003, I-13519, Rn. 25 f. – Lindman; Rs. C-260/04, Slg. 2007, I-7083, Rn. 33 – Kommission/Italien; Rs. C-212/08, EuZW 2011, S. 674 (Rn. 70) – Zeturf.

182 Vgl. EuGH, verb. Rs. C-316, 358, 359, 360, 409, 410/07, Slg. 2010, I-8069, Rn. 70 ff. – Stoß.

gangskontrolle nach dem Burgtorprinzip zu regulieren, auf kohärente Weise nicht werden weiterverfolgen können, wenn die Spielhallen mit Blick auf die Vergleichsparameter (Standortwahl, Werbung, Spielangebot) ohne Rechtfertigung über das beschriebene Maß hinaus beschnitten werden.

Der Bundesgesetzgeber hat die dargestellte Benachteiligung der Spielhallen jedenfalls nicht verringert, als er die jüngsten Änderungen der Gewerbeordnung verabschiedete. Ab 1. September 2013 verlangt auch das Bundesrecht „als weitere Voraussetzun[g]“[183] den Nachweis, dass der Antragsteller „über ein Sozialkonzept einer öffentlich anerkannten Institution verfügt, in dem dargelegt wird, mit welchen Maßnahmen den sozialschädlichen Auswirkungen des Glücksspiels vorgebeugt werden soll“ (§ 33c Abs. 2 Nr. 3 GewO n.F.).[184] Die Überregulierung, die in einem doppelten Sozialkonzept sowohl nach Landes- wie nach Bundesrecht läge, lässt sich wohl nur noch vermeiden, wenn das landesrechtlich verlangte Sozialkonzept zugleich als das bundesrechtlich verlangte Sozialkonzept gem. § 33c Abs. 2 Nr. 3 GewO n.F. Anerkennung findet.

Dass „personenungebundene Identifikationsmittel“ (sog. Spielerkarten), Inkohärenzen abzubauen in der Lage sein werden, erscheint derzeit zweifelhaft.[185] Spielerkarten zu verlangen ermöglicht die bereits in Kraft getretene Ermächtigung des § 33f Abs. 1 Nr. 3 lit. h) GewO mit dem Ziel, dass jeder Spieler nur ein Gerät bespiele.[186]

183 BT-Drs. 17/10961 v. 10.10.2012, S. 10, vgl. auch S. 12 („Eine entsprechende Vorgabe enthält auch § 6 des Glücksspielstaatsvertrages“).

184 Art. 1 Nr. 2 lit. a), Art. 7 Abs. 1 des Gesetzes zur Änderung der Gewerbeordnung und anderer Gesetze vom 5.12.2012 (BGBl. I S. 2415).

185 Art. 1 Nr. 5 lit. b), Art. 7 Abs. 4 des Gesetzes zur Änderung der Gewerbeordnung und anderer Gesetze vom 5.12.2012 (BGBl. I S. 2415); vgl. BT-Drs. 17/10961 v. 10.10.2012, S. 12, 17 („erste[r] Schritt“).

186 Art. 1 Nr. 5 lit. b), Art. 7 Abs. 4 des Gesetzes zur Änderung der Gewerbeordnung und anderer Gesetze vom 5.12.2012 (BGBl. I S. 2415); vgl. BT-Drs. 17/10961 v. 10.10.2012, S. 12, 17 („erste[r] Schritt“).

Literatur

Becker, Tilman, Spielhallengesetze: Bewertung der Maßnahmen. Ein Gutachten zur Verhältnisprävention, Stand: 9.12.2011 und 7.5.2012, unveröffentlichtes Manuskript

Brüning, Christoph, Die Regulierung des Glücksspiels aus verfassungs- und europarechtlicher Perspektive, in: DVBl 2011, S. 1126-1130

Dederer, Hans-Georg, Stürzt das deutsche Sportwettenmonopol über das Bwin-Urteil des EuGH?, in: NJW 2010, S. 198-200

-, Konsistente Glücksspielregulierung – Eckpunkte aus den Sportwetten-Urteilen des EuGH vom 8.9.2010, EuZW 2010, S. 771-774

Dickersbach, Alfred, Sperrzeiten für Spielhallen und Öffnungszeiten für Spielbanken, in: GewArch 2006, S. 138-140

Dietlein, Johannes/Hecker, Manfred/Ruttig, Markus (Hrsg.), Glücksspielrecht. Glücksspielstaatsvertrag, § 284 StGB, §§ 33c ff. GewO, SpielVO, RennwLottG. Kommentar, München 2008

Dörr, Oliver, Das Verbot gewerblicher Internetvermittlung von Lotto auf dem Prüfstand der EG-Grundfreiheiten, in: DVBl 2010, S. 69-77

Ennuschat, Jörg, Glücksspielrechtliche Kohärenz und Werbung, in: ZfWG 2011, S. 153-161

Fischer, Jonas, Das Recht der Glücksspiele im Spannungsfeld zwischen staatlicher Gefahrenabwehr und privatwirtschaftlicher Betätigungsfreiheit, Frankfurt am Main 2009

Glöckner, Andreas/Towfigh, Emanuel, Geschicktes Glücksspiel. Die Sportwette als Grenzfall des Glücksspielrechts, in: JZ 2010, S. 1027-1035

Herrmann, Christoph, Europarechtliche Beurteilung der Einbeziehung gewerblichen Geld-Gewinnspiels in den Ersten Glücksspieländerungsstaatsvertrag vom 28. Oktober 2011 (politische Einigung), in: *Hufen////,* Neuordnung des Glücks- und Gewinnspielmarktes in Deutschland, 2012, S. 47-92

-/Hufen, Friedhelm/Kauder, Siegfried/Koch, Susanne/Schneider, Hans-Peter/Uwer, Dirk, Neuordnung des Glücks- und Gewinnspielmarktes in Deutschland. Tagungsbericht, Thesen und Gutachten zum Juristischen Pressefachgespräch am 22. November 2011 im Bundespresseamt, Wien u.a., 2012

Heseler, Frank, Der Einfluss des Europarechts auf die mitgliedstaatliche Glücksspielregulierung. Frankreich und Deutschland im Vergleich, Baden-Baden 2013

Hufen, Friedhelm, Die Einschränkung des gewerblichen Geld-Gewinnspiels. Verfassungsrechtliche Maßstäbe und Grenzen, Baden-Baden 2012

ifo-Institut für Wirtschaftsforschung an der Universität München, Wirtschaftsentwicklung Unterhaltungsautomaten 2011 und Ausblick 2012, Gutachten im Auftrag des Arbeitsausschusses Münzautomaten, erstattet von Hans-Günther Vieweg

Klöck, Oliver/Klein, Matthias, Die Glücksspiel-Entscheidungen des EuGH und die Auswirkungen auf den Glücksspielstaatsvertrag, in: NVwZ 2011, S. 22-25

Kramer, Jutta, Spielbanken gegen Spielhallen. Zum sog. Regelungsgefälle zwischen staatlich konzessioniertem Glücksspiel und gewerblichem Geldgewinnspiel, WRP 2011, S. 180-188

Kolb, Florian, Die Veranstaltung von Glücksspielen. Eine Bestandsaufnahme und Überprüfung der bestehenden Veranstaltungsbeschränkungen für Private in der Bundesrepublik Deutschland anhand verfassungsrechtlicher und europarechtlicher Grundsätze, Baden-Baden 2009

Kluth, Winfried, Die Gesetzgebungskompetenz für das Recht der Spielhallen nach der Neufassung des Art. 74 Abs. 1 Nr. 11 GG, Halle an der Saale 2010

Lippert, André, Das Kohärenzerfordernis des EuGH. Eine Darstellung am Beispiel der Rechtsprechung zum deutschen Glücksspielmonopol, in: EuR 2012, S. 90-100

Meyer, Gerhard, Gutachten zum aktuellen Entwurf zur Änderung der Spielverordnung des Bundesministeriums für Wirtschaft und Technologie (Stand: 8.2.2012) im Auftrag des Fachbeirats Glücksspielsucht, unveröffentlichtes Manuskript

Pagenkopf, Martin, Der neue Glücksspielstaatsvertrag – Neue Ufer, alte Gewässer, NJW 2012, S. 2918-2924

Peren, Franz W./Clement, Reiner, Pathologie-Potenziale von Glücksspielprodukten. Eine komparative Bewertung von in Deutschland angebotenen Spielformen. Wirtschaftswissenschaftliches Kurzgutachten, ausgearbeitet für die AWI Automaten-Wirtschaftsverbände-Info GmbH, Berlin, Mai 2011 (unveröffentlicht)

Peters, Frank, Die Spielverordnung, in: ZRP 2011, S. 134-137

Pieroth, Bodo, Erlaubnispflicht für gewerbliche Spielvermittlung am Maßstab des Grundgesetzes, in: ders. (Hrsg.), Der Glücksspielstaatsvertrag. Drei verfassungs- und europarechtliche Gutachten, Heidelberg 2007, S. 1-37

-/Lammers, Thomas, Das Berliner Spielhallengesetz und die Kompetenzordnung des Grundgesetzes, in: GewArch 2012, S. 1-5

-/Störmer, Rainer, Rechtliche Maßstäbe für die normative und administrative Zulassung von Spielbanken, in: GewArch 1998, S. 177-193

Reeckmann, Martin, Gewerbliches Automatenspiel am Scheideweg. Zur Inkompatibilität von Glücksspiel und Gewerbefreiheit, in: ZfWG 2010, S. 229-235

-/Benert, Miriam, Spielbanken gegen Spielhallen – eine Entgegnung. Anmerkungen zu Dr. Jutta Kramer in WRP 2/2011, S. 180, in: ZfWG 2011, S. 538-542

Schneider, Hans-Peter, Das Recht der Spielhallen nach der Föderalismusreform. Zur Auslegung von Art. 74 Abs. 1 Nr. 11 GG und zur Vereinbarkeit darauf gestützter Beschränkungen des gewerblichen Spielbetriebs mit Art. 12 Abs. 1 GG, Baden-Baden 2009

Schorkopf, Frank, Wahrhaftigkeit im Recht der Grundfreiheiten – Zu Maßstab und Rechtsfolgen der Glücksspielurteile des Europäischen Gerichtshofs, in: DÖV 2011, S. 260-267

Schütze, Christian/Kalke, Jens, Die Spielverordnung – die rechtliche, suchtmedizinische und politische Diskussion über die Geldspielautomaten, in: ZfWG 2009, S. 235-246

Tettinger, Peter J./Wank, Rolf/Ennuschat, Jörg, Gewerbeordnung. Kommentar, 8. Aufl., München 2011

Wissenschaftliches Forum Glücksspiel, Mess- und Bewertungsinstrumente zur Feststellung des Gefährdungspotentials von Glücksspielprodukten, in: ZfWG 2/2008, S. 1-11